Das Leistungsschutzrecht des Verlegers

Europäische Hochschulschriften Recht

European University Studies in Law

Publications Universitaires Européennes de Droit

Band/ Volume **6706**

Andreas Franziskus Mann

Das Leistungsschutzrecht des Verlegers

Eine Analyse zur Notwendigkeit eines neuen urheberrechtlichen Schutzrechts unter Berücksichtigung der Entwicklung des Urheberrechts aus dem Privilegienwesen

PETER LANG

Bibliografische Information der Deutschen Nationalbibliothek
Die Deutsche Nationalbibliothek verzeichnet diese Publikation in der Deutschen Nationalbibliografie; detaillierte bibliografische Daten sind im Internet über http://dnb.d-nb.de abrufbar.

ISSN 0531-7312
ISBN 978-3-631-87928-3 (Print)
E-ISBN 978-3-631-89110-0 (E-PDF)
E-ISBN 978-3-631-89111-7 (EPUB)
DOI 10.3726/b20245

Peter Lang – Berlin · Bern · Bruxelles · New York · Oxford · Warszawa · Wien

Diese Publikation wurde begutachtet.

www.peterlang.com

Meinen Eltern und Sophie

Vorwort

Die vorliegende Arbeit entstand während meiner Tätigkeit als wissenschaftlicher Mitarbeiter am Lehrstuhl für Bürgerliches Recht, Gewerblicher Rechtsschutz und Urheberrecht, Internationales Privatrecht und Rechtsvergleichung an der Humboldt-Universität zu Berlin und wurde im Oktober 2021 bei der Juristischen Fakultät der Humboldt-Universität zu Berlin als Dissertation eingereicht. Am 23. Februar 2022 erfolgte die Disputation unter dem Vorsitz von Prof. Dr. Ronny Hauck. Für die Drucklegung erfolgte eine Aktualisierung der Kommentarliteratur (Stand: August 2022).

Mein erster Dank gilt Frau Prof. Dr. Eva Inés Obergfell für die umfassende Betreuung und Förderung meiner Arbeit sowie die abwechslungsreichen und spannenden Jahre an ihrem Lehrstuhl. Herrn Prof. em. Dr. Artur-Axel Wandtke danke ich herzlich für die zügige Erstellung des Zweitgutachtens.

Mein größter Dank gebührt meiner Familie und dabei zuvörderst meinen Eltern. Sie haben mich auf meinem bisherigen Lebensweg stets bedingungslos unterstützt und gefördert. Ohne sie und ohne den liebevollen Rückhalt von Sophie wäre diese Arbeit nie entstanden.

Berlin, August 2022
Andreas Franziskus Mann

Inhaltsverzeichnis

Abkürzungsverzeichnis

Die in dieser Arbeit verwendeten Abkürzungen wurden entsprechend des Abkürzungsverzeichnisses von Kirchner, Abkürzungsverzeichnis der Rechtssprache, 10. Auflage, Berlin, 2021, verwendet.

Kapitel 1: Forschungsgegenstand, Terminologie und Gang der Untersuchung

A. Einführung

I. Gegenstand der Arbeit

1. Urheberrecht und verwandtes Schutzrecht

Das Urheberrechtsgesetz schützt zum einen den Urheber und dessen Bezüge zu seinem Werk im Sinne von § 2 UrhG. Gegenstand des Schutzes ist hierbei die persönlich geistige Schöpfung. Des Weiteren finden sich sog. verwandte Schutzrechte (auch als Leistungsschutzrechte betitelt), die nicht an eine solche Schöpfung, sondern an die dem Werk vor- und nachgelagerten Leistungen anknüpfen.[1] Obgleich die inhaltliche Reichweite der Reglungen unterschiedlich ist, ist beiden Rechten gemein, eine eigene Rechtsstellung zu gewähren. Eine eigene Rechtsstellung resultiert aus einer rechtlich anerkannten Schutzwürdigkeit und -bedürftigkeit der jeweiligen Leistungen.

2. Kein eigenes Recht des Verlegers

Abgesehen von dem Spezialfall der Presseverleger existiert keine Regelung, die die eigene Leistung des Verlegers als schutzrechtsbegründend ansieht. Nach aktueller Rechtslage müssen sich Verleger daher stets umfassend die Rechte des Urhebers in Form des Verlagsvertrages übertragen lassen, um durch diese abgeleiteten Rechte ihre eigenen Leistungen rechtlich schützen zu können.[2]

Es drängt sich daher die bereits seit Jahrhunderten diskutierte Frage auf, aus welchen Gründen eine eigene Rechtsstellung des Verlegers in Form eines Leistungsschutzrechtes nicht existiert und ob eine solche Normierung vorzunehmen ist. *Osterrieth* hat bereits Ende des 19. Jahrhunderts die Situation zum Verlegerschutz wie folgt beschrieben: „*Und hierbei stossen wir auf grosse Schwierigkeiten, als deren bedeutendste wir die Uneinigkeit zwischen den betheiligten Interessentenkreisen, Verlegern und Schriftstellern bezeichnen müssen.*“[3] Nach Diskussionen in den 1980er Jahren wurde es ruhiger um die Diskussion zum

1 Vgl. *Loewenheim* in: Schricker/Loewenheim, Urheberrecht, Einl. Rn. 37ff.

2 Siehe hierzu *Ulmer-Eilfort* in: Ulmer-Eilfort/Obergfell, VerlG, B Rn. 183ff.

3 *Osterrieth* AöR 1893, 285 (286).

leistungsschutzrechtlichen Schutz des Verlegers.[4] *Jürgen Becker*, der damalige Justiziar des Börsenvereins des deutschen Buchhandels, betitelte die Forderungen nach einem solchen Leistungsschutzrecht in der Debatte Ende der 1980er, Anfang der 1990er Jahre als „*Griff in die urheberrechtliche Mottenkiste*".[5] Lediglich den Presseverleger betreffend geriet das Thema ausschnittsweise in den allgemeinen Diskurs und führte zu einer Normierung eines urheberrechtlichen Leistungsschutzrechtes im Jahr 2013.[6]

II. Die Verfahren Reprobel und Verlegeranteil

Durch höchstrichterliche Urteile auf europäischer (*Reprobel)* und nationaler (*Verlegeranteil)* Ebene wurde 2016 die bis dahin gängige Praxis der Verlegerbeteiligung beendet. Die Möglichkeit einer Beteiligung der Verleger an den gesetzlichen Vergütungsansprüchen des Urhebers wurde als rechtswidrig untersagt und die Frage, ob der Verleger nun durch ein eigenes Recht geschützt und damit auch seine Beteiligung an den Vergütungsansprüchen ermöglicht werden sollte, wieder hochaktuell.

1. EuGH: Reprobel

Der EuGH hat im Verfahren Hewlett-Packard Belgium SPRL gegen Reprobel SCRL vom 12.11.2015 der pauschalen Beteiligung des Verlegers an den gesetzlichen Vergütungsansprüchen des Urhebers eine Absage erteilt.[7]

Reprobel, eine Verwertungsgesellschaft, die mit der Erhebung und Verteilung der Beträge zum gerechten Ausgleich für die Ausnahme für Reprografie betraut ist, verlangte von Hewlett-Packard, einem Importeur von Reprografiegeräten für den gewerblichen und häuslichen Gebrauch, dass beim Verkauf von Multifunktionsdruckern grundsätzlich eine Gebühr iHv 49,20 € je Gerät an Reprobel zu entrichten sei. Hiergegen ging Hewlett-Packard gerichtlich vor. In diesem Verfahren hat der Appellationshof Brüssel dem EuGH im Rahmen des Vorabentscheidungsverfahrens zu Art. 5 II lit. a und b RL 2001/29/EG vier Fragen vorgelegt.

---

4 Siehe auch den Überblick über eine rechtswissenschaftliche Diskussion vom 21. Oktober 1989 zur Modifizierung der leistungsschutzrechtlichen Gewährleistungen des Urheberrechtsgesetzes bei *Mauhs* ZUM 1989, 66 (66f.).

5 *Becker* Börsenblatt 1990, 2317 (2319).

6 Siehe hierzu bereits Kap. 5 A. III.

7 EuGH GRUR 2016, 55 – Hewlett-Packard/Reprobel.

Für die vorliegende Untersuchung ist die dritte Frage relevant. Hiernach war fraglich, ob es im Einklang mit Art. 5 Abs. 2 lit. a und b RL 2001/29/EG den Mitgliedstaaten gestattet ist, *„die Hälfte des den Rechtsinhabern zustehenden gerechten Ausgleichs den Verlegern der von den Urhebern geschaffenen Werke zu gewähren, ohne dass die Verleger in irgendeiner Art und Weise verpflichtet wären, die Urheber auch nur indirekt in den Genuss des ihnen vorenthaltenen Teils des Ausgleichs kommen zu lassen"*.[8]

Dazu führte das Gericht zunächst den Grundgedanken aus, dass Art. 5 Abs. 2 lit. a und b RL 2001/29/EG den Inhabern des Vervielfältigungsrechts einen gerechten Ausgleich zuspricht. Verleger aber gehören gerade nicht zu den Inhabern des Vervielfältigungsrechts, Art. 2 RL 2001/29/EG.[9] *„Sie können daher keinen Ausgleich auf Grund dieser Ausnahmen erhalten, wenn dadurch den Inhabern des Vervielfältigungsrechts der gerechte Ausgleich, auf den sie auf Grund dieser Ausnahmen Anspruch haben, ganz oder teilweise entzogen wird."*[10] Art. 5 Abs. 2 lit. a und b RL 2001/29/EG stehen damit solchen nationalen Rechtsvorschriften entgegen.[11]

2. BGH: Verlegeranteil

Das Urteil des BGH vom 21.4.2016 beendete sodann im Anschluss an das Reprobel-Urteil des EuGH die gängige Praxis der Verlegerbeteiligung der partiellen Verteilung der Einnahmen der Verwertungsgesellschaften an die Verleger. Kläger des Verfahrens war der Autor und Urheberrechtler Dr. *Martin Vogel*, Beklagte die VG Wort. Seiner Auffassung, dass die gängige Praxis der VG Wort, die Verleger und bestimmte Urheberorganisationen entsprechend den

---

8 EuGH GRUR 2016, 55 (56) – Hewlett-Packard/Reprobel.

9 EuGH GRUR 2016, 55 – Rn. 47 – Hewlett-Packard/Reprobel; dies sehen *Beck/Nettesheim*, NJW 2016, 529 (533) anders: *„Entscheidend ist, dass der Inhaber eines erworbenen Vervielfältigungsrechts zu den Rechtsinhabern nach Art. 5 II zählt, wie dies auch Art. 3 lit. c der RL 2014/26 außer Zweifel stellt. […] Aus europarechtlicher Sicht lässt sich der Reprobel-Entscheidung des EuGH nichts entnehmen, was dem deutschen Verwertungssystem, in dem Autoren und Verleger zusammen und solidarisch an den Einnahmen auf Grund der gesetzlichen Vergütungsansprüche beteiligt werden, entgegengehalten werden könnte."* *Kraßer* verweist auf einen Widerspruch zu dem von Art. 5 bezweckten gerechten Ausgleich, sollten Verleger allein wegen Nichtnennung in Art. 2 nicht davon umfasst werden, GRUR 2016, 129 (135). So auch zweifelnd *Riesenhuber*, EuZW 2016, 16 (17).

10 EuGH GRUR 2016, 55 – Rn. 48 – Hewlett-Packard/Reprobel.

11 EuGH GRUR 2016, 55 – Rn. 49 – Hewlett-Packard/Reprobel.

Bestimmungen ihres Verteilungsplans an ihren Einnahmen zu beteiligen und dadurch seinen eigenen Anteil an den Einnahmen zu schmälern, rechtswidrig sei, ist das Gericht größtenteils gefolgt.

Herr *Vogel* hatte der VG Wort gemäß den Vorgaben des Wahrnehmungsvertrages „*näher bezeichnete Rechtsbefugnisse aus allen ihm zustehenden oder erwachsenen Urheberrechten an allen bereits geschaffenen oder künftig geschaffenen Sprachwerken zur treuhänderischen Wahrnehmung eingeräumt.*" Hierzu zählten insbesondere auch die gesetzlichen Vergütungsansprüche wegen zulässiger Nutzungen seiner Werke, die Vergütungsansprüche für das Vervielfältigen eines Werkes zum privaten Gebrauch (Gerätevergütung, § 54 Abs. 1 UrhG) sowie die Bibliothekstantieme, § 27 Abs. 2 UrhG.

Der BGH stellte fest, dass die Beklagte nicht dazu berechtigt ist, den dem Urheber zustehenden Anteil an den Einnahmen durch einen Abzug eines pauschalen Verlegeranteils zu schmälern.[12] Somit bestätigte der BGH die Rechtsauffassung des Berufungsgerichts, welches angenommen hatte, die Verwertungsgesellschaft sei nicht dazu berechtigt, den auf die verlegten Werke anfallenden und an den Urheber auszuschüttenden Anteil gemäß dem Verteilungsplan unter Abzug eines pauschalen Verlegeranteils zu berechnen.[13] Auf welcher Grundlage die Ausschüttungen der VG Wort an den Urheber abzulaufen habe, richte sich nach dem Wahrnehmungsvertrag, der Satzung und dem Verteilungsplan der VG Wort. In § 9 Abs. 1 Nr. 3 der damaligen Satzung der VG Wort fand sich die Passage, dass den Verlegern ein ihrer verlegerischen Leistungen entsprechender Anteil am Ertrag zustand - durch § 3 des Verteilungsplanes 2011 wurde dies näher konkretisiert. In Bezug auf diese Regelungen entschied der BGH, dass diese Bestimmungen gemäß § 307 Abs. 1 S. 1, Abs. 2 Nr. 1 BGB unwirksam sind.[14] Den Verstoß gegen wesentliche Grundgedanken der gesetzlichen Regelung im Sinne des § 307 Abs. 2 Nr. 1 BGB stützte das Gericht auf § 7 S. 1 WahrnG [a.F.][15], nach dem die Verwertungsgesellschaft die Einnahmen aus ihrer Tätigkeit nach festen Regeln aufzuteilen hat, die ein willkürliches Vorgehen bei der Verteilung ausschließen.[16] Hiergegen wird durch eine Praxis der VG als Treuhänderin verstoßen, wenn sie Nichtberechtigte an den Einnahmen beteiligt.[17]

---

12 BGH GRUR 2016, 596 – Rn. 25 – Verlegeranteil.

13 BGH GRUR 2016, 596 – Rn. 22 – Verlegeranteil.

14 BGH GRUR 2016, 596 – Rn. 25 – Verlegeranteil.

15 Jetzt § 27 Abs. 1 VGG.

16 BGH GRUR 2016, 596 – Rn. 28, 29 – Verlegeranteil.

17 BGH GRUR 2016, 596 – Rn. 30, 32 – Verlegeranteil.

Berechtigter im Sinne des § 7 S. 1 WahrnG [a.F.] sei jedoch nur der Inhaber dieses Rechts bzw. Anspruchs.[18] Verleger werden dabei auch nicht durch den Abschluss des Wahrnehmungsvertrages Berechtigte in diesem Sinne – hierzu müssten sie vielmehr Inhaber originärer Rechte sein oder von den Wortautoren abgeleitete Rechte/Ansprüche vorweisen.[19] Bei der Begründung der Ausschüttung von Einnahmen an Nichtberechtigte könne auch nicht angeführt werden, dass dies materiell leistungsgerecht sei, da die Nichtberechtigten schützenswerte Leistungen erbracht hätten.[20] Auch der Umstand, dass ihre verlegerische Leistung erst eine Voraussetzung für vergütungspflichtige Nutzungen der verlegten Werke schaffe, sei nicht ausreichend.[21] Es sei allein Aufgabe des Gesetzgebers darüber zu entscheiden, ob und inwieweit die verlegerische Leistung urheberrechtlichen Schutz verdiene und ihre Nutzung gesetzliche Vergütungsansprüche begründe.[22]

Wenn nun nach der Satzung den Verlegern ein ihrer verlegerischen Leistungen entsprechender Anteil am Ertrag der Verwertungsgesellschaft zustehe und dies nach dem Verteilungsplan unabhängig davon geschehen soll, *„ob und inwieweit die Einnahmen der Verwertungsgesellschaft auf der Wahrnehmung der ihr von Verlegern eingeräumten Rechte oder übertragenen Ansprüche beruhen“*, dann verstoße dies gegen die wesentlichen Grundgedanken des § 7 S. 1 WahrnG [a.F.].[23] Verlegern stehen aber nach dem Urheberrechtsgesetz keine eigenen Rechte oder Ansprüche zu, die von der VG Wort wahrgenommen werden könnten, und sie sind gerade – abgesehen von den Presseverlegern – nicht Inhaber eines Leistungsschutzrechts.[24] Hierbei helfe auch § 63a S. 2 Fall 2 UrhG nicht weiter, da diese Bestimmung *„weder ein Leistungsschutzrecht noch einen Vergütungsanspruch der Verleger“* fingiere.[25] Aus dieser Vorschrift folge nur die Möglichkeit des Urhebers, dem Verleger seine gesetzlichen Vergütungsansprüche unter bestimmten Voraussetzungen abzutreten; eigene Rechte oder Ansprüche des Verlegers werden dort nicht begründet.[26] „Rechte von Verlegern“ im Sinne des § 63a S. 2 Fall 2 UrhG meint dabei die von den Urhebern abgeleiteten

18 BGH GRUR 2016, 596 – Rn. 31 – Verlegeranteil.
19 BGH GRUR 2016, 596 – Rn. 33 – Verlegeranteil.
20 BGH GRUR 2016, 596 – Rn. 36 – Verlegeranteil.
21 BGH GRUR 2016, 596 – Rn. 36 – Verlegeranteil.
22 BGH GRUR 2016, 596 – Rn. 36 – Verlegeranteil.
23 BGH GRUR 2016, 596 – Rn. 37 – Verlegeranteil.
24 BGH GRUR 2016, 596 – Rn. 39, 41 – Verlegeranteil.
25 BGH GRUR 2016, 596 – Rn. 39, 64 – Verlegeranteil.
26 BGH GRUR 2016, 596 – Rn. 67 – Verlegeranteil.

Rechte.[27] Auch wenn sich aus der Gesetzesbegründung etwas anderes ergeben würde, dann sei dies jedenfalls deswegen unbeachtlich, da dies kein Ausdruck im Gesetz gefunden habe sowie darüber hinaus auch unionsrechtswidrig wäre.[28]

Inhaber des ausschließlichen Vervielfältigungsrechtes und unmittelbar wie auch originär anspruchsberechtigt sind allein die Urheber- und Leistungsschutzberechtigten.[29] Daher können die Verleger auch keinen Ausgleich nach Art. 5 Abs. 2 lit. a und b RL 2001/29/EG erhalten, wenn *„den Inhabern des Vervielfältigungsrechtes dadurch der gerechte Ausgleich ganz oder teilweise entzogen wird, auf den sie auf Grund dieser Ausnahme Anspruch haben.“*[30] Da es im *„deutschen Recht keine Regelung gibt, die ein eigenes Leistungsschutzrecht oder einen eigenen Vergütungsanspruch für Verleger schaffte […], gibt es keine Grundlage für eine den Verlegern zustehende Vergütung, die von dem den Urhebern und den übrigen Rechtsinhabern nach Art. 5 Abs. 2 lit. a und b RL 2001/29/EG geschuldeten gerechten Ausgleich verschieden ist.“*[31] Zudem könne auch nicht angeführt werden, dass Verleger durch die Auswahl, Präsentation und das Verfügbarhalten von Werken eine kulturelle Leistung erbringen und die Urheber mittelbar in den Genuss dieser verlegerischen Leistung kämen, da diese erst die Voraussetzung für vergütungspflichtige Nutzungen ihrer Werke schaffe.[32] Verleger seien nämlich *„keine zu Gunsten der Urheber geschaffene soziale und kulturelle Einrichtungen im Sinne der Rechtsprechung des EuGH und sind mit solchen Einrichtungen auch nicht vergleichbar.“*[33]

Auch das Verlagsrecht berechtigt die Verleger nicht dazu, pauschal an den Einnahmen der Verwertungsgesellschaft beteiligt zu werden, da die durch die Verwertungsgesellschaft erzielten Erlöse nicht auf der Verwertung des Verlagsrechts beruhen, sondern die Verleger das Verlagsrecht vielmehr selbst zur Erzielung von Einnahmen nutzen und es somit auch gar nicht der Verwertungsgesellschaft zur Wahrnehmung einräumen.[34]

Die Verleger könnten sich möglicherweise auf den Wahrnehmungsvertrag stützen. Hierzu wäre aber erforderlich, dass darin die Wortautoren den Verlegern nach Entstehung der gesetzlichen Vergütungsansprüche diese abgetreten

27 BGH GRUR 2016, 596 – Rn. 67 – Verlegeranteil.
28 BGH GRUR 2016, 596 – Rn. 69, 70 – Verlegeranteil.
29 BGH GRUR 2016, 596 – Rn. 46 – Verlegeranteil.
30 BGH GRUR 2016, 596 – Rn. 47 – Verlegeranteil.
31 BGH GRUR 2016, 596 – Rn. 51 – Verlegeranteil.
32 BGH GRUR 2016, 596 – Rn. 53 – Verlegeranteil.
33 BGH GRUR 2016, 596 – Rn. 54 – Verlegeranteil.
34 BGH GRUR 2016, 596 – Rn. 71, 72 – Verlegeranteil.

und die Verleger diese Ansprüche der VG Wort eingeräumt hätten.[35] Art. 5 Abs. 2 lit. a und b RL 2001/29/EG ließen eine Vorausabtretung nur dann zu, wenn sich die abgetretenen Vergütungsansprüche allein im Interesse des Urhebers und nicht (auch) allein im eigenen Interesse durch eine Verwertungsgesellschaft wahrnehmen ließen.[36] Eine Vorausabtretung an die Verleger würde auf einen Verzicht des Urhebers auf seinen Vergütungsanspruch hinauslaufen und gegen Art. 5 Abs. 2 lit. a und b RL 2001/29/EG verstoßen, sodass diese Wertung im Rahmen der Auslegung des § 63a S. 2 Fall 2 UrhG zu beachten und daher nicht zulässig ist.[37] Eine nachträgliche Abtretung vom Urheber an die Verleger würde nun erfordern, dass diese nicht bereits an einen Dritten abgetreten wurden.[38] Der Urheber kann aber seine gesetzlichen Vergütungsansprüche einer Verwertungsgesellschaft abtreten – auch im Voraus nach § 63a S. 2 Fall 1 UrhG.[39] Da sich eine solche Abtretung nach dem BGH jedoch nicht im Wahrnehmungsvertrag erblicken ließ, noch dies vorgetragen wurde, ging er auf die Anforderungen einer solchen Abtretung im Einzelnen nicht ein.[40]

Schließlich lehnte der BGH auch eine Begründung dieser pauschalen Verlegerbeteiligung aus Gewohnheitsrecht ab. Unabhängig davon, ob die zur Entstehung von Gewohnheitsrecht erforderlichen Voraussetzungen gegeben sind, sei durch die Schaffung des Art. 5 Abs. 2 lit. a und b RL 2001/29/EG eine auf Gewohnheitsrecht beruhende Beteiligung der Verleger außer Kraft gesetzt worden.[41]

3. BVerfG: Nichtannahme der Verfassungsbeschwerde des Beck-Verlages

Gegen dieses Urteil des BGH hatte der C.H. Beck-Verlag Verfassungsbeschwerde beim BVerfG eingelegt. Dabei rügte der Verlag, dass u.a. sein Eigentumsrecht durch Verletzung des ausschließlichen Vervielfältigungs- und Verbreitungsrechts (Verlagsrecht, § 8 VerlG) aus Art. 14 Abs. 1 GG und der Gleichheitssatz nach Art. 3 Abs. 1 GG gegenüber Tonträger- und Filmherstellern beeinträchtigt worden sei.

35 BGH GRUR 2016, 596 – Rn. 76 – Verlegeranteil.
36 BGH GRUR 2016, 596 – Rn. 79 – Verlegeranteil.
37 BGH GRUR 2016, 596 – Rn. 80 – Verlegeranteil.
38 BGH GRUR 2016, 596 – Rn. 82 – Verlegeranteil.
39 BGH GRUR 2016, 596 – Rn. 82 – Verlegeranteil.
40 BGH GRUR 2016, 596 – Rn. 83 – Verlegeranteil.
41 BGH GRUR 2016, 596 – Rn. 86 – Verlegeranteil.

Mit Beschluss vom 18.04.2018 wurde diese wegen Unzulässigkeit nicht zur Entscheidung angenommen.[42] Das BVerfG sah die Anforderungen an eine substantiierte Darlegung der Grundrechtsverletzung als nicht erfüllt an.

Einer Verletzung von Art. 14 Abs. 1 GG stünde bereits entgegen, dass die durch dieses Grundrecht geschützten und beeinträchtigten Rechtspositionen nicht dargelegt worden seien.[43] Gesetzliche Vergütungsansprüche stehen ausschließlich dem Urheber und nicht dem Inhaber eines Verlagsrechts zu.[44] Daran ändern weder die Wahrnehmung von Vergütungsansprüchen durch eine Verwertungsgesellschaft, noch die ständige Praxis bzgl. der Verlegerbeteiligung etwas, nach der die alleinige Rechtsinhaberschaft der Urheber lediglich *„formal"* bestehen könnte.[45] Sollte sich die Verfassungsbeschwerde auch mittelbar gegen die urheberrechtlichen Schrankenbestimmungen wenden, dann wurde die konkrete Betroffenheit durch eine solche Schranke nicht aufgezählt.[46] Verleger könnten zwar an Rechten und Ansprüchen von Urhebern beteiligt werden; dies setze jedoch eine – bisher nicht vorliegende – wirksame Abtretung voraus.[47]

Auch die gerügte Verletzung des Gleichheitssatzes nach Art. 3 Abs. 1 GG in Form einer Ungleichbehandlung gegenüber den Tonträger- und Filmherstellern, verwarf das Gericht als unsubstantiiert. Zwar stellt der Verleger einen Vergleich zu den Tonträger- und Filmherstellern an, die auf ein eigenes Leistungsschutzrecht in §§ 85, 94 UrhG zurückgreifen können. In welchem Umfang die Leistung der Verleger jedoch mit denen der Tonträger- und Filmhersteller zu vergleichen ist, wird nicht ausgeführt.[48] Zudem fehle eine Auseinandersetzung mit den Gründen, *„warum der Gesetzgeber diesen im Vergleich zu Verlegern Leistungsschutzrechte zugesprochen habe"*.

4. KG: Komponist & Textdichter. /. GEMA

Auch in der Musikbranche hatten ein Komponist und ein Textdichter gegen die Beteiligung der Verleger bei der GEMA geklagt. Sie begehrten die Feststellung,

42 Pressemittelung Nr. 43/2018 vom 5.6.2018, abrufbar unter: https://www.bundesverfassungsgericht.de/SharedDocs/Pressemitteilungen/DE/2018/bvg18-043.html (letzter Zugriff am 8.1.2020).

43 BVerfG GRUR 2018, 829 – Rn. 27 – Verlegeranteil.

44 BVerfG GRUR 2018, 829 – Rn. 28 – Verlegeranteil.

45 BVerfG GRUR 2018, 829 – Rn. 28 – Verlegeranteil.

46 BVerfG GRUR 2018, 829 – Rn. 29 – Verlegeranteil.

47 BVerfG GRUR 2018, 829 – Rn. 30 – Verlegeranteil.

48 BVerfG GRUR 2018, 829 – Rn. 33 – Verlegeranteil.

dass die GEMA nicht dazu berechtigt sei, im Rahmen der Vergütungsausschüttung einen Verlegeranteil von der Verteilungssumme abzuziehen. Das KG gab Ihnen unter Bezugnahme auf das vorangehend aufgeführte BGH-Urteil in der Rechtssache Vogel gegen VG Wort Recht. Der Ansicht des LG, welches die Klage noch abgewiesen hatte, da eine Vergleichbarkeit zur Verlegerbeteiligung bei der VG Wort nicht gegeben sei (dort ginge es nur um die Wahrnehmung gesetzlicher Vergütungsansprüche und nicht um die Wahrnehmung urheberrechtlicher Nutzungsrechte)[49], folgte das KG nicht. Vielmehr führte es – wie auch der BGH – eine AGB-Kontrolle durch und beurteilte die Bestimmungen des Verteilungsplans nach § 307 Abs. 1 S. 1, Abs. 2 Nr. 1 BGB, wonach diese unwirksam sind, wenn sie wesentlichen Grundgedanken der gesetzlichen Regelung widersprechen.[50] Bezugspunkt war auch hier die Regelung des § 7 S. 1 WahrnG [a.F.], der eine willkürliche Verteilung verbietet. Hiergegen wird verstoßen, wenn Nichtberechtigte an diesen Einnahmen beteiligt werden.[51] Für eine Unterscheidung zwischen Erlösen aus der Verwertung urheberrechtlicher Nutzungsrechte und aus der Einziehung gesetzlicher Vergütungsansprüche bestünde kein Grund. Stattdessen sei in beiden Fällen – der Rechtsauffassung des BGH folgend – allein maßgeblich, *„dass es der Bekl. als Treuhänderin nicht gestattet ist, Nichtberechtigte an dem Vergütungsaufkommen zu beteiligen und dass Regelungen des Verteilungsplans, die feste Quoten für die Verlegerbeteiligung unabhängig davon vorsehen, ob und inwieweit die Einnahmen der Verwertungsgesellschaft auf der Wahrnehmung von Rechten oder Ansprüchen beruhen, die ihr von Verlegern eingeräumt oder übertragen worden sind, gegen das Willkürverbot des § 7 WahrnG aF (jetzt § 27 VGG) verstoßen und damit einer AGB-rechtlichen Inhaltskontrolle nicht standhalten.“*[52] Somit seien die Verleger auch in diesem Fall Nichtberechtigte, an die eine Ausschüttung nicht erfolgen dürfe. Im Gegensatz zu der Wahrnehmung der gesetzlichen Vergütungsansprüche durch die VG Wort sei der Beitrag der Musikverlage zum Vergütungsaufkommen der GEMA auch *„wesentlich vermittelter und weniger fassbar“*.[53] Das KG führte weiter aus, dass die *„quotale Verlegerbeteiligung im Bereich der Bekl. [GEMA] nicht in einem konkret quantifizierbaren Zusammenhang mit dem Umfang der Promotionstätigkeit der Musikverlage“* stehe.[54]

49 LG Berlin ZUM 2014, 818 – Verlegeranteil.
50 KG GRUR-RR 2017, 94 – Rn. 18 – Verlegeranteil.
51 KG GRUR-RR 2017, 94 – Rn. 19 – Verlegeranteil.
52 KG GRUR-RR 2017, 94 – Rn. 23 – Verlegeranteil.
53 KG GRUR-RR 2017, 94 – Rn. 23 – Verlegeranteil.
54 KG GRUR-RR 2017, 94 – Rn. 23 – Verlegeranteil.

Schließlich widmete sich das Gericht noch der Frage, ob wirksam etwaige Ansprüche des Urhebers an die Verleger abgetreten worden sein könnten. Hierfür ließen sich jedoch im Wortlaut der Berechtigungsverträge keine Anhaltspunkte finden und auch eine Auslegung des Vertragsinhaltes nach §§ 133, 157 BGB vermag – insbesondere auch im Hinblick auf § 308 Nr. 5 BGB – ein anderes Ergebnis nicht zu begründen.[55]

5. *Zusammenfassung zur Rechtsprechung*

Nicht nur in der Urteilsbegründung des EuGH, sondern auch in den Ausführungen des BGH wie auch des BVerfG wurde die Frage nach einem Schutz durch ein Leistungsschutzrecht (in)direkt aufgeworfen. Der deutsche Gesetzgeber hat lediglich zur Ermöglichung einer Verlagsbeteiligung mit §§ 27 Abs. 2, 27a VGG und sodann in Umsetzung des Art. 16 DSM-RL mit § 63a Abs. 2 S. 1 UrhG eine – abermalige – abgeleitete Rechtsposition des Verlegers geschaffen.[56]

III. Stand der Forschung

Müller-Laschet wurde 1995 mit dem Thema „*Das Copyright des Verlegers*" promoviert und behandelte dabei das Copyright-System Großbritanniens sowie der USA.[57] *Allenstein* führte in ihrer Dissertation im Jahr 2004 schwerpunktmäßig den urheberrechtlichen Datenbankschutz des Verlegers aus.[58] Auch seit den Untersuchungen von *Kauert*[59] aus dem Jahr 2008 und *Szilágyi*[60] aus dem Jahr 2011 ist mehr als ein Jahrzehnt vergangen. Hinzu kommt, dass durch die technische und gesellschaftliche Weiterentwicklung (erneut) der Frage nachgegangen werden muss, welche Leistungen ein Verleger überhaupt erbringt und ob diese Leistungen in der heutigen Zeit überhaupt (noch) schutzwürdig sind.

Es besteht somit zum einen ein dringender Forschungsbedarf an einer rechtshistorischen Untersuchung, um ein Verständnis zu entwickeln, aus welchen Gründen der Verleger im Rahmen des Urheberrechtsgesetzes von 1965 nicht mit einem Leistungsschutzrecht bedacht wurde. Dabei muss auch herausgearbeitet werden, aus welchen historischen Entwicklungen sich das Urheberrecht

---

55 KG GRUR-RR 2017, 94 – Rn. 25, 27 – Verlegeranteil.

56 Siehe hierzu Kap. 2 B. sowie C.

57 *Müller-Laschet*, Das Copyright des Verlegers, 1995.

58 *Allenstein*, Leistungsschutzrechte für Verleger unter besonderer Berücksichtigung der EU-Datenbankrichtlinie, 2004.

59 *Kauert*, Das Leistungsschutzrecht des Verlegers, 2008.

60 *Szilágyi*, Leistungsschutzrecht für Verleger, 2011.

überhaupt entwickelt hat und ob diese Erkenntnisse Rückschlüsse für die heutige Diskussion ermöglichen können. Zum anderen ist zu prüfen, ob sich eine Parallele zu der Einführung des Leistungsschutzrechtes des Tonträgerherstellers aufzeigen und Fruchtbares für die hiesige Diskussion gewinnen lässt.

IV. Terminologie

„Leistungsschutzrecht des Verlegers", „Originäre Rechtsstellung des Verlegers", „Verlegerrecht" oder „verwandtes Schutzrecht des Verlegers" sind gleichbedeutend und werden hier synonym verwendet. Gemeint ist mit diesen Begrifflichkeiten eine Rechtsstellung, die an die eigene Leistung des Verlegers anknüpft und diese als Schutzgrund ansieht.

B. Gang der Untersuchung

Ziel dieser Untersuchung ist es, das Fehlen des Leistungsschutzrechtes des Verlegers – insbesondere rechtshistorisch – zu verstehen und zu beurteilen, ob eine Gesetzesanpassung zum Schutz des Verlegers notwendig ist.

Zunächst ist erforderlich, den Rechtsschutz des Verlegers nach geltendem Recht zu erörtern. In Kapitel 2 werden dazu sämtliche relevante und in Betracht kommende Rechtsschutzmöglichkeiten mit einem Schwerpunkt auf dem wettbewerbsrechtlichen Leistungsschutz dahingehend untersucht, ob ein ausreichender Rechtsschutz des Verlegers aktuell gewährleistet werden kann.

Den ersten Schwerpunkt bildet sodann in Kapitel 3 eine rechtshistorische Untersuchung. Einen Schwerpunkt innerhalb dessen stellt die Entwicklung des Privilegienzeitalters ab dem 15. Jahrhundert hin zur Entstehung des Urheberrechtsgesetzes 1965 dar. Untersuchungsleitend ist dabei die Frage, welche rechtlichen Stellungen dem Verleger und Autor zukamen, inwiefern das heutige Urheberrechtsverständnis mit dem Privilegienzeitalter zusammenhängt und vor allem aus welchem Grund der Verleger im Urheberrechtsgesetz 1965 kein eigenes Recht zugesprochen bekommen hat. Diese Erwägungen sollen dazu dienen, die heutige Diskussion zu einem urheberrechtlichen Leistungsschutzrecht des Verlegers rechtshistorisch einordnen und hieraus Argumente ableiten zu können. Nachdem in Kapitel 3 auch die rechtshistorische Entstehung des Berufsstandes „Verleger" aufgezeigt wird, schließt sich in Kapitel 4 eine Erörterung an, welche Tätigkeitsbereiche und Leistungen durch den Verleger ab dem 21. Jahrhundert erbracht werden. Dies soll Aufschluss über die Schutzwürdigkeit der verlegerischen Leistung geben. Des Weiteren wird die Interessenlage in Bezug auf die verlegerische Leistung analysiert und dargestellt, welche Auswirkungen ein urheberrechtliches Leistungsschutzrecht hierauf hätte.

Den weiteren Schwerpunkt bildet sodann zum einen das Kapitel 5, welches sich dem urheberrechtlichen Leistungsschutz widmet. Es soll ein Verständnis dafür geschaffen werden, in welchen Konstellationen und nach welchen Schutzerwägungen der Gesetzgeber Leistungsschutzrechte gewährt. Wenn ein Leistungsschutzrecht für den Verleger erforderlich und geboten sein sollte, könnte ein Unternehmensbezogenes dafür passend sein. Aus diesem Grund werden sodann die Charakteristika eines unternehmensbezogenen Leistungsschutzrechtes herausgearbeitet und die Voraussetzungen dargestellt, die für die Schaffung eines neuen Immaterialgüterrechtes überhaupt erforderlich sind. Nachdem die Grundlagen für ein Verständnis des urheberrechtlichen Leistungsschutzes geschaffen wurden, folgt eine Überprüfung der Argumentationsweisen, die sich dem Leistungsschutzrecht des Verlegers widmen, mit dem Ziel, eine Antwort auf die Frage nach dem Erfordernis eines solchen Rechtes zu finden. Zum anderen wird in diesem Schwerpunkt in Kapitel 6 ein Leistungsschutzberechtigter, der Tonträgerhersteller, herausgestellt. Es soll den Gründen für die Entstehung dieses Leistungsschutzrechtes nachgegangen und sodann ein Vergleich zu der Diskussion zum Verleger gezogen werden.

Nach einer Zusammenfassung der wesentlichen Ergebnisse in Thesen, Kapitel 7, folgt abschließend in Kapitel 8 ein Formulierungsvorschlag für ein Leistungsschutzrecht des Verlegers.

Eine eingehende ökonomische Analyse zum Leistungsschutzrecht wird nicht Gegenstand dieser Untersuchung sein.[61] Eine derartige ökonomische Analyse würde zum einen den Rahmen einer juristischen Doktorarbeit sprengen und zum anderen soll der Fokus dieser Untersuchung auf der speziell juristischen Frage liegen, ob eine originär urheberrechtliche Rechtsposition des Verlegers erforderlich ist.

Ein Vergleich zu der britischen Rechtslage wird hier ausgeklammert. Zum einen ist der Schutzgegenstand ein gänzlich anderer, so wird durch das britische Copyright nach Sec. 1 Abs. 1 lit. c, Sec. 8 Copyright Act 1988 die besondere

---

61 Siehe zum ökonomischen Aspekt des Leistungsschutzrechts beispielsweise *Suwelack* MMR 2018, 582–586. Bezüglich des Leistungsschutzrechts für Presseverleger siehe die kritische Untersuchung von *Dewenter/Haucap*, Ökonomische Auswirkungen der Einführung eines Leistungsschutzrechts für Presseinhalte im Internet, 2013. Letztere Veröffentlichung ist ein Gutachten, welches im Auftrag des Bundesverbandes der Deutschen Industrie e.V. (BDI) angefertigt wurde.

Gestaltung des Druckbildes geschützt.[62] Allein die Reproduktion der konkreten typographischen Anordnung des jeweiligen Werkes durch ein photographisches oder ähnliches Verfahren kann somit nur verhindert werden.[63] Einen Rechtsschutz des Verlegers darauf zu stützen, entspricht nicht dem Sinn und Zweck eines originären Rechtes, welches sich in die Reihe der deutschen urheberrechtlichen Leistungsschutzrechte einreihen soll.[64] Zum andern ist die Schutzfrist von 25 Jahren nicht mit dem urheber- und speziell dem leistungsschutzrechtlichen Rechtsschutz vergleichbar.

62 Vgl. dazu *Dietz* ZUM 1990, 54 (57). Vgl. zum britischen Copyright *Soetenhorst* GRUR Int. 1989, 760 (765–768); *Müller-Laschet*, Das Copyright des Verlegers, S. 10ff.; *Szilágyi*, Leistungsschutzrecht für Verleger?, S. 162–169; *Allenstein*, Leistungsschutzrechte für Verleger unter besonderer Berücksichtigung der EU-Datenbankrichtlinie, S. 104–132.

63 *Dietz* ZUM 1990, 54 (55).

64 Hierzu siehe Kap. 5.

Kapitel 2: Der Rechtsschutz des Verlegers *de lege lata*

A. Zur Urheberschaft des Verlegers

Die Frage, ob ein Verleger Urheber des Verlagswerkes sein kann mit der Begründung, dass er erheblichen Einfluss auf die äußerliche wie auch inhaltliche Gestaltung des endgültigen Verlagswerkes hatte, ist zu verneinen.[65] Möglich ist zwar gemäß § 4 Abs. 1 UrhG im Falle eines Sammelwerkes unabhängig vom Urheberrechtsschutz der darin enthaltenen Werke, dass an diesem selbstständigen Werk ein Urheberrechtsschutz entsteht.

Das deutsche Urheberrecht ermöglicht allein natürlichen Personen Schöpfer eines Werkes zu sein,[66] woran es bei einem Verleger, der in der Regel eine juristische Person ist, oftmals fehlen wird. Zudem eignet sich eine Urheberstellung des Verlegers unabhängig davon aus einer weiteren Erwägung nicht: § 2 Abs. 2 UrhG erfordert das Vorliegen einer persönlichen, geistigen Schöpfung, die in einer wahrnehmbaren Form Gestalt gefunden hat.[67] Zwar wird die verlegerische Leistung als solche später in Kapitel 3 erst untersucht – eine Urheberstellung ist bei der primär organisatorischen, wirtschaftlichen sowie technischen Verlagsleistung auch aus diesem Grund aber bereits verfehlt.

B. Die abgeleiteten Rechte des Verlegers

Die Rechte des Verlegers ergeben sich nach aktueller Rechtslage allein aus den im Rahmen des Verlagsvertrags vom Autor eingeräumten Rechten.[68] Für die

65 So auch *Dietz* ZUM 1990, 54 (57). Zur Interessenslage und einer möglichen Argumentationsweise für eine Ausweitung des Urheberrechtsschutzes siehe *Schulze* ZUM 1989, 49 (57f.). Einen Begründungsversuch für ein Urheberrecht des Verlegers im Hinblick auf ein „*Urheberrecht für den mittätigen Anreger*" siehe bei *Elster* UFITA 114 (1990), 89 und allgemein zu Überlegungen für ein Urheberrecht des Produzenten bei *Kreile/Höfinger* ZUM 2003, 719.

66 *Ahlberg//Lauber-Rönsberg* in: BeckOK Urheberrecht, § 7 UrhG Rn. 7. *Nordemann/Nordemann/Czychowski/Fromm/Nordemann/Nordemann/Vinck/Hertin* in: Fromm/Nordemann, Urheberrecht, § 7 Rn. 9.

67 *Schulze* in: Dreier/Schulze, UrhG, § 2 Rn. 6ff.; *Obergfell* in: Ulmer-Eilfort/Obergfell, VerlG, A Rn. 24ff.

68 Hierzu umfassend *Obergfell* in: Ulmer-Eilfort/Obergfell, VerlG, A Rn. 1–65.

Rechtsbeziehungen durch Abschluss eines solchen Verlagsvertrages im Bereich der Literatur und Musik, vgl. § 1 VerlG, existiert mit dem VerlG eine spezialgesetzliche, grundsätzlich in seinem Regelungsbereich dem UrhG vorgehende, Rechtsgrundlage.[69] Im Bereich des Urhebervertragsrechtes ist vorrangig auf die urheberrechtlichen Regelungen der §§ 31ff. UrhG und somit insbesondere auch auf die Vergütungsvorschriften der §§ 32ff. UrhG zurückzugreifen.[70]

Die meisten Regelungen des VerlG sind dispositiver Natur und können durch eine entsprechende vertragliche Regelung abbedungen werden.[71] Ein Beispiel für eine zwingende Norm ist insbesondere § 36 VerlG – eine Regelung für den Fall eines eröffneten Insolvenzverfahrens über das Vermögen des Verlegers.[72]

Bei näherer Betrachtung des abgeleiteten Schutzes des Verlegers durch das Verlagsrecht zeigt sich zunächst aus § 1 VerlG, dass durch diesen Vertrag gegenseitige Pflichten des Verfassers (Überlassung des Werkes an Verleger zur Vervielfältigung und Verbreitung für eigene Rechnung, S. 1) wie auch des Verlegers (Vervielfältigung und Verbreitung des Werkes, S. 2) entstehen. Im Falle einer Verletzung dieser Rechte des Verlegers stehen dem Verleger beispielsweise nach § 9 Abs. 2 VerlG iVm §§ 97ff. UrhG etwaige Schadensersatzansprüche zu.[73]

Eine solche derivative Rechtseinräumung kann bei einem gründlich durchdachten und ausführlich ausgeführten Verlagsvertrag dem Grunde nach wirksam gegen beeinträchtigende Handlungen schützen.[74] Von Vorteil ist dabei zunächst, dass der Verleger von der 70jährigen und somit in der Regel längeren Schutzdauer der urheberrechtlichen Nutzungsrechte profitiert und diese ihm umfassend eingeräumt werden. Jedoch ist im Falle eines solchen Vorgehens stets umfassend und nachvollziehbar die wirksame Rechtsübertragung durch den Urheber notwendig. Je umfangreicher ein Verlagsprojekt wird und je mehr schöpferisch tätige Personen beteiligt sind, desto länger und arbeitsintensiver ist ein derartiger Beweis im Rahmen eines Gerichtsverfahrens. Das Risiko, diesen Beweis nicht hinreichend führen zu können, trägt dabei der Verleger, dem der Rechtsschutz im für ihn ungünstigsten Fall versagt werden könnte.

---

69 Gesetz über das Verlagsrecht in der im Bundesgesetzblatt Teil III, Gliederungsnummer 441-1, veröffentlichten bereinigten Fassung, das zuletzt durch Artikel 2 des Gesetzes vom 22. März 2002 (BGBl. I S. 1155) geändert worden ist. *Obergfell* in: Ulmer-Eilfort/Obergfell, VerlG, A Rn. 17ff.

70 *Obergfell* in: Ulmer-Eilfort/Obergfell, VerlG, D Rn. 346ff.

71 *Obergfell* in: Ulmer-Eilfort/Obergfell, VerlG, A Rn. 2.

72 *Ulmer-Eilfort/Druschel* in: Ulmer-Eilfort/Obergfell, VerlG, § 36 Rn. 2.

73 *Wegner* in: BeckOK Urheberrecht, § 1 VerlG Rn. 35.

74 *Heker* ZUM 1995, 97 (100).

Zwingende Voraussetzung für die Übertragung von Nutzungsrechten durch einen Urheber ist, dass es sich bei dem zugrundeliegenden Werk um ein solches im Sinne des § 2 UrhG handelt, es somit Urheberrechtsschutz genießt. Ist dies nicht (mehr) der Fall, scheidet diese derivative Rechtseinräumung aus und begründet einen weiteren Nachteil dieser derivativen Rechtsstellung des Verlegers.[75] Der Unterschied eines solchen sog. mittelbaren Rechts zum unmittelbaren Leistungsschutz liegt des Weiteren darin, dass statt an die eigene Leistung des Verlegers, an das Werk des Autors angeknüpft wird.[76] Auf die weiteren Unterschiede zu einer originären Rechtsstellung wird im Verlauf der Arbeit umfassend eingegangen.[77]

C. Die Verlegerbeteiligung

I. Ausgangslage

Durch die Beendigung der bisherigen Verteilungspraxis der Verlage im Rahmen der VG Wort durch die *Reprobel* & *Vogel* – Entscheidungen musste der deutsche Gesetzgeber auf Druck der betroffenen Interessenverbände eine Rechtsgrundlage für die Beteiligung der Verlage an den gesetzlichen Vergütungszahlungen schaffen.[78]

Hierbei wurden auf nationaler Ebene durch §§ 27 Abs. 2 und 27a VGG Anpassungen vorgenommen,[79] die eine derivative Rechtsstellung des Verlegers zur Beteiligung gewährleisten sollten. § 27a Abs. 1 VGG ermöglicht dem Urheber gegenüber der Verwertungsgesellschaft zuzustimmen, dass der Verleger an den Einnahmen aus den in § 63a S. 1 UrhG genannten Vergütungsansprüchen beteiligt werden kann. Die Höhe des Verlegeranteils setzt nach § 27a Abs. 2 VGG die Verwertungsgesellschaft fest. § 27 Abs. 2 VGG ermöglicht die Verteilung der Einnahmen in einer gemeinsamen Verwertungsgesellschaft unabhängig davon, wer die Rechte eingebracht hat. Die aktuelle Situation ermöglicht die bezweckten Folgen dieser Regelung nicht zu verwirklichen: zu wenige Urheber haben diese

75 So auch *Müller-Laschet,* Das Copyright des Verlegers, S. 5.

76 *Soetenhorst* GRUR Int. 1989, 760 (762).

77 Siehe dazu insbesondere Kap. 5 B. sowie Kap. 5 D. IV. 4.

78 Hierzu insgesamt eingehend *Melichar/Staats* in: Loewenheim, Handbuch des Urheberrechts, § 53 Rn. 16-21.

79 Gesetz zur verbesserten Durchsetzung des Anspruchs der Urheber und ausübenden Künstler auf angemessene Vergütung und zur Regelung von Fragen der Verlegerbeteiligung vom 20. Dezember 2016, BGBl I S. 3037.

Zustimmung erteilt, sodass eine Fortsetzung der gemeinsamen Verwertungsgesellschaften nicht gerechtfertigt ist.[80]

Auf europäischer Ebene normiert nun Art. 16 DSM-RL eine Beteiligungsmöglichkeit der Verlage kraft derivativen Rechtes. Ein originäres Recht des Verlegers findet sich damit weder auf nationaler noch auf europäischer Ebene. Dessen ungeachtet soll ein kurzer Überblick über diese Regelung geschaffen werden.

II. Regelungsgehalt und -grund für Art. 16 DSM-RL

Nach Art. 16 S. 1 DSM-RL können die Mitgliedstaaten festlegen, dass für den Fall, dass ein Urheber einem Verleger ein Recht übertragen oder ihm eine Lizenz erteilt hat, diese Übertragung oder Lizenzierung eine hinreichende Rechtsgrundlage für den Anspruch des Verlegers auf einen Anteil am Ausgleich für die jeweilige Nutzung des Werkes im Rahmen einer Ausnahme oder Beschränkung für das übertragene oder lizenzierte Recht darstellt. S. 2 hält sodann fest, dass die in den Mitgliedstaaten existierenden Regelungen über das öffentliche Verleihrecht unberührt bleiben.

Erwägungsgrund 60 S. 2 führt als Begründung dieser Regelung an, dass die Investitionen und konkret die Einnahmen der Verlage durch private Vervielfältigungen oder die für die Reprografie geltenden Ausnahmen und Beschränkungen geschmälert werden. Zur Gewährleistung eines Investitionsschutzes und einer sicheren Rechtslage für alle Beteiligten, soll es den Mitgliedstaaten weiterhin gestattet sein, „*Regelungen zur Aufteilung der Ausgleichsleistung zwischen Urhebern und Verlagen zu normieren*“, Erwägungsgrund 60 S. 4.

III. Umsetzung in deutsches Recht

Die nicht zwingende Regelung des Art. 16 DSM-RL hat der deutsche Gesetzgeber als Anlass dafür genommen, die Verlegerbeteiligung anzupassen.[81] Das verwundert schon allein deswegen nicht, da die Initiative zur Schaffung einer solchen europäischen Regelung auf den deutschen Bundestag zurückgeht.[82] Unterschiedlich beurteilt wird die Folge des Art. 16 DSM-RL, was nicht unerheblich an dem mehrdeutig interpretierbaren Normtext sowie Erwägungsgrund 60 liegt.

---

80 *de la Durantaye* ZUM 2020, 88 (89).

81 BT-Drs. 19/27426, S. 52f.

82 *de la Durantaye* ZUM 2020, 161 (161).

Unter Argumentation der Unionsrechtswidrigkeit der §§ 27, 27a VGG und Bezugnahme auf Erwägungsgrund 60 S. 8, der eine Beibehaltung nationaler Vergütungsregelungen ermöglicht, „*sofern diese dem Unionsrecht entsprechen*", wird mangels notwendig erachteter Korrektur des Art. 2 InfoSoc-RL eine Beteiligung des Verlegers nach aktueller Rechtslage weiterhin für nicht möglich erachtet.[83] Angesichts des Regelungszwecks, der die Folgen der *Reprobel* Entscheidung gerade beheben wollte, überzeugt diese Ansicht nicht.[84] Insbesondere die Erforderlichkeit der Normierung einer Quotelung für die Beteiligung des Verlegers ist hochumstritten. Neben Vertretern einer gesetzlichen Quote[85] wird einer Maximalquote[86] oder gar die strikte Ablehnung einer Quotenregelung[87] in die Diskussion eingebracht.

Am 7.6.2021 haben die Reformbestrebungen ihren nationalen Eingang gefunden: das Gesetz zur Anpassung des Urheberrechts an die Erfordernisse des Digitalen Binnenmarkts ist in Kraft getreten.[88] In § 63a Abs. 2 S. 1 UrhG ist nun die Möglichkeit der Verlegerbeteiligung an den gesetzlichen Vergütungsansprüchen geschaffen, wenn der Urheber dem Verleger ein Recht an seinem Werk eingeräumt hat. Dabei sind die gesetzlichen Vergütungsansprüche in einer gemeinsamen Verwertungsgesellschaft geltend zu machen, § 63a Abs. 2 S. 2 UrhG. Zudem normiert § 27b VGG eine gesetzliche Quote für die Beteiligung des Urhebers unter dem Titel „*Mindestbeteiligung des Urhebers*". Begründet wird diese Neuregelung mit einer damit zu erreichenden Rechtssicherheit für die Beteiligten sowie der Beschleunigung des Verteilungsverfahrens.[89] Die mit dieser Quote verbundene Pauschalierung sei sachgerecht, da über das Wort „mindestens" auch eine Erhöhung des Anteils des Urhebers ermöglicht werde.[90]

Der Nachteil einer solchen Beteiligungslösung ist die Abhängigkeit von einem Vergütungsanspruch des Urhebers, an dem der Verleger lediglich zu beteiligen

---

83 Siehe hierzu *Peifer* GRUR 2020, 14 (22f.).

84 *de la Durantaye* ZUM 2020, 88 (90); *Staats* ZUM 2020, 101 (102).

85 *Flechsig* beispielsweise für eine gesetzliche Quote von 80/20 % für Urheber zu Verleger, *Skupin* ZUM 2020, 117 (118).

86 *de la Durantaye* erachtet eine Maximalquote von 30% für die Beteiligung des Verlegers als sachgerecht, *Skupin* ZUM 2020, 117 (118).

87 So unter ökonomischer Argumentation *Herweg*, *Skupin* ZUM 2020, 117 (118).

88 Gesetz zur Anpassung des Urheberrechts an die Erfordernisse des digitalen Binnenmarktes vom 31. Mai 2021, BGBl. 2021 I S. 1204. Zu der Urheberrechtsreform im Überblick *Hotz/Skupin* ZUM 2021, 674 sowie *Klass* ZRP 2021, 74.

89 BT-Drs. 19/27426, S. 120.

90 BT-Drs. 19/27426, S. 120.

ist. Zum einen kann im Falle privilegierter Handlungen (beispielsweise bei einer Vervielfältigung zu privaten Zwecken) den Verlegern hieran keine Beteiligung zugutekommen und zum anderen fehlt es bei einer solchen rechtlichen Ausgestaltung an der Anerkennung einer eigenständigen sowie abgrenzbaren verlegerischen Investitionsleistung.[91] Stattdessen führt *Flechsig* die Notwendigkeit eines eigenständigen Vergütungsanspruchs des Verlegers an, welcher sich nicht gegen den Urheber, sondern die eine Vergütungspflicht auslösenden Verpflichteten richten sollte.[92]

IV. Zwischenergebnis

Die Beteiligung des Verlegers an den gesetzlichen Vergütungsansprüchen hat – zur optionalen Umsetzung des Art. 16 DSM-RL – in § 63a Abs. 2 UrhG eine rechtliche Ausgestaltung gefunden. Auf die Einzelheiten hierzu kann in dieser Arbeit nicht eingegangen werden, lag der Schwerpunkt doch auf einer anderen Frage. Der konsequentere Weg über die Gewährung eines originären Rechtes sollte bestenfalls neben der Erörterung zur Verlegerbeteiligung in dieser Zeit diskutiert werden. Ansonsten besteht die hinreichende Gefahr des abermaligen Abtauchens dieser Diskussion infolge neuartig auftretender, anderweitiger Rechtsprobleme.

D. Wettbewerbsrechtlicher Leistungsschutz

I. Unzureichender Schutz des Verlegers durch das Wettbewerbsrecht im Lichte der Rechtsprechung

Die Versuche einzelner Verleger, sich über das Wettbewerbsrecht – über den ergänzenden wettbewerbsrechtlichen Schutz – gegen beeinträchtigende Handlungen Dritter zur Wehr zu setzen, wurden seitens der Rechtsprechung stets versagt.

Bei *Reprint* wies der BGH bereits im Jahr 1968 das verlegerische Rechtsschutzbegehren mangels Unzumutbarkeit zurück: es hätte eine *„sehr erhebliche"* verlegerische Leistung vorliegen und ein Dritter hätte *„sogleich"* den Nachdruck dessen beginnen müssen, sodass eine Erlangung der unter normalen Umständen

---

91 *Flechsig*, Stellungnahme zum DiskE vom 15.1.2020: Verlegerbeteiligung nach deutschem UrhG, S. 4.

92 *Flechsig*, Stellungnahme zum DiskE vom 15.1.2020: Verlegerbeteiligung nach deutschem UrhG, S. 5-7.

prognostizierten Einnahmen nicht möglich gewesen wäre.[93] Dies konnte der klagende Verleger nicht hinreichend darlegen.

Auch das Rechtsschutzbegehren eines Druckers gegen den Nachdruck von Formularen durch einen anderen Drucker versagte der BGH in *Formulare.* Unter Bezugnahme auf die zeitliche Komponente, die einen Vertrieb der Formulare über viele Jahre hinweg, einschließlich einer Fruchtziehung angesichts nachweislicher hoher Stückzahlen ermöglicht hatte, verneinte der BGH eine Unzumutbarkeit als Voraussetzung, um über das Wettbewerbsrecht hiergegen vorzugehen.[94]

Auch das Rechtsschutzbegehren eines Musikverlages im Februar 1986 gegen den Nachdruck gemeinfreier und in sein Verlagsprogramm aufgenommene Werke versagte der BGH mit ähnlicher Begründung in *Notenstichbilder*: Angesichts einer Zeitspanne von 50 Jahren, die dem klagenden Verlag zum Vertrieb des Werkes zugestanden worden war, sei eine Amortisation der Herstellungskosten möglich gewesen und weitere unlauterkeitsbegründende Merkmale (seien) nicht gegeben.[95] Es dürfte keine zeitlich umfassendere Rechtsgewährung über das Wettbewerbsrecht ermöglicht werden, als es über das Urheberrechtsgesetz möglich gewesen wäre.

II. Grundsätzliches Verhältnis des Urheberrechts zum Wettbewerbsrecht

Das Immaterialgüterrecht - konkret für die zu untersuchende Konstellation maßgeblich das Urheberrecht - und das Wettbewerbsrecht haben unterschiedliche Schutzrichtungen, weshalb das Verhältnis dieser beiden Rechtsmaterien zu klären ist. Das Urheberrecht schützt eine schöpferische Leistung, das Wettbewerbsrecht vor unlauteren Handlungen.[96] Anders als der (individuelle) eigentumsähnliche Schutz des Immaterialgüterrechts, sind Verhaltensnormen für sämtliche Marktbeteiligte sowie die Allgemeinheit der Wesensinhalt des Wettbewerbsrechts.[97]

---

93 BGH GRUR 1969, 186 (188) – Reprint.

94 BGH GRUR 1972, 127 – Formulare.

95 BGH GRUR 1986, 895 (896) – Notenstichbilder.

96 *Ohly* in: Schricker/Loewenheim, Urheberrecht, Einl. Rn. 60ff.; *Ulmer*, Urheber- und Verlagsrecht, S. 36. Zum Schutzzweck des UWG: *Köhler* in: Köhler/Bornkamm/Feddersen/Alexander, UWG, § 1 Rn. 10; *Ohly* in: Ohly/Sosnitza, UWG, Einführung Rn. 1ff.; *Fezer* in: Fezer/Büscher/Obergfell, UWG, Einl. Rn. 447ff.

97 *Ahrens* in: Harte-Bavendamm/Henning-Bodewig, UWG. Einl. Rn. 207f.

Ein Rechtsschutz nach den Vorschriften des UWG ist bei einem urheberrechtlich geschützten Werk dann möglich, wenn besondere, außerhalb des Urheberrechts liegende Umstände hinzugetreten sind.[98] Der Verleger ist nicht Inhaber einer urheberrechtlichen Rechtsstellung, sodass eine solche Situation nicht einschlägig ist. Insbesondere in dieser Situation, in der keine sondergesetzliche Regelung vorliegt, ist das Bedürfnis nach einem wettbewerbsrechtlichen Schutz nachvollziehbar. Ob und unter welchen Umständen sich ein Leistungserbringer über das Wettbewerbsrecht gegen die unmittelbare Leistungsübernahme als solche zur Wehr setzen kann, ist hochumstritten.

III. Unmittelbarer Leistungsschutz gemäß § 3 Abs. 1 UWG

1. Das Verhältnis des unmittelbaren zum wettbewerbsrechtlichen Leistungsschutz

Neben der Problematik der Anerkennung des unmittelbaren Leistungsschutzes ist das Verhältnis zum wettbewerbsrechtlichen Leistungsschutz nach § 3 Abs. 1 iVm § 4 Nr. 3 UWG weitgehend ungeklärt für den Fall, dass der Tatbestand des § 3 Abs. 1 iVm § 4 Nr. 3 UWG nicht einschlägig ist. Ein unmittelbarer Leistungsschutz kann – sofern er nicht bereits grundsätzlich verneint wird – jedenfalls dann nicht in Betracht kommen, soweit eine Umgehung der Wertungen des § 4 UWG vorliegen würde. Der Gesetzgeber hat durch die enumerative Unlauterkeitsstruktur des § 4 UWG eine bewusste Entscheidung für diejenigen Konstellationen getroffen, die in den Anwendungsbereich des Wettbewerbsrechts kommen sollen. Für den Fall, dass beispielsweise eine Nachahmung im Sinne des § 4 Nr. 3 UWG vorliegt, jedoch die zusätzlich erforderlichen, alternativen Voraussetzungen der lit. a–c nicht erfüllt sind, würde die Bejahung eines unmittelbaren Leistungsschutzes diese gesetzgeberische Entscheidung umgehen.[99]

2. Die Ablehnung eines unmittelbaren wettbewerbsrechtlichen Leistungsschutzes

Aus der Perspektive des Wettbewerbsrechts, welches die Unlauterkeit von Handlungen sanktioniert, erscheint der Schutz von Leistungsergebnissen nach einem

---

98 *Heker* ZUM 1995, 97 (100f.). Zur Übernahme der Leistung des Datenbankherstellers siehe *Hermes* in: Wandtke/Bullinger, UrhR, Vor §§ 87aff. Rn. 34.

99 So auch *Köhler* in: Köhler/Bornkamm/Feddersen/Alexander, UWG, § 3 Rn. 2.28 sowie § 4 Rn. 3.5c.

klassischen Wettbewerbsrechtsverständnis nicht ohne Weiteres möglich.[100] Sofern keine sondergesetzliche Norm das Leistungsergebnis schützt, greift bei der Übernahme eines fremden Leistungsergebnisses der sog. Grundsatz der Nachahmungsfreiheit und führt zur wettbewerbsrechtlichen Unbeachtlichkeit.[101]

Der BGH scheint wohl von einer grundsätzlichen Ablehnung dieses unmittelbaren Leistungsschutzes in Folge des *hartplatzhelden.de* – Rechtsstreites abgerückt zu sein.[102] In seinem Urteil zu dem Schutz eines Fußballverbandes gegen die unerlaubte Verwertung von Spielszenen über das Internet, ließ der BGH es dahinstehen, ob ein Rechtsschutz eines unmittelbaren Leistungsschutzes *„auf der Grundlage von § 3 Abs. 1 UWG gewährt werden kann“*.[103] Die letztendliche Entscheidung hierüber ließ der BGH auch Jahre später in *Pippi-Langstrumpf II* sowie in *Segmentstruktur* offen.[104]

Unter denjenigen Stimmen, die einen unmittelbaren Leistungsschutz über die Generalklausel § 3 Abs. 1 UWG anerkennen, wird überwiegend gefordert, dass ein Marktversagen vorliegen müsse,[105] welches ohne die Gewährung eines solchen Rechtsschutzes resultieren würde.[106] Auch der BGH scheint dieses Erfordernis für nötig zu erachten. Es müsste ein Leistungsergebnis geschützt werden, *„für das erhebliche Investitionen getätigt* [wurden] *und dessen Erbringung und Bestand ohne diesen Rechtsschutz erheblich in Gefahr geriete.“*[107] Eine Schutzlücke sei notwendig, wodurch dem Leistungserbringer die wirtschaftliche Verwertung einer Leistung rechtlich in Gänze nicht möglich wäre.[108] Diese Abhängigkeit des unmittelbaren Leistungsschutzes von dem Erfordernis eines Marktversagens wird als *„Übergang vom Leistungs- zum Investitionsschutz“* bezeichnet, da allein

---

100 *Sambuc* in: Harte-Bavendamm/Henning-Bodewig, UWG, § 4 Nr. 3 Rn. 56.

101 BGH GRUR 2017, 79 – Rn. 96 – Segmentstruktur; *Ohly* in: Schricker/Loewenheim, Urheberrecht, Einl. Rn. 67.

102 BGH GRUR 2011, 436 – Rn. 19 – hartplatzhelden.de. Hierzu siehe die Besprechung bei *Ehmann* GRUR Int. 2009, 659 (662–664).

103 BGH GRUR 2011, 436 – Rn. 19 – hartplatzhelden.de.

104 BGH GRUR 2016, 725 – Rn. 24 – Pippi-Langstrumpf II; GRUR 2017, GRUR 2017, 79 Rn. 97 – Segmentstruktur.

105 Instruktiv über den *„Referenzrahmen für Marktversagen“* bei *Flöter*, Der wettbewerbsrechtliche Schutz von Investitionen vor Marktversagen, S. 10–19. Vgl. hierzu auch *Schröer*, Der unmittelbare Leistungsschutz, S. 126ff., 471ff. mwN.

106 *Sambuc* in: Harte-Bavendamm/Henning-Bodewig, UWG, § 4 Nr. 3 Rn. 59; *Ehmann* GRUR Int. 2009, 659 (661).

107 BGH GRUR 2011, 436 – Rn. 25 – hartplatzhelden.de.

108 BGH GRUR 2016, 725 – Rn. 27 – Pippi-Langstrumpf II.

die Verfälschung des Wettbewerbs und nicht eine Qualität des konkreten Produktes maßgeblich sei.[109]

Andererseits wird eine Abkehr vom Erfordernis eines Marktversagens vollzogen und vielmehr eine einzelfallbezogene Abwägung „zwischen der Schutzwürdigkeit der Leistung und der Rechtfertigung der Leistungsaneignung“ für maßgeblich erachtet.[110] Begründet wird das Erfordernis eines solchen unmittelbaren, wettbewerbsrechtlichen Leistungsschutzes mit dem Bedürfnis nach einem flexibel anpassbaren Schutzrecht für insbesondere neuartige, schutzwürdige Leistungsergebnisse.[111]

Jedenfalls muss eine planwidrige Regelungslücke vorliegen, die einen Rückgriff auf einen derartigen unmittelbaren Leistungsschutz rechtfertigen würde.[112] Die Anwendbarkeit einer derartigen Generalklausel liefe sonst Gefahr, spezialgesetzliche Regelungen und die dahinterstehenden gesetzgeberischen Erwägungen zu umgehen. Dass im Bereich des Geistigen Eigentums ein solcher Rückgriff angesichts der vorhandenen Regelungen kaum einschlägig sein konnte, betont *Ohly* zu Recht.[113] Mit Blick auf die vorhandenen urheberrechtlichen Leistungsschutzrechte, der damit verbundenen Erwägung der Abgeschlossenheit sowie der fehlenden Neuartigkeit der verlegerischen Kerntätigkeit kann ein Rückgriff auf diese Rechtsschutzmöglichkeit für die vorliegende Untersuchung nicht gewählt werden. Grundsätzlich wurde nämlich durch die Normierung der Leistungsschutzrechte im UrhG weitestgehend diese Regelungslücke geschlossen, auch wenn der allgemeine Verleger hiervon nicht erfasst ist.[114] Zusätzlich würde die vorschnelle Anerkennung eines unmittelbaren Leistungsschutzes zu einer Verwässerung der Abgrenzung zwischen Wettbewerbs- und Immaterialgüterrecht führen: die Gewährung weitgehender Ausschließlichkeitsrechte muss angesichts der vorangehend dargelegten Schutzzwecke dem Immaterialgüterrecht vorbehalten sein.[115]

---

109 *Sambuc* in: Harte-Bavendamm/Henning-Bodewig, UWG, § 4 Nr. 3 Rn. 62.

110 *Becker* GRUR 2017, 346 (353).

111 *Becker* GRUR 2017, 346 (353).

112 So auch *Ohly* GRUR 2017, 79 (92) Rn. 8; *Ohly* in: Ohly/Sosnitza, UWG, Unlautere Nachahmung Rn. 3/17.

113 *Ohly* GRUR 2017, 79 (92) Rn. 8.

114 *Heker* ZUM 1995, 97 (101).

115 So auch *Nemeczek* GRUR 2011, 292 (295) und *Köhler* in: Köhler/Bornkamm/Feddersen/Alexander, UWG, § 3 Rn. 2.28.

IV. Wettbewerbsrechtlicher Leistungsschutz gemäß § 3 Abs. 1 iVm § 4 Nr. 3 UWG

Weitestgehend unstrittig möglich ist ein wettbewerbsrechtlicher Rechtsschutz, wenn die beeinträchtigende Handlung des Dritten die Voraussetzungen des § 3 Abs. 1 iVm § 4 Nr. 3 UWG erfüllt, es sich also um eine wettbewerbswidrige Ausnutzung einer fremden Leistung, nach *Ulmer* als Fall des *„Schmarotzens“* betitelt,[116] handelt.[117]

1. Verhältnis zum Urheberrecht

Nach mittlerweile ständiger Rechtsprechung des BGH ist der ergänzende wettbewerbsrechtliche Leistungsschutz grundsätzlich unabhängig von einem urheberrechtlichen Rechtsschutz.[118] Es kommt allein darauf an, dass die spezifischen Voraussetzungen einer unlauteren Handlung vorliegen und *„besondere Begleitumstände vorliegen, die außerhalb des sondergesetzlichen Tatbestandes liegen“*.[119] Es darf nicht dazu kommen, dass durch Regelungen des UWG spezielle urheberrechtliche Schrankenregelungen oder Schutzfristen umgangen werden.[120]

2. Voraussetzungen des wettbewerbsrechtlichen Leistungsschutzes

Im Falle einer Leistungsübernahme zum Nachteil des Verlegers schützt § 4 Nr. 3 UWG im Falle einer vermeidbaren Herkunftstäuschung (lit. a), einer Rufausbeutung bzw. -beeinträchtigung (lit. b) oder unredlichen Erlangung von Kenntnissen (lit. c). Darüber hinaus ist eine Behinderung von Mitbewerbern als Unlauterkeitskriterium möglich, auch wenn diese nicht ausdrücklich als Fallgruppe

---

116 *Ulmer*, Urheber- und Verlagsrecht, S. 38.

117 So im Grundsatz auch *Ulmer-Eilfort/Druschel* in: Ulmer-Eilfort/Obergfell, VerlG, § 1 Rn. 40b. Zuletzt vom BGH bzgl. Beeinträchtigungen des Leistungsschutzrechtes des Tonträgerherstellers kurz erwähnt und im Ergebnis offengelassen, BGH GRUR 2020, 843 – Rn. 92 – Metall auf Metall IV.

118 BGH GRUR 2012, 58 – Rn. 41 – Seilzirkus. Zur alten Rechtsprechung des BGH siehe *Köhler* in: Köhler/Bornkamm/Feddersen/Alexander, UWG, § 4 Rn. 3.7.

119 BGH GRUR 2013, 951 – Rn. 20 – *Regalsystem*; *Köhler* in: Köhler/Bornkamm/Feddersen/Alexander, UWG, § 4 Rn. 3.7. Bzgl. des Verhältnisses des Urheberrechts zum Wettbewerbsrecht siehe BGH GRUR 1997, 459 (464) – CB Infobank I und zum Verhältnis des Geschmacksmusterrechts zum Wettbewerbsrecht siehe BGH GRUR 2002, 629 (631) – Blendsegel.

120 *Ohly* in: Ohly/Sosnitza, UWG, Einführung Rn. 85; *Stang* in: BeckOK Urheberrecht, § 85 Rn. 39. Vgl. dazu auch BGH GRUR 1986, 895 (896) – Notenstichbilder.

normiert ist.[121] Neben einer geschäftlichen Handlung im Sinne des § 2 Abs. 1 Nr. 1 UWG erfordert die Anwendbarkeit dieses wettbewerbsrechtlichen Schutzes die ungeschriebene Voraussetzung einer wettbewerblichen Eigenart, welche sich anhand einer eingehenden Beurteilung der fraglichen Handlung ermitteln lässt.[122] Sie ist zu bejahen, wenn die konkrete Ausgestaltung oder bestimmte Merkmale geeignet sind, die interessierten Verkehrskreise auf ihre betriebliche Herkunft oder Besonderheiten hinzuweisen.[123]

Nur im Falle des Vorliegens einer unter diesen – hohen – Maßstäben als unlauter einzustufenden Handlung eines Dritten, könnte sich der Verleger, als Hersteller des Originals,[124] auf diesen wettbewerbsrechtlichen Leistungsschutz berufen.

3. *Rechtsfolge des wettbewerbsrechtlichen Leistungsschutzes*

Der wettbewerbsrechtliche Leistungsschutz nach § 3 Abs. 1 iVm § 4 Nr. 3 UWG würde den Verleger nach § 8 Abs. 1 UWG zur Geltendmachung eines Unterlassungsanspruchs berechtigen. Inhalt dessen kann allein die Unterlassung des Anbietens, nicht des Herstellens sowie Gebrauchens oder gar des Importierens sein.[125] Dies liegt an der Eigenart dieses Rechtsschutzes, da gerade nicht das Leistungsergebnis an sich, sondern allein vor einer unlauteren Nutzung dessen geschützt wird.[126] Zudem besteht ein Beseitigungsanspruch nach § 8 Abs. 1 S. 1 UWG, der allein auf das „Vom-Markt-Nehmen" und aus dem vorangehend aufgeführten Schutzgrund nicht auf eine Vernichtung als solche gerichtet ist.[127] Ein Schadensersatzanspruch kann sodann nach § 9 S. 1 UWG geltend gemacht werden, der verschuldensabhängig ist und sodann die Möglichkeit einer dreifachen Schadensberechnung ermöglicht.[128]

---

121 *Götting/Hetmank* in: Fezer/Büscher/Obergfell, UWG, § 4 Nr. 3 Rn. 34; *Ohly* in: Ohly/Sosnitza, UWG, Rn. 3/74.

122 *Köhler* in: Köhler/Bornkamm/Feddersen/Alexander, UWG, § 4 Rn. 3.24; *Götting/Hetmank* in: Fezer/Büscher/Obergfell, UWG, § 4 Nr. 3 Rn. 34.

123 Ständige Rspr., siehe nur BGH GRUR 2016, 730 – Rn. 33 – Herrnhuter Stern.

124 *Sambuc* in: Harte-Bavendamm/Henning-Bodewig, UWG, § 4 Nr. 3 Rn. 205ff.; *Köhler* in: Köhler/Bornkamm/Feddersen/Alexander, UWG, § 4 Rn. 3.85.

125 *Köhler* in: Köhler/Bornkamm/Feddersen/Alexander, UWG, § 4 Rn. 3.80.

126 BGH GRUR 2017, 734 – Rn. 74 – Bodendübel.

127 *Köhler* in: Köhler/Bornkamm/Feddersen/Alexander, UWG, § 4 Rn. 3.81.

128 *Köhler* in: Köhler/Bornkamm/Feddersen/Alexander, UWG, § 4 Rn. 3.82f. Eingehend zur Schadensberechnung siehe *Sambuc* in: Harte-Bavendamm/Henning-Bodewig, UWG, § 4 Nr. 3 Rn. 215ff.

V. Die Unzulänglichkeiten des wettbewerbsrechtlichen Leistungsschutzes

Es wurde im Rahmen der vorangehenden Darstellung deutlich, unter welchen restriktiven Bedingungen die Rechtsprechung nur einen unmittelbaren Leistungsschutz anzudenken scheint. Der Verleger wird in diesen Fällen in der Regel niemals in den Genuss der wettbewerbsrechtlichen Rechtsschutzmöglichkeit kommen. Selbst wenn es also diese Rechtsschutzmöglichkeit gäbe, führen die im Folgenden dargelegten Unzulänglichkeiten eines solchen Rechtes nicht zu einer Entbehrlichkeit der Diskussion zur Einführung eines originären Rechtes im Urheberrechtsgesetz.

1. Gemeinsamkeiten des wettbewerbsrechtlichen und des urheberrechtlichen Schutzes

Zunächst werden Gemeinsamkeiten eines wettbewerbsrechtlichen zu einem urheberrechtlichen Schutz deutlich. Die Möglichkeit, im Rahmen eines Schadensersatzbegehrens die dreifache Schadensberechnung zu Grunde zu legen, ist beiden Rechtskonstruktionen gemein.[129] Zusätzlich wird in beiden Fällen dem Rechtsinhaber ein Vorgehen über einen bereicherungsrechtlichen Rückabwicklungsanspruch in Form der Eingriffskondiktion ermöglicht.[130]

2. Unterschiede des wettbewerbsrechtlichen und des urheberrechtlichen Schutzes

Die Möglichkeit des Verlegers, sich gegen beeinträchtigende Handlungen Dritter zur Wehr setzen zu können, besteht zwar unter den aufgeführten Voraussetzungen dem Grunde nach.

a) Schutzlücken

Jedoch werden zum einen von einem wettbewerbsrechtlichen Rechtsschutz gerade nicht alle in Betracht kommenden Verletzungshandlungen erfasst.[131] Über den wettbewerbsrechtlichen Leistungsschutz kann, wie vorangehend ausgeführt, nicht die Herstellung und nicht die Vernichtung des beeinträchtigenden

---

129 Für das Wettbewerbsrecht siehe oben; für das Urheberrecht vgl. *Wimmers* in: Schricker/Loewenheim, Urheberrecht, § 97 Rn. 260ff.

130 *Sambuc* in: Harte-Bavendamm/Henning-Bodewig, UWG, § 4 Nr. 3 Rn. 29.

131 So auch *Heker* ZUM 1995, 97 (102); *Schneidinger,* Der Leistungsschutz, S. 56.

Produktes verlangt werden.[132] Denn der Schutz einer Leistung als solcher wird durch das Wettbewerbsrecht gerade nicht ermöglicht. Vielmehr ist nur ein unlauteres Verhalten im konkreten Einzelfall unter den jeweiligen Tatbestandsvoraussetzungen wettbewerbsrechtlich angreifbar.[133] Die Leistungsübernahme als solche begründet nicht zwangsläufig die Unlauterkeit der Handlung, welche jedoch für einen Rechtsschutz über das UWG zwingend erforderlich ist.[134] Die Möglichkeiten kraft Wettbewerbsrechts gegen beeinträchtigende Handlungen Dritter einzuschreiten steht nämlich unter der Einschränkung, dass die Rechtsfolgen nicht an die umfassenden Beseitigungs- und Unterlassungsrechte kraft originären Rechtes heranreichen können.[135]

Während hingegen der wettbewerbsrechtliche Leistungsschutz grundsätzlich nur einen schuldrechtlichen Anspruch gegen den jeweiligen Wettbewerber begründet, gewährt ein originäres Recht eine dingliche, absolute Rechtsstellung.[136] Die Rechte, die das UWG gewährt, sind auch nicht auf einen Dritten übertragbar, sondern müssten im Falle eines Personenwechsels stets in dessen Person eigen und neu begründet werden.[137] Ein weiterer Nachteil gegenüber einer originären Rechtsstellung ist, dass eine Beteiligung an den gesetzlichen Vergütungsansprüchen natürlich nicht möglich ist.[138]

Schließlich ist der Umstand der unterschiedlichen Verjährungsfristen zu beachten. Ansprüche nach dem UWG verjähren nach § 11 Abs. 1 UWG innerhalb von sechs Monaten, Ansprüche aus dem Urheberrecht unterliegen grundsätzlich einer regelmäßigen Verjährung von drei Jahren nach § 102 S. 1 UrhG iVm § 195 BGB, Schadensersatzansprüche hingegen unterliegen einer zehnjährigen Verjährungsfrist ab Entstehung des Anspruchs, § 199 Abs. 3 Nr. 1 BGB.[139]

b) Mangelnde Bestimmtheit sowie fehlende Rechtssicherheit

Darüber hinaus fehlt diesem Rechtsschutz ein hinreichendes Maß an Bestimmtheit und die fehlende Konturierung einer Schutzdauer unterstützt diese Rechtsunsicherheit. Wenn über den unmittelbaren wettbewerbsrechtlichen

---

132 *Sambuc* in: Harte-Bavendamm/Henning-Bodewig, UWG, § 4 Nr. 3 Rn. 31f.
133 *Schulze* ZUM 1989, 49 (57); *Soetenhorst* GRUR Int. 1989, 760 (762).
134 *Schneidinger*, Der Leistungsschutz, S. 59f.
135 So auch *Obergfell* GRUR 2019, 992 (993).
136 *Sambuc* in: Harte-Bavendamm/Henning-Bodewig, UWG, § 4 Nr. 3 Rn. 24; *Hilty* UFITA 116 (1991), 35 (43).
137 *Sambuc* in: Harte-Bavendamm/Henning-Bodewig, UWG, § 4 Nr. 3 Rn. 35.
138 *Kauert*, Das Leistungsschutzrecht des Verlegers, S. 164.
139 *Wimmers* in: Schricker/Loewenheim, Urheberrecht, § 102 Rn. 5.

Leistungsschutz nach § 3 Abs. 1 UWG der Verleger seine Leistung zu schützen versuchte, müsste das Vorliegen eines Marktversagens dargelegt werden. Ob dies gelingt, ist angesichts der derivativen Rechtsstellung der Verleger zu bezweifeln. Darüber hinaus ist die gerichtliche Beurteilung bzgl. der einzelnen Voraussetzungen einer wettbewerbsrechtlichen Eigenart nur schwer abschätzbar und dieser Rechtsschutz im Ergebnis daher mit einer großen Rechtsunsicherheit verbunden.[140] Dass eine Überforderung des *„durchschnittlichen Richters"* bei der Anwendung einer wettbewerbsrechtlichen Generalklausel im Grundsatz vorliegt und sich hieraus eine Gefährdung des Wettbewerbs ableiten lässt, wie es *Hilty* vertritt,[141] sollte zumindest (mit-) bedacht werden, mangels entsprechender Erfahrungswerte aber im Ergebnis offen bleiben. Schließlich ist das Erfordernis des konkreten Schadensnachweises, § 9 S. 1 UWG, ohne die Möglichkeit einer pauschalierten Schadensberechnung ein weiterer Nachteil dieses Rechtsschutzes.

c) Anderer Schutzzweck des UWG als im UrhG

Sinn und Zweck des UWG ist die Gewährleistung eines ordnungsgemäßen Wettbewerbs, der sich deswegen primär an den Interessen der Allgemeinheit ausrichtet und grundsätzlich handlungsbezogen lediglich eine konkrete Art und Weise einer Leistungsübernahme untersagen kann.[142] Wenn es in der vorliegenden Konstellation um den Schutz der Verleger gegen beeinträchtigende Handlungen geht, kann die Schutzwürdigkeit der unternehmerischen Interessen nach richtiger Ansicht als solche keine im Vordergrund stehende Beachtung finden.[143] Lediglich nachrangig findet bei besonders unlauterem Verhalten eines Dritten mittelbar das unternehmerische Interesse Berücksichtigung. Aber genau um diese muss es bei dem Schutz des Verlegers gehen – dessen Leistungen müssen kraft ihrer spezifischen Art und Weise vordergründig und durch eine originäre Rechtsstellung geschützt werden. Über das Wettbewerbsrecht kann dies angesichts eines anderen Sinns und Zwecks des UWG grundsätzlich nicht erfolgen.[144]

---

140 *Schulze,* Mehr Urheberrecht oder mehr Leistungsschutz?, in: FS Schricker, S. 530.

141 *Hilty,* „Leistungsschutz" – made in Switzerland?, in: FS Ullmann, S. 664f.

142 *Schneidinger,* Der Leistungsschutz, S. 63; *Gewiese* GRUR 1935, 633 (634).

143 *Gewiese* GRUR 1935, 633 (634); *Schneidinger,* Der Leistungsschutz, S. 63. Anders *Fezer* in: Fezer/Büscher/Obergfell, UWG, Einleitung Rn. 447ff.

144 *Schneidinger,* Der Leistungsschutz, S. 64.

Bereits 1986 hielt der BGH in *Notenstichbilder* fest, dass das Wettbewerbsrecht „*nicht den Schutz bestimmter kulturpolitischer Anliegen bezweckt*".[145] Diese als schutzwürdig erachteten kulturpolitischen Erwägungen, die für den Schutz des Verlegers vorliegen,[146] müssen vielmehr durch eine originäre Rechtsstellung in den dafür einschlägigen Sondergesetzen geschützt werden – ergo durch ein Leistungsschutzrecht für den Verleger im Urhebergesetz.

d) Lediglich ergänzender Schutz des Wettbewerbsrechts

Das Wettbewerbsrecht ist vielmehr dazu geeignet, neben einer originären Rechtsstellung einen zusätzlichen, als Lückenfüller dienenden Schutz für unlauteres Verhalten zu gewährleisten,[147] wie es für die im Urheberrechtsgesetz normierten Leistungsschutzberechtigten auch einhellig vertreten wird.[148] Die wettbewerbsrechtliche Rechtsschutzmöglichkeit vermag eine Diskussion zur Schaffung eines originären Rechtes somit nicht zu unterbinden, sondern höchstens begleitend zu flankieren. Ein allgemeiner Leistungsschutz lässt sich dem Wettbewerbsrecht auf jeden Fall nicht entnehmen.[149]

e) Fehlende Lizenzierungsmöglichkeit

Ein weiterer Nachteil des wettbewerbsrechtlichen Rechtes ist die fehlende Lizenzierungsmöglichkeit.[150] Da hierdurch ein Immaterialgüterrecht nicht geschaffen wird und eine Grundlage für die Einräumung von Nutzungsrechten so nicht besteht, kann weder eine ausschließliche noch eine einfache Lizenz durch den Verleger kraft eigenen Rechtes erteilt werden.

---

145 BGH GRUR 1986, 895 (896) – Notenstichbilder.

146 Zu der Interessenslage siehe Kap. 4 D.

147 *Ulmer*, Urheber- und Verlagsrecht, S. 36; *Götte*, Die Schutzdauer im wettbewerbsrechtlichen Leistungsschutz, S. 101ff.; *Kauert*, Das Leistungsschutzrecht des Verlegers, S. 158ff., 164–168; *Obergfell* GRUR 2019, 992 (993); *Ehmann* GRUR Int. 2009, 659 (661); *Schulze* ZUM 1989, 49 (57, 59); *Schneidinger*, Der Leistungsschutz, S. 64; *Heker* ZUM 1995, 97 (102).

148 Siehe beispielsweise zum ergänzenden wettbewerbsrechtlichen Schutz des Sendeunternehmers *Hillig/Oster* in: BeckOK Urheberrecht, § 87 Rn. 7.

149 *Hilty*, „Leistungsschutz" – made in Switzerland?, in: FS Ullmann, S. 645.

150 So auch *Kauert*, Das Leistungsschutzrecht des Verlegers, S. 163.

f) Zwischenergebnis

Die Unterschiede eines Schutzes über das UWG im Vergleich zu einem originären, urheberrechtlichen Rechtsschutz und daraus resultierenden Unzulänglichkeiten (siehe nur die abweisende Rechtsprechung), um ein Leistungsergebnis gegen beeinträchtigende Handlungen Dritter zu schützen, führen zu einer nicht ausreichenden Rechtsschutzmöglichkeit des Verlegers durch das Wettbewerbsrecht. Als weitere Schutzmöglichkeit neben einer originären Rechtsstellung kann dessen handlungsbezogener Anknüpfungspunkt eine sinnvolle Ergänzung darstellen. Alleinstehend ist das Wettbewerbsrecht zum Schutz des Verlegers unzureichend, genauso wie dies beispielsweise für den Datenbankhersteller,[151] den Tonträgerhersteller[152] und den Presseverleger[153] als unzureichend angesehen wird. Der Vorteil einer originären Rechtsstellung des Verlegers wäre somit, dass im Falle eines Rechtsschutzbegehrens keine derart umfassenden Begründungen und Darlegungen vorgenommen werden müssen wie bei einem wettbewerbsrechtlichen Rechtsschutz.[154]

E. Urheberrechtlicher Leistungsschutz

Die Leistungen des Verlegers müssen daraufhin untersucht werden, ob nicht bereits ein bestehendes urheberrechtliches Leistungsschutzrecht einen Rechtsschutz ermöglichen könnte.

Es wird vertreten, dass eine solche Möglichkeit in Betracht kommt, wenn es sich um die Herausgabe einer bestimmten Werkart handelt.[155] Dabei kämen insbesondere § 70 Abs. 1 UrhG, § 71 Abs. 1 UrhG sowie § 87b Abs. 1 UrhG in Betracht.[156]

I. Schutz wissenschaftlicher Ausgaben gemäß § 70 Abs. 1 UrhG

Sofern die Schutzvoraussetzungen des § 2 UrhG nicht vorliegen, ermöglicht § 70 Abs. 1 UrhG den Schutz bestimmter wissenschaftlicher Arbeiten. Erforderlich hierfür ist ein Ergebnis wissenschaftlich sichtender Tätigkeit, wobei sich dieses

---

151 *Vogel* in: Schricker/Loewenheim, Urheberrecht, Vor §§ 87aff. Rn. 5.

152 *Schulze* in: Dreier/Schulze, UrhG, § 85 Rn. 1.

153 *Stieper* in: Schricker/Loewenheim, Urheberrecht, Vor §§ 87ff. Rn. 18.

154 So auch bzgl. des Leistungsschutzrechtes des Veranstalters *Vogel* in: Schricker/Loewenheim, Urheberrecht § 81 Rn. 7.

155 *Ulmer-Eilfort/Druschel* in: Ulmer-Eilfort/Obergfell, VerlG, § 1 Rn. 40b.

156 Zu diesen Leistungsschutzrechten siehe Kap. 5 A. I. 5. bzw. II.

von bisher bekannten Ausgaben (hier als jegliche immaterielle, in beliebiger Form verkörperte Leistung weit zu verstehen)[157] oder Texten zu unterscheiden hat. Da allein das Auffinden eines alten Schriftwerkes noch nicht die geschützte Tätigkeit darstellt, muss vielmehr eine wissenschaftliche Methodik des Sichtens, Ordnens und Abwägens zum Einsatz gekommen sein.[158] Sollten diese Schutzvoraussetzungen gegeben sein, steht allein dem Verfasser dieser wissenschaftlichen Leistung, mithin ausschließlich einer natürlichen Person, dieses Leistungsschutzrecht zu, § 70 Abs. 2 UrhG.[159]

Als eine Verletzung dieses Leistungsschutzrechtes ist sodann nur die Übernahme von Teilen dieser neuen Ausgabe anzusehen, die in dieser Form bisher nicht bekannt waren; nicht geschützt wird die Übernahme solcher Teile, die von bisher bekannten Ausgaben nicht abweichen, oder des Quellenmaterials.[160] Die Schutzausrichtung auf eine bestimmte Ausgabe und gerade nicht auf das Werk als solches wird hierbei deutlich.[161] Die Schutzdauer beträgt 25 Jahre und errechnet sich grundsätzlich ab dem Erscheinen der jeweiligen Ausgabe, § 70 Abs. 3 S. 1 UrhG.

Angesichts dessen, dass die Rechtsinhaberschaft lediglich natürlichen Personen vorbehalten ist, kann der sich der Verleger als in der Regel nicht natürliche Person auf dieses Leistungsschutzrecht nicht berufen.[162]

II. Schutz nachgelassener Werke gemäß § 71 Abs. 1 UrhG

Die *editio princeps*, die Erstausgabe, oder die erstmalige öffentliche Wiedergabe eines Werkes nach Ablauf der urheberrechtlichen Schutzfrist begründet nach § 71 Abs. 1 UrhG ein eigenes Leistungsschutzrecht. Rechtsinhaber kann entweder der Hersteller oder derjenige sein, der die erstmalige öffentliche Wiedergabe bewirkt. Neben diesen natürlichen Personen kann hierbei auch eine juristische Person als Rechtsinhaber anzusehen sein.[163] Anders als im Falle des § 70 Abs. 1

157 *Lauber-Rönsberg* in: BeckOK Urheberrecht, § 70 Rn. 7.

158 BGH GRUR 1975, 667 (668).

159 BT-Drs. IV/270, S. 87.

160 *Lauber-Rönsberg* in: BeckOK Urheberrecht, § 70 Rn. 15.

161 *Lauber-Rönsberg* in: BeckOK Urheberrecht, § 70 Rn. 10f.

162 BT-Drs. IV/270, S. 87: *„Absatz 2 stellt klar, daß das Schutzrecht dem Verfasser der Ausgabe zusteht, also dem Musik- oder Literaturwissenschaftler selbst, nicht dem Verlag oder Institut, für das er tätig wird.“*. *Lauber-Rönsberg* in: BeckOK Urheberrecht, § 70 Rn. 17.

163 *Loewenheim* in: Schricker/Loewenheim, Urheberrecht, § 71 Rn. 13.

UrhG ist der Schutzgegenstand dieses Rechts das Werk selbst und nicht nur eine bestimmte Ausgabe hiervon.[164] Zudem stellt auch die Übernahme des veröffentlichten Quellenmaterials im Falle des § 71 Abs. 1 UrhG eine Rechtsverletzung dar.[165] Die Schutzdauer beträgt 25 Jahre ab dem Erscheinen bzw. der öffentlichen Wiedergabe, § 71 Abs. 3 UrhG.

Zwar kann die Veröffentlichung einer Erstausgabe durchaus zu den Tätigkeiten eines Verlages zählen. Als abschließende Schutzmöglichkeit der verlegerischen Tätigkeit, auf die im weiteren Verlauf der Arbeit noch näher einzugehen ist, kann dies bereits zu diesem Zeitpunkt nicht aufgefasst werden.

III. Schutz des Datenbankherstellers gemäß § 87b Abs. 1 UrhG

Über den Schutz des Datenbankherstellers nach § 87b Abs. 1 UrhG ließe sich nur ein Teil der verlegerischen Leistungen mit einer originären Rechtsstellung versehen.[166] Das Vorliegen eines Datenbankwerkes im Sinne des § 4 Abs. 2 UrhG setzt zunächst eine systematische oder methodische Anordnung der einzelnen Elemente voraus; im Falle einer nicht elektronischen Datenbank ist Maßstab die räumliche Anordnung.[167] Zusätzlich müssen die einzelnen, dort enthaltenen Elemente einzeln zugänglich sein.[168] Der Verleger kann als Hersteller und damit Träger des Investitionsrisikos Inhaber dieses speziellen Datenbankherstellerrechtes sein, § 87a Abs. 2 UrhG; anders als bei einem Werkschutz sind juristische Personen vom Schutzbereich erfasst.[169]

Zu einem solchen Schutz können allerdings nur sehr wenige Bereiche des Verlagswesens gelangen, beispielsweise Kochbücher, Telefon- und Adressverzeichnisse, Lexika sowie elektronische Wissenschaftsdatenbanken.[170] Kernelement der Datenbank ist die Unabhängigkeit der Elemente, welches die Trennbarkeit voneinander erfordert, ohne dass eine Beeinträchtigung des informativen,

---

164 *Loewenheim* in: Schricker/Loewenheim, Urheberrecht, § 71 Rn. 13.

165 *Lauber-Rönsberg* in: BeckOK Urheberrecht, § 70 Rn. 16; § 71 Rn. 26.

166 Siehe die ausführliche Prüfung der Anwendbarkeit eines solches Rechtes auf den Verleger bei *Szilágyi*, Leistungsschutzrecht für Verleger?, S. 118–139 sowie *Allenstein,* Leistungsschutzrechte für Verleger unter besonderer Berücksichtigung der EU-Datenbankrichtlinie, S. 141–211.

167 *Dreier* in: Dreier/Schulze, UrhG, § 4 Rn. 17.

168 *Dreier* in: Dreier/Schulze, UrhG, § 4 Rn. 18.

169 *Wiebe* in: Spindler/Schuster, Recht der elektronischen Medien, UrhG, § 87a Rn 20.

170 *Szilágyi*, Leistungsschutzrecht für Verleger?, S. 129f., 136.

literarischen, künstlerischen, musikalischen oder sonstiges Inhaltes die Folge ist.[171] Im Falle literarischer Werke ist das Vorliegen einer Datenbank in der Regel daher nicht möglich.[172] Ebenfalls nachteilig wirkt sich der Umstand aus, dass das Druckbild als solches, für den Verleger nicht unwichtig, durch dieses Recht nicht geschützt wird.[173]

Schutzbegründend sind nach dem Wortlaut des § 87a Abs. 1 S. 1 UrhG nur solche Investitionen, die der Beschaffung, Überprüfung oder Darstellung des Inhalts gedient haben.[174] Würde sich der Verleger in einem Gerichtsverfahren auf dieses Recht stützen wollen, müsste er substantiiert darlegen, welche Kosten für die Erstellung und den Betrieb der jeweiligen Datenbank angefallen ist, um sodann grundsätzlich nachvollziehbar hiervon die Kosten der Datenerzeugung abzuziehen.[175] Werden auch Kosten der Datenerzeugung angeführt, muss nach der Rechtsprechung des EuGH jedenfalls konkret nachgewiesen werden, dass die Kosten der Beschaffung, Überprüfung oder Darstellung Anlass zu einer in qualitativer oder quantitativer Hinsicht wesentlichen Investition gegeben haben, welche im Verhältnis zu den Erzeugungskosten selbstständig ist.[176] Könnte er diese(n) Nachweis(e) nicht erbringen, liefe er Gefahr, aus diesem Grund bereits mangels Rechtsinhaberschaft den Prozess zu verlieren.[177]

Angesichts des engen Anwendungsbereichs für das Tätigkeitsfeld des Verlegers, der nur partiell schutzrechtsbegründend wirkenden Aufwendungen sowie der Rechtsunsicherheit bei der gerichtlichen Durchsetzung dieses Leistungsschutzrechtes, ist hierin kein ausreichender Rechtsschutz für den Verleger.[178] Aus diesem Grund unterbleibt in dieser Untersuchung eine detaillierte Prüfung des Datenbankherstellerschutzes nach § 87b Abs. 1 UrhG.

---

171 EuGH GRUR 2005, 254 – Rn. 29 – Fixtures-Fußballspielpläne II; Erwägungsgrund 17, Richtlinie 96/9/EG des Europäischen Parlaments und des Rates vom 11. März 1996 über den rechtlichen Schutz von Datenbanken.

172 *Obergfell* GRUR 2019, 992 (993).

173 *Allenstein*, Leistungsschutzrechte für Verleger unter besonderer Berücksichtigung der EU-Datenbankrichtlinie, S. 212.

174 *Hermes* in: Wandtke/Bullinger, UrhR, § 87a Rn. 35.

175 *Witte* in: Auer-Reinsdorff/Conrad, Handbuch IT- und Datenschutzrecht, § 6 Rn. 25.

176 BGH GRUR 2005, 244 – Rn. 35 – BHB-Pferdewetten. Eingehend hierzu *Hermes* in: Wandtke/Bullinger, UrhR, § 87a Rn. 42ff.

177 Vgl. hierzu beispielsweise OLG Hamburg BeckRS 2017, 138204 Rn. 243ff.

178 So auch *Szilágyi*, Leistungsschutzrecht für Verleger?, S. 138f.

IV. Zwischenergebnis

Bei den Leistungsschutzrechten nach § 70 Abs. 1 UrhG sowie § 71 Abs. 1 UrhG handelt es sich um sehr enge Anwendungsbereiche, die keinesfalls mit einer umfassenden originären Rechtsstellung des Verlegers gleichgesetzt werden können. Die allgemeine verlegerische Tätigkeit ist hiervon keinesfalls erfasst.[179]

Angesichts der eingeschränkten Anwendbarkeit auf das Verlagswesen und der fehlenden Rechtssicherheit kann auch das Leistungsschutzrecht für Datenbankhersteller nach § 87b Abs. 1 UrhG keinen ausreichenden Rechtsschutz für den Verleger ermöglichen.

F. Deliktischer Rechtsschutz nach §§ 823 ff. BGB

I. Der Schutz des Unternehmenspersönlichkeitsrechts gemäß § 823 Abs. 1 BGB iVm Art. 2 Abs. 1, Art. 1 Abs. 1 GG

Wenn es um den deliktsrechtlichen Rechtsschutz geht, ließe sich zunächst erwägen, ob über die Verletzung eines allgemeinen Persönlichkeitsrechtes als „sonstiges Recht" nach § 823 Abs. 1 BGB eine Rechtsschutzmöglichkeit gegen beeinträchtigende Handlungen Dritter zu sehen sein könne. Grundsätzlich kann die Verletzung von Ausprägungen des Allgemeinen Persönlichkeitsrechtes als deliktsrechtsfähiges Recht angesehen werden.[180] Auch die Verlage, die in der Regel als juristische Personen, Personengesellschaften des Handelsrechts oder als BGB-Gesellschaften im Sinne des §§ 705ff. BGB ausgestaltet sind, könnten sich grundsätzlich in Form des Unternehmenspersönlichkeitsrechtes darauf stützen, wenn sie in der Tätigkeit ihres Wirtschaftsunternehmens betroffen sind und diesen konkreten Schutz benötigen.[181] Außerdem wird ein Schutz vermögensrechtlicher Aspekte grundsätzlich anerkannt,[182] die sich auf die wirtschaftliche Verwertung eines persönlichen Rechtes wie beispielsweise des Namensrechtes beziehen.[183]

Sollte sich ein Verleger gegen rechtsverletzende Äußerungen zur Wehr setzen wollen, kann ein Rückgriff auf das Unternehmenspersönlichkeitsrecht grundsätzlich nützlich sein.[184] Schutzgegenstand ist nicht die verlegerische

---

179 Siehe hierzu Kap. 4 B.

180 Beispielsweise BGH NJW 2014, 3154 – Rn. 12ff.

181 *Teichmann* in: Jauernig, BGB, § 823 Rn. 66; *Staudinger* in: Schulze, BGB, § 823 Rn. 95.

182 BGH GRUR 2000, 709 (712) – Marlene Dietrich.

183 *Teichmann* in: Jauernig, BGB, § 823 Rn. 66.

184 Siehe hierzu *Koreng* GRUR 2010, 1065.

Leistung und der Schutz der dahinterstehenden Investitionen. Vielmehr wird dem Unternehmen der Ehrschutz zugesprochen und ein Verfügungsrecht über unternehmensbezogene Darstellungen für den Fall ermöglicht, in dem unternehmenseigene Identifikationsmerkmale (beispielsweise durch Verwendung eines bestimmten Kennzeichens oder Namens) ausgenutzt werden.[185] Wenn es darum geht, den Verleger gegen die Übernahme seiner (kulturellen) Leistungen zu schützen, kann dafür eine Verletzung des Allgemeinen Persönlichkeitsrechtes über das Deliktsrecht nicht weiterhelfen.[186]

II. Der Schutz vor vorsätzlichen, sittenwidrigen Schädigungen gemäß § 826 BGB

Die hohen Hürden, die die Annahme einer vorsätzlichen sittenwidrigen Schädigung erfordert, kann der Rechtsschutz über § 826 BGB nicht als allgemein gültigen Rechtsschutz gegen Leistungsübernahmen eingesetzt werden.[187]

G. Urheberstrafrechtlicher Rechtsschutz

Mangels eines Leistungsschutzrechtes gilt für den Verleger nicht der strafrechtliche Schutz über § 108 UrhG. Darüber hinaus vermag auch der Schutz über § 108 UrhG nicht eine etwaige Verletzung schuldrechtlicher Beteiligungsansprüche bestrafen, da hierfür allein der zivilrechtliche Rechtsweg einschlägig ist.[188]

H. Zwischenergebnis

Der Rechtsschutz des Verlegers *de lege lata* ist unzureichend. Da eine eigene Stellung des Verlegers als Urheber in den meisten Fällen nicht in Betracht kommt und nicht Inhaber eines eigenen Leistungsschutzrechtes als Verleger ist, kommt allein die Inhaberschaft derivativ erworbener Rechte in Betracht. Die Folgen einer solchen derivativen Rechtsstellung sind nicht mit einer originären Rechtsstellung zu vergleichen und beinhalten die vorangehend aufgeführten zahlreichen Nachteile. Die normierten Leistungsschutzrechte, wie insbesondere die des

---

185 Instruktiv *Prinz* in: Fezer/Büscher/Obergfell, UWG, Zweiter Teil Presse im Wettbewerbsrecht (S 7), Rn. 93-104.

186 So auch *Hubmann*, Urheber- und Verlagsrecht, S. 261.

187 Ebenso bzgl. des Rechtsschutzes der ausübenden Künstler *Leinveber* GRUR 1960, 599 (600).

188 Bzgl. eines strafrechtlichen Schutzes des Tonträgerherstellers *Knies*, Die Rechte des Tonträgerherstellers in internationaler und rechtsvergleichender Sicht, S. 216.

§§ 70 Abs. 1, 71 Abs. 1 UrhG sowie § 87b Abs. 1 UrhG, sind in ihrem Anwendungsbereich zu eng und erfassen weite Teile der verlegerischen Leistung nicht und bieten daher höchstens einen punktuellen Schutz. Auch das Wettbewerbsrecht eignet sich nicht für einen ausreichenden, umfassenden Rechtsschutz im Sinne eines Leistungsschutzes. Für sämtliche Leistungsschutzberechtigten findet sich die nahezu einhellige Auffassung, dass lediglich zusätzlich über das Wettbewerbsrecht Rechtsschutz erlangt werden kann – warum soll allein für den Verleger letzterer allein maßgeblich sein?

Kapitel 3: Vom Privileg zum Urheberrecht: Ein rechtshistorischer Überblick zur Rechtsstellung des Verlegers und Autors

A. Ziel dieser historischen Untersuchung

In diesem Kapitel soll die historische Entwicklung der rechtlichen Stellung des Verlegers und die Entwicklung des urheberrechtlichen Schutzes durch das Urheberrechtsgesetz erläutert werden. Dabei konzentriert sich die Untersuchung auf das Zeitalter des Privilegs und den Übergang zum Urheberrechtsgesetz von 1965; stets mit dem Fokus auf die nationale Rechtsentwicklung in Deutschland, wobei maßgebliche internationale Einflüsse an den jeweiligen Stellen dargestellt werden.

Ziel dieser Untersuchung ist es, dabei eine Antwort auf die Frage zu finden, aus welchen Gründen die Verleger bei der Schaffung eines Urheberrechtsgesetzes nicht in den Genuss einer eigenen Rechtsposition gekommen sind. Um dies darzulegen wird die Entwicklung des urheberrechtlichen Rechtsschutzes in Deutschland insbesondere ab dem 15. Jahrhundert erläutert. Schwerpunkt dieser Darstellung ist das Verhältnis sowie das Zusammenwirken des Autors mit dem Verleger, um in diesem Zusammenhang Aufschluss über die Schlüssigkeit einer Argumentationsweise zu geben, die die Einführung eines originären Verlegerrechtes mit dem Zeitalter des Privilegienwesens gleichstellt oder wenigstens vergleicht.[189]

Zur Einheitlichkeit der Begrifflichkeiten wird in dieser Arbeit durchgehend der Begriff „Verleger" verwendet, wohlwissend, dass der Berufsstand des Verlegers im heutigen Sinne erst ab dem 16 Jahrhundert entstanden ist. Die Tätigkeit des Druckers und des Verlegers vereinte sich bis zu diesem Zeitpunkt mithin in einer Person.

---

189 Der Verfasser dankt den Teilnehmenden bei meinem Vortrag „Historischer Rückblick: Die rechtliche Stellung der Verlage im 18./19. Jahrhundert" am 28. Mai 2020 im Rahmen der Online-Fachtagung „Leistungen der Verlage und ihre Absicherung" für die interessanten Impulse im Rahmen der anschließenden Diskussion.

B. Die allgemeine Vervielfältigungs- und Verbreitungsfreiheit

I. Das Verhältnis Autor-Verleger

Der Hauptbeweggrund eines Autors in der Antike war das Streben nach Ruhm und der Erlangung von Unsterblichkeit. Schöpferisches Schaffen galt als *„gottgefällig"* und eine Belohnung hierfür versprach das Leben im Jenseits; eine Belohnung im hiesigen Leben war somit nicht einmal zulässig.[190] Allenfalls als Gegenleistung für die Überlassung des Werkes an den Verleger galt dessen Verbreitung.[191]

Materielle Gegenwerte für das Erschaffen eines Werkes waren keineswegs leitende bzw. dominierende Aspekte, sodass diese in den Hintergrund traten. Bei näherer Betrachtung des Verhältnisses zwischen Autor und Verleger, kann dieses als sehr eng sowie lebhaft bezeichnet werden: durch die Möglichkeiten der Sklavenhaltergesellschaft hatte der Verleger eine Vielzahl an Mitarbeitenden in seinem *„Unternehmen"*, die für ihn die Abschrift der Werke erledigten.[192] Sofern ein Werk des Autors von einem anderen plagiiert wurde, galt diesem Plagiator allein die moralische Verurteilung durch die Gesellschaft; eine rechtliche Sanktion gab es dazu nicht.[193]

II. Der Rechtsschutz des Verlegers

Bis weit über das Mittelalter hinaus herrschte grundsätzlich eine allseits akzeptierte Verbreitungs- und Vervielfältigungsfreiheit. Hinzu kam das Verständnis, dass bereits die inhaltliche Änderung eines Werkes und sogar allein das Anfertigen einer handschriftlichen Kopie dem Anfertigenden die Inhaberschaft einbrachte.[194] Demjenigen, der Eigentümer des Buches war, standen die damit einhergehenden Rechte umfassend zu – eine Differenzierung zwischen Sach- und geistigem Eigentum existierte nicht.[195]

---

190 *Haberstumpf/Hintermeier*, Einführung in das Verlagsrecht, S. 5f.

191 *Haberstumpf/Hintermeier*, Einführung in das Verlagsrecht, S. 4.

192 *Visky* UFITA 106 (1987), 17.

193 *Ulmer*, Urheber- und Verlagsrecht, S. 50; *Weber*, Der strafrechtliche Schutz des Urheberrechts, S. 13; *Seifert* NJW 1992, 1270 (1272).

194 *Vogel*, Deutsche Urheber- und Verlagsrechtsgeschichte zwischen 1450 und 1850, Sp. 14. Eingehend zur Erfindung des Buchdrucks durch Johann Gutenberg *Barge*, Geschichte der Buchdruckerkunst, S. 28–58.

195 *Seifert* NJW 1992, 1270 (1272).

Angesichts der gewaltigen technischen sowie organisatorischen Voraussetzungen, die die Verbreitung und Vervielfältigung eines Schriftwerkes erforderten, war auch das Bedürfnis nach einer rechtlichen Ausgestaltung eines „Verlegerrechtes" zunächst wenig ausgeprägt.[196]

C. Das Privilegienwesen im 15. und 16. Jahrhundert

I. Überblick über Ursachen und Folgen des Nachdrucks

Insbesondere durch die Erfindung des Buchdrucks 1450 durch Johannes Gutenberg sowie das anschließende Zeitalter des „Büchernachdrucks", gewann allmählich die Frage nach einem Rechtsschutz des Verlegers gegen den unbefugten Nachdruck an Bedeutung.[197] Auch wenn zunächst der Nachdruck noch erhebliche organisatorische wie technische Anstrengungen erforderte, steigerte sich der Umfang des Nachdrucks im Laufe der Zeit proportional zu den technischen Fortschritten.

Die Möglichkeit ein fremdes Werk auf einfache Weise zu übernehmen und ebenfalls zu verbreiten, ließ die aus den Jahrhunderten davor fortwirkende allgemeine Verbreitungs- und Vervielfältigungsfreiheit zweifelhaft erscheinen. Hinzu kam, dass sich die Tätigkeit eines Druckers änderte und die beginnende Kapitalisierung des Buchmarktes eine Fortgeltung althergebrachter Rechtsgrundsätze nicht mehr angemessen und interessensgerecht erschien.[198]

Dass durch eine solche Übernahme der Leistung sämtliche wirtschaftlichen Prognoseentscheidungen des Verlegers obsolet werden und andere von einer fremden Leistung profitieren konnten, unterstützte diese Zweifel.

Auf der anderen Seite stand ein Nachdruck nicht zwangsläufig im Gegensatz zu den Interessen des Autors – war doch eine weite Verbreitung des eigenen Geisteswerkes keine unliebsame Folge dieses Handelns.[199] Kritik der Autoren im Rahmen des Nachdrucks wurde vor allem gegen die Nachdrucker und deren unzulängliche und fehlerhafte Drucktätigkeit geäußert.[200]

---

196 *Haberstumpf/Hintermeier*, Einführung in das Verlagsrecht, S. 5.

197 Umfassend hierzu *Andersch*, Büchernachdruck in Deutschland um 1700 bis 1815, 2018; eingehend zu den gesellschaftlichen und wissenschaftlichen Folgen siehe *Schillmann* in: Geschichte der Buchdruckerkunst, Zweiter Band, S. 1ff. Zur Geschichte des Buchdrucks siehe *Bogeng*, Geschichte der Buchdruckerkunst, S. 1–64.

198 *Bappert*, J. A. Birnbaum, Sp. 1268.

199 *Seifert* NJW 1992, 1270 (1273); *Hilty* UFITA 116 (1991), 35 (36).

200 *Hilty* UFITA 116 (1991), 35 (36).

Neben den aufgeführten wirtschaftlichen Erwägungen darf dieser oftmals einhergehende „geistige“ Schaden durch einen Nachdruck nicht in den Hintergrund treten: durch die in der Regel schlechtere Arbeit des Nachdruckers, traten mitunter erhebliche Verschlechterungen des gedruckten Textes auf.[201]

Um den Druckern einen aus diesen wirtschaftlichen Gründen erforderlichen Schutz gegen den Nachdruck zu ermöglichen, galt das Privileg anstelle eines bundeseinheitlichen Gesetzes zur Gewährung eines Rechtsschutzes.[202]

II. Die Tätigkeit des Druckers

1. Die Frühzeit des Buchdruckes

Ein Drucker musste bei der angestrebten Verbreitung eines Werkes lange Produktionszeiten in Kauf nehmen und sich zuvor der ebenfalls zeit- und arbeitsintensiven Auswahl der konkret abzudruckenden Texte widmen.[203] Den Großteil der zunächst in den Druck gegebenen Werke bildeten hierbei bereits existierende Werke wie die Bibel oder als „Klassiker“ geltende Werke aus der Antike.[204]

Bei dieser Auswahl und Bearbeitung der abzudruckenden Texte unterstützten den Drucker die sog. Kastigatoren. Als eine dem Druck vorgelagerte und zu entlohnende Tätigkeit der Kastigatoren (auch wenn Autoren als Kastigatoren Beschäftigung fanden, darf die Entlohnung für diese Tätigkeit nicht mit einer Entlohnung als Autor verwechselt werden), war dies eine wirtschaftlich sehr riskante Unternehmung, konnte doch der Drucker zu diesem Zeitpunkt nicht absehen, inwiefern sein Druckwerk gesellschaftlichen Anklang und Absatz finden würde.[205]

Eine arbeitsteilige Durchführung dieser Voraussetzungen existierte zu diesem frühen Stadium des Druckergewerbes zum Anfang des 15. Jahrhunderts noch nicht. Aus diesem Grund stellte sich auch der Vertrieb des gedruckten Werkes als sehr umständlich dar.[206]

---

201 *Lehne*, Zur Rechtsgeschichte der kaiserlichen Druckprivilegien, 341.

202 *Vogel*, Deutsche Urheber- und Verlagsrechtsgeschichte zwischen 1450 und 1850, Sp. 14f.

203 *Vogel*, Deutsche Urheber- und Verlagsrechtsgeschichte zwischen 1450 und 1850, Sp. 10.

204 *Langer*, Der Schutz nachgelassener Werke, S. 27.

205 *Vogel*, Deutsche Urheber- und Verlagsrechtsgeschichte zwischen 1450 und 1850, Sp. 11.

206 *Vogel*, Deutsche Urheber- und Verlagsrechtsgeschichte zwischen 1450 und 1850, Sp. 10.

2. Veränderungen des Buchdruckes ab Ende des 15. Jahrhunderts

Insbesondere auch durch entstehende Konkurrenz ab Ende des 15. Jahrhunderts unter den Druckern veränderte sich die Tätigkeit des Druckers: Teile der Arbeit wurden in fremde Werkstätten ausgelagert, die parallele Produktion mehrerer Bücher entstand und der Bereich der zu druckenden Werke öffnete sich von zunächst ausschließlich geistlicher hin zu weltlicher Literatur – fast ausschließlich zählte der Adel zum Leserkreis.[207]

Ab dem 16. Jahrhundert trennte sich die Tätigkeit des Druckers von derjenigen des Buchhändlers.[208] Zum Ende des 16. Jahrhunderts entwickelte sich zunehmend die Erkenntnis, dass der Autor für seine Werkschaffung entlohnt werden musste, mit dem Resultat, dass sich dieser weitere Kostenpunkt für den Drucker in steigenden Buchpreisen niederschlug.[209] In der zweiten Hälfte des 16. Jahrhunderts war der Umfang und die Anzahl der Drucker, allein in Wittenberg sollen es 72 gewesen sein, beachtenswert.[210] Auch die Art und Weise, in der die Werke gedruckt wurden, veränderte sich ab Ende des 16. Jahrhunderts, ausgehend vom Holzschnitt, in Richtung zum Kupferstich.[211]

III. Das Privileg

1. Der Aufbau eines Privilegs

Privilegien lassen sich als „Rechtsmittel" beschreiben, die konkreten Personen oder Einrichtungen, also einzelfallbezogen, eine Tätigkeit bzw. ein Vorhaben erlaubten.[212]

---

207 *Vogel*, Deutsche Urheber- und Verlagsrechtsgeschichte zwischen 1450 und 1850, Sp. 12, 14.

208 *„Der meßfähige Verlegersortimenter war der Repräsentant des damaligen Buchhandels. Die Notwendigkeit, große Lager von Büchern, vor allem des eigenen Verlags, zu errichten, war dem Tauschhandel, dessen Zeitalter nun anbrach, immanent.*", siehe hierzu ausführlich *Vogel*, Deutsche Urheber- und Verlagsrechtsgeschichte zwischen 1450 und 1850, Sp. 12f.

209 *Vogel*, Deutsche Urheber- und Verlagsrechtsgeschichte zwischen 1450 und 1850, Sp. 13.

210 *Barge*, Geschichte der Buchdruckerkunst, S. 159f.

211 Ausführlich sodann zu den damit verbundenen „neuartigen" Problemen für den Buchdruck *Barge*, Der Buchdruck des 17. Jahrhunderts, in: Geschichte der Buchdruckerkunst, Zweiter Band, S. 118ff; siehe auch *ders.*, Geschichte der Buchdruckerkunst, S. 196.

212 Rechtsmittel, das Personen oder Einrichtungen von Regelungen befreite, so *Bappert*, Wege zum Urheberrecht, S. 178.

Der Regelungsgegenstand eines solchen Privilegs reichte vom Münz-Prägerecht über den Schutz von Marken bis zur Befreiung von Zinsen.[213]

Das Privileg als solches setzte sich aus drei Teilen zusammen: der *Arenga*, *Narratio* und *Dispositio*. Während der *Arenga* die allgemeinen Beweggründe für die Privilegienerteilung zu entnehmen waren, führte die *Narratio* das Gesuch des Bittstellers auf und in der Dispositio wurden schließlich die inhaltlichen Bestimmungen des Privilegs wiedergegeben.[214]

2. *Die zur Privilegienerteilung befugte Stelle*

Verliehen wurden diese Privilegien zum einen durch den Kaiser selbst, zum anderen aber auch von den jeweiligen Reichsständen und Landesfürsten.[215] Solche kaiserlichen Privilegien hatten insbesondere bis zum Ende des dreißigjährigen Krieges die bedeutendste Wirkung, da die Rechtsmacht des Kaisers nicht angezweifelt wurde.[216] Demjenigen, dem ein solches Privileg erteilt wurde, oblag die alleinige Befugnis, den jeweiligen Gegenstand zu verwerten.[217]

3. *Rechtsquelle vs. Rechtshilfe?*

Umstritten ist die dogmatische Fragestellung, ob durch ein erteiltes Privileg Recht begründet (Rechtsquelle) oder ein bestehendes Recht lediglich festgestellt wurde und handhabbar erscheinen ließ (Rechtshilfe).

a) Rechtshilfe

Als Argument zur Begründung eines als Rechtshilfe einzustufenden Wesens des Privilegs wird der dem Privileg fehlende materiell-rechtliche Regelungsgehalt angeführt.[218] So betont *Vogel* eine deutliche Trennung des materiellen Rechts von dem Inhalt des Privilegs.[219]

---

213 Siehe *Wadle* UFITA 106 (1987), 95 (99); *Klippel* ZGE 7 (2015), 49 (55).

214 *Bappert* GRUR 1961, 441 (44); *Lehne*, Zur Rechtsgeschichte der kaiserlichen Druckprivilegien, 348ff.

215 *Allfeld*, Urheber- und Erfinderrecht, S. 4; *Seifert* NJW 1992, 1270 (1273).

216 *Vogel*, Deutsche Urheber- und Verlagsrechtsgeschichte zwischen 1450 und 1850, Sp. 16.

217 *Allfeld*, Urheber- und Erfinderrecht, S. 4.

218 *Vogel*, Deutsche Urheber- und Verlagsrechtsgeschichte zwischen 1450 und 1850, Sp. 34.

219 *Vogel*, Deutsche Urheber- und Verlagsrechtsgeschichte zwischen 1450 und 1850, Sp. 34.

b) Rechtsquelle

Im Gegensatz hierzu stand die durch die juristischen Fakultäten Erfurt, Gießen und Helmstedt begründete Auffassung, dass die Erteilung eines Privilegs ein originäres Recht des Verlegers begründet: das Druckprivileg wurde als „*privilegium praeter et ultra ius, also ein für den jeweiligen Einzelfall zur Abwehr unbilliger Härten rechtsbegründendes, rechtsschaffendes Institut*" eingestuft.[220]

Wenn der Inhalt eines Privilegs ein konkretes Verbot des Nachdrucks eines dort aufgeführten Werkes darstellte, kann zugrunde gelegt werden, dass es ein naturrechtlich begründetes, allgemeines Recht gibt, welches die Freiheit zum Nachdruck beinhaltet.[221] Von diesem Recht wurde durch das Privileg eine Ausnahme gemacht, sodass sich ein rechtsbegründender Charakter erblicken ließe.[222]

c) Zwischenergebnis

Ob das Privileg als solches selbst Recht geschaffen hat oder nur eine Rechtskonstruktion darstellte, die ein bestehendes Recht praktikabel machte, muss an dieser Stelle für das Thema der vorliegenden Dissertation nicht letztendlich entschieden werden. Zu dieser Thematik könnte eine eigenständige juristische Untersuchung durchgeführt werden.

Es bietet sich an, einen Mittelweg einzunehmen und wenigstens zeitlich differenziert die Wirkung des Privilegs zu beurteilen. Allein hierin nämlich eine Rechtshilfe zu sehen, würde zu der Begründungsproblematik führen, das (damals bestehende) unabhängig vom Privileg bestehende Recht zu konstatieren.[223] Wie sich im weiteren Verlauf der Untersuchung zeigen wird, ist dies nicht ohne Weiteres möglich: eine vorherrschende rechtliche dogmatische Begründung eines solchen Rechts kann als nicht existent bezeichnet werden.

Aus diesem Grund spricht viel dafür, eine rechtsbegründende Wirkung eines Privilegs mindestens für den anfänglichen Erteilungszeitraum einzuräumen. Im späteren Verlauf des Privilegienzeitalters nahm die Diskussion um ein unabhängig vom Privileg existentes Recht zu und die auf dieser Grundlage erteilten Privilegien ließen sich als bestätigendes Instrument materiellen Rechts auffassen.

---

220 *Bappert*, J. A. Birnbaum, Sp. 1268.
221 *Fichte*, UFITA 106 (1987), 155 (166).
222 *Fichte* UFITA 106 (1987), 155 (166).
223 So auch *Wadle* UFITA 106 (1987), 95 (104).

IV. Das Wesen des Druckprivilegs

1. Druckprivileg

Für das zu untersuchende Thema sind die Druckprivilegien interessant, welche den Bereich der literarischen Werke, den Bereich der Tonkunst sowie Erzeugnisse der bildenden Kunst umfassten.[224] Inhaber eines solchen Druckprivilegs konnte derjenige sein, der die notwendige Leistung zum Zwecke der Veröffentlichung eines Werkes unternahm.[225] Hintergrund dieses Schutzes war somit nicht das geistige, schöpferische Werk des Autors, sondern die Arbeit des Druckers, die als eine dem Allgemeinwesen zugutekommende Arbeitsleistung in Form der Zugänglichmachung eines Werkes im Vordergrund stand.[226]

Jedem Herrschenden stand das Recht zu, ein solches Privileg für seinen Herrschaftsbereich zu erteilen.[227] Speziell für das Deutsche Reich kamen den kaiserlichen Druckprivilegien grundsätzlich im gesamten territorialen Bereich des Reiches Geltung zu.[228]

2. Abgrenzung zum Druckgewerbemonopol und Generalprivileg

a) Druckgewerbemonopol

Zu unterscheiden ist das Druckprivileg von dem Druckgewerbemonopol.[229] Das Druckgewerbemonopol stellte ein deutlich über den Regelungsbereich eines Druckprivilegs hinausgehendes rechtliches Instrumentarium dar, bei dem das gesamte Unternehmen des Druckers bzw. Verlegers, und nicht nur einzelne Werke, geschützt wurde.[230]

Da die Tätigkeit des Druckers grundsätzlich jedem offenstand, stellte das Druckgewerbemonopol nicht die Erlaubnis der Ausübung der Tätigkeit fest. Sondern Folge der Erteilung war vielmehr die Einschränkung der Möglichkeit der Ausübung dieser Tätigkeit für andere.[231] Das erste textlich überlieferte

---

224 *Bappert*, Wege zum Urheberrecht, S. 181; *Allfeld*, Urheber- und Erfinderrecht, S. 4.

225 *Bappert*, J. A. Birnbaum, Sp. 1268.

226 *Bappert*, J. A. Birnbaum, Sp. 1268.

227 *Bappert*, Wege zum Urheberrecht, S. 180, 182.

228 *Bappert*, Wege zum Urheberrecht, S. 182.

229 *Gieseke* bezeichnet Druckmonopole als *„Privileg über das ausschließliche Recht zur Ausübung des Buchdruckgewerbes"*, Vom Privileg zum Urheberrecht, S. 15.

230 *Weber*, Der strafrechtliche Schutz des Urheberrechts, S. 14; *Bappert*, Wege zum Urheberrecht, S. 212.

231 *Kohler*, Urheberrecht an Schriftwerken und Verlagsrecht, S. 32; *Langer*, Der Schutz nachgelassener Werke, S. 28.

Druckgewerbemonopol soll von der Stadt Venedig 1469 an *Johann von Speyer* zur Einführung des Bücherdruckes in Venedig erteilt worden sein.[232] Fünf Jahre lang wurde diesem versprochen, dass kein weiterer Drucker neben ihm in dem festgelegten Gebiet tätig sein durfte.[233] Das erste sodann von ihm gedrucktes Werk war „*Epistolae ad familiares*“ von Cicero.[234]

Vom Druckgewerbemonopol waren Zugeständnisse wie die Gewährung der alleinigen Ausübung des Druckgewerbes in einem festgelegten Bereich, dem Schutz gegen Nachdruck, Befreiung von Abgaben sowie unter Umständen sogar materielle Leistungen an den Drucker erfasst.[235] Derartige Druckgewerbemonopole sind nur in geringem Umfang erteilt worden, wofür wohl die bereits florierende Buchdrucktätigkeit ursächlich sein kann, die eine derartige Unterstützung nicht erforderte.[236]

b) Generalprivileg

Neben Druckprivilegien, die sich in der Regel auf einzelne Werke bezogen, wurden in der deutschen Privilegiengeschichte Ende des 16. Jahrhunderts auch sog. Generalprivilegien bzgl. einer gesamten Produktion eines Privilegierten erteilt.[237] Diese sind vergleichbar mit dem Druckgewerbemonopol und bezweckten, die Gewerbeansiedlung zu fördern.[238] Im Gegensatz zum Druckgewerbemonopol hatte das Generalprivileg einen deutlicheren Bezug zur Belohnung einer als

---

232 *Haberstumpf/Hintermeier,* Einführung in das Verlagsrecht, S. 7; *Gieseke,* Vom Privileg zum Urheberrecht, S. 15. Dieses Druckgewerbemonopol an *Johann von Speyer* lässt sich in seiner Originalfassung online abrufen: http://www.copyrighthistory.org/cam/tools/request/showRepresentation?id=representation_i_1469 (letzter Zugriff am 8.10.2020).

233 *Vogel,* Deutsche Urheber- und Verlagsrechtsgeschichte zwischen 1450 und 1850, Sp. 17.

234 *Barge,* Geschichte der Buchdruckerkunst, S. 98.

235 *Bappert,* Wege zum Urheberrecht, S. 212.

236 *Vogel,* Deutsche Urheber- und Verlagsrechtsgeschichte zwischen 1450 und 1850, Sp. 18.

237 *Bappert,* Wege zum Urheberrecht, S. 183; *Vogel,* Deutsche Urheber- und Verlagsrechtsgeschichte zwischen 1450 und 1850, Sp. 18. Anders *Allfeld,* Urheber- und Erfinderrecht, S. 4, demzufolge erst Privilegien für sämtliche Bücher eines Buchdruckers/Verlegers und erst später für einzelne Werke vergeben wurden.

238 *Vogel,* Deutsche Urheber- und Verlagsrechtsgeschichte zwischen 1450 und 1850, Sp. 18.

besonders erachteten Arbeitsleistung mit überwiegend wirtschaftsfördernder Zielrichtung.[239]

3. Regelungsgegenstand des Druckprivilegs

Entgegen dem ersten intuitiven Eindruck enthielten Druckprivilegien in den überwiegenden Fällen nicht die Erlaubnis, ein bestimmtes Werk zu drucken. Durch die Erfindung des Bücherdrucks galt die Gefahr auch vielmehr einer Übernahme der eigenen Leistung durch den Nachdruck eines Werkes. Aus diesem Grund stellten solche Privilegien vielmehr ein Verbot auf, zugunsten des Privilegierten die im Urkundentext aufgeführten Werke zu drucken, einzuführen oder zu verkaufen.[240] Dadurch war es dem Privilegierten möglich, in der gewährten Zeit ausschließlich das Werk zu nutzen und zu verwerten.[241] Hierbei muss beachtet werden, dass sich der Schutz durch ein solches Privileg nur auf die konkrete Ausprägung der technischen Verlags- und Druckübung bezog.[242] Sofern durch einen Nachdrucker das Format beispielsweise – auch nur geringfügig – geändert wurde, geriet der Schutz durch das Privileg an seine Grenzen.[243]

Sofern gegen ein Privileg verstoßen wurde, musste eine Geldstrafe („*10 Markh lötigs Golt*") geleistet werden und privilegienwidrig gedruckte Werke wurden konfisziert.[244] Die Regelung durch ein Privileg war dabei zeitlich begrenzt, in der Regel wurde der Inhalt für einen Zeitraum von 5 bis 10 Jahren gewährt.[245] Sofern ein darüber hinaus gehender Schutz begehrt wurde, musste das Privileg erneuert werden.

---

239 *Vogel,* Deutsche Urheber- und Verlagsrechtsgeschichte zwischen 1450 und 1850, Sp. 18.

240 *Fichte* UFITA 106 (1987), 155 (166); *Bappert*, Wege zum Urheberrecht, S. 182.

241 *Bappert*, Wege zum Urheberrecht, S. 185.

242 *Kohler,* Urheberrecht an Schriftwerken und Verlagsrecht, S. 32; *Hilty* UFITA 116 (1991), 35 (37).

243 *Kohler,* Urheberrecht an Schriftwerken und Verlagsrecht, S. 33.

244 *Weber,* Der strafrechtliche Schutz des Urheberrechts, S. 15; *Bappert*, Wege zum Urheberrecht, S. 182; *Vogel,* Deutsche Urheber- und Verlagsrechtsgeschichte zwischen 1450 und 1850, Sp. 19.

245 *Lehne,* Zur Rechtsgeschichte der kaiserlichen Druckprivilegien, 346; *Bappert*, J. A. Birnbaum, Sp. 1270.

4. *Die geschützten Interessen durch ein Druckprivileg*

Von diesen Privilegien wurden primär die Interessen der Drucker, Verleger und Herausgeber geschützt; nicht persönlichkeitsrechtliche und ideelle Interessen des Autors.[246] Jedenfalls mittelbar kam die Privilegienerteilung auch dem Autor zugute, konnte er sich vor einer Nachdruckverbreitung seines Werkes in unsachgemäßer Druckform grundsätzlich geschützt wissen.

Zu Beginn des 15. Jahrhunderts stellte sichtlich die Druckunternehmung als solche den Hauptteil der Arbeit zur Entstehung eines Druckwerkes dar: Neben der Beschaffung der abzudruckenden Texte, die mitunter im Auftrag des Druckers in eine druckfähige Form gebracht werden mussten, musste der Drucker durch eine umfassende Bildung auch dazu befähigt sein, die Wünsche des humanistisch gebildeten Leserkreises in Form von entsprechenden Bearbeitungen umsetzen zu können.[247] Ob der Autor der Vervielfältigungshandlung überhaupt zugestimmt hatte oder überhaupt von einem solchen Vorhaben in Kenntnis gesetzt wurde, war für die Privilegienerteilung unerheblich.[248] Dies wird auch deutlich, wenn man sich den Schutzgegenstand des Privilegs verdeutlicht. Dabei ging es um das Druckwerk als solches;[249] nicht um das schöpferische Werk als „*Geisteswerk*".[250] In den Anfängen des Buchdruckes wurde dem Drucker sogar die Schöpfer und Urhebereigenschaft an dem Buch zugesprochen.[251]

Die Leserschaft des 15. und 16. Jahrhunderts wusste gerade die aufgeführte umfassende Arbeitsleistung und das immense wirtschaftliche Risiko des Druckers zu schätzen und zollte ihr dafür großen Respekt: die Tätigkeit des Druckers galt als ehrenvolle sowie angesehene Aufgabe im Gemeinwesen.[252] Aus diesen Gründen werden solche Druckprivilegien dem Bereich des Gewerbeschutzes eher zugeschrieben als dem Schutz schöpferischen Schaffens.[253]

---

246 *Büchen,* Leistungsschutz und Urheberrecht, S. 11; *Kohler,* Urheberrecht an Schriftwerken und Verlagsrecht, S. 33; *Bappert,* Wege zum Urheberrecht, S. 185.

247 *Vogel,* Deutsche Urheber- und Verlagsrechtsgeschichte zwischen 1450 und 1850, Sp. 10.

248 *Allfeld,* Urheber- und Erfinderrecht, S. 4.

249 *Haberstumpf/Hintermeier,* Einführung in das Verlagsrecht, S. 7.

250 *Bappert,* Wege zum Urheberrecht, S. 186.

251 *Vogel,* Deutsche Urheber- und Verlagsrechtsgeschichte zwischen 1450 und 1850, Sp. 10.

252 *Vogel,* Deutsche Urheber- und Verlagsrechtsgeschichte zwischen 1450 und 1850, Sp. 10.

253 *Hilty* UFITA 116 (1991), 35 (37); *Ulmer,* Urheber- und Verlagsrecht, S. 52; *Seifert* NJW 1992, 1270 (1273).

5. *Die Voraussetzungen der Privilegienerteilung*

a) *Keine Allgemeingültigkeit der Voraussetzungen*

Die Erfordernisse zum Erhalt eines Privilegs können nicht verallgemeinernd aufgeführt werden. Sie unterscheiden sich zum einen danach, ob es sich um ein kaiserliches Druckprivileg handelt oder um ein solches aus einem der Reichsstaaten.[254] Zum anderen muss die jeweilige Zeit der Antragstellung besondere Berücksichtigung finden, da sich beispielsweise die Art und Weise sowie der Umfang der inhaltlichen Prüfung des betroffenen Werkes mitunter deutlich unterschied.

b) *Ein Überblick über die Voraussetzungen*

Voraussetzung der Privilegienerteilung war das, zumindest beabsichtigte, Erscheinen des Werkes.[255] Eine Neuheit des Werkes wurde wohl nicht als Erteilungsvoraussetzung angesehen.[256] Veröffentlichungen des Manuskriptes, öffentliche Vorträge, Reden, öffentliche Vorstellungen und Aufführungen blieben mithin ungeschützt.[257] Die Gemeinnützigkeit, welche unter dem Maßstab der Religion und Moral geprüft wurde, war mit das entscheidende Kriterium, welches der Antragende versuchte, umfassend in seinem Ersuchen zu begründen.[258]

Geprüft wurde bei Antragstellung auch die Nützlichkeit des jeweiligen Werkes und der Schutz der Leser durch die Herrschenden.[259] Neben den aufgeführten inhaltlichen Aspekten war zudem die Ansehnlichkeit des Werkes erforderlich. Bezweckt war dadurch, dass der Name des Kaisers in Ehren gehalten wird, sodass seitens des Kaisers besonders umfangreiche und dadurch kostspielige Werke favorisiert wurden.[260] Zu der Ansehnlichkeit eines Werkes gehörte auch eine gelungene äußere Gestaltung, eine gute Drucktechnik sowie die Verwendung weißen Papiers.[261]

---

254 Vgl. *Lehne*, Zur Rechtsgeschichte der kaiserlichen Druckprivilegien, 361; *Ulmer*, Urheber- und Verlagsrecht, S. 53.

255 *Bappert*, Wege zum Urheberrecht, S. 187, 191; *ders.*, J. A. Birnbaum, Sp. 1267.

256 *Lehne*, Zur Rechtsgeschichte der kaiserlichen Druckprivilegien, 362.

257 *Bappert*, Wege zum Urheberrecht, S. 200.

258 *Lehne*, Zur Rechtsgeschichte der kaiserlichen Druckprivilegien, 360.

259 *Lehne*, Zur Rechtsgeschichte der kaiserlichen Druckprivilegien, 360; *Klippel* ZGE 7 (2015), 49 (56).

260 *Lehne*, Zur Rechtsgeschichte der kaiserlichen Druckprivilegien, 361.

261 *Lehne*, Zur Rechtsgeschichte der kaiserlichen Druckprivilegien, 361.

Bei dem Antrag auf Erteilung eines Privilegs war eine Gebühr zu entrichten – vergleichbar mit den heutzutage üblichen Verwaltungs- bzw. Bearbeitungsgebühren.[262] Ab Ende des 16. Jahrhunderts wurde die Erteilung eines Privilegs an den Verleger davon abhängig gemacht, dass er den Nachweis erbrachte, zur Veröffentlichung seitens des Autors ermächtigt worden zu sein.[263] Dies konnte durch einen Vermerk wie „*apponat consensum authoris*" erfolgen.[264]

V. Zusammenfassung

Durch die Erfindung des Buchdrucks Ende des 15. Jahrhunderts eröffnete sich die Möglichkeit, trotz der zu Beginn der Buchdruckerkunst noch erheblichen Druckaufwendungen, mehr Bücher unter weniger Zeitaufwand zu drucken. Dies begünstigte das Entstehen eines umfassenden Nachdruckzeitalters. Da durch ein solches Nachdrucken sämtliche Amortisierungsprognosen der Verleger zunichte gemacht wurden und gravierende Einbußen die Folge waren, änderte sich das Rechtsverständnis zum Rechtsschutz des Verlegers: Die bis zu diesem Zeitpunkt rechtlich akzeptierte Verbreitungs- und Vervielfältigungsfreiheit aus der Zeit der Antike erschien nicht mehr zeitgemäß. Die Erteilung eines (Druck-)Privilegs stellte eine erste Schutzmaßnahme für die schützenswerten Interessen des Verlegers gegen beeinträchtigende Handlungen dar, auch wenn die Voraussetzungen für eine solche Erteilung eines (Druck-)Privilegs kaum absehbar waren.

D. Das Privilegienwesen im 17. und 18. Jahrhundert

Auch im 17. Jahrhundert bildete das Druckprivileg die dem Verleger allein zustehende und in Betracht kommende Rechtsschutzmöglichkeit.[265]

I. Die wachsende, neue Leserschaft

1. Die veränderten Lesevorlieben

In dieser Zeit öffnete sich allmählich der Leserkreis; immer mehr Menschen des Bürgertums wandten sich den literarischen Werken zu, sodass von anfänglich

262 *Bappert*, J. A. Birnbaum, Sp. 1267.

263 *Kohler*, Urheberrecht an Schriftwerken und Verlagsrecht, S. 33, 39f.

264 *Pohlmann* UFITA 20 (1961), 13 (25).

265 *Vogel*, Deutsche Urheber- und Verlagsrechtsgeschichte zwischen 1450 und 1850, Sp. 39.

primär theologischer nun vermehrt belletristische wie auch wissenschaftliche Literatur zu den gedruckten Werken zählte.[266] Der Anstieg der Leserschaft wurde auch dadurch unterstützt, dass durch Lesegesellschaften und neu eingerichtete Leihbibliotheken einem immer größer werdenden Kreis an Menschen (vom Handwerker beginnend) ein Zugang zu literarischen Werken ermöglicht werden konnte und dieser auch wahrgenommen wurde.[267] Die Öffnung des Leserkreises führte aber auch dazu, dass nicht gerade „allgemeine" belletristische Literatur oder wissenschaftliche Ausarbeitungen regen Absatz fanden, sondern als sog. „*Schofel*" betitelte „*Schundliteratur*" wie obszöne Kupferstiche (etwa „*der Vergleich der Busen*") oder einfachste Abhandlungen wie Reisebeschreibungen sehr begehrt waren.[268] Verleger, die diesen Wünschen der Leserschaft gerecht werden wollten, wurden in der akademisch ausgerichteten Leserschaft beinahe verachtet und als „*gewissenlos*" beschimpft.[269] Dass durch eine wachsende Leserschaft eine Steigerung der Produktion des Buchdrucks einherging, ist offensichtlich.

2. Überregionale Verbreitung

Die überwiegend regionale Bücherverbreitung ließ sich grundsätzlich noch durch die Privilegiengewährung regeln. Da aber seit Ende des 17. Jahrhunderts der Leserkreis wuchs und Bücher in andere Regionen verbreitet wurden, konnte die regionale Privilegienwirkung keinen hinreichenden Rechtsschutz gegen den Nachdruck mehr gewährleisten: das Erfordernis nach einem allgemein gültigen Rechtsschutz erstarkte.[270]

Nicht unüblich war, dass – auch – zur Vermeidung regionaler Verbote, schlicht die Ortsangabe des Verlegers sowie mitunter auch dessen Name derart abgeändert/ausgedacht wurden, mit der Folge, dass dem Druckvorhaben nun keine Regelung mehr entgegenstand.[271]

---

266 *Vogel,* Deutsche Urheber- und Verlagsrechtsgeschichte zwischen 1450 und 1850, Sp. 39; *Barge,* Geschichte der Buchdruckerkunst, S. 196.

267 *Barge,* Der Buchdruck des 18. Jahrhunderts, in: Geschichte der Buchdruckerkunst, Zweiter Band, S. 271.

268 *Barge,* Der Buchdruck des 18. Jahrhunderts, in: Geschichte der Buchdruckerkunst, Zweiter Band, S. 271; vgl. auch *Wittmann* UFITA 106 (1987), 109 (111ff.).

269 *Barge,* Der Buchdruck des 18. Jahrhunderts, in: Geschichte der Buchdruckerkunst, Zweiter Band, S. 271f.

270 *Vogel,* Deutsche Urheber- und Verlagsrechtsgeschichte zwischen 1450 und 1850, Sp. 41.

271 *Barge,* Der Buchdruck des 18. Jahrhunderts, in: Geschichte der Buchdruckerkunst, Zweiter Band, S. 251ff.

II. Die Tätigkeit des Druckers

1. Der Buchdruck im 17. Jahrhundert

a) Tiefstand der Buchdruckerkunst

Die Wirtschaftskrise, insbesondere bestärkt durch die Folgen des Dreißigjährigen Krieges, ließ den Buchdruck nicht unbeeinflusst: „*So blieben auch die deutschen Erzeugnisse des Buchdrucks bis an das Ende des Jahrhunderts häßlich und stillos: in besonderem Maße haben sie dazu beigetragen, daß unsere Periode als die Zeit des äußersten Tiefstandes des Buchdrucks angesehen wird.*“[272] Die mangelhafte Qualität der Druckerzeugnisse äußerte sich dabei insbesondere auch an der „*Minderwertigkeit des Papiers. Dies erklärt sich hauptsächlich aus der Rückständigkeit der Papierhersteller Deutschlands.*“[273] Etliche Kontrollmaßnahmen erschwerten Verlegern ihre Tätigkeit, wozu insbesondere die seitens der katholischen Kirche verantwortete Zensur (mitunter auch durch Verbrennen unliebsamer Werke) zu zählen ist.[274]

b) Die Entstehung des Verlegers

Beachtenswert ist die in dieser Zeit entstehende Tätigkeit des Buchverlegers im heutigen Sinne: Der Verleger als solcher mit vor allem kaufmännischer Ausrichtung trennte sich von dem Druck des Buches – es entstand der Buchladen als eigenes, selbstständiges Gewerbe.[275] Dass nicht mehr allein theologische Werke, sondern auch weltliche Literatur gedruckt wurde, ist bereits vorangehend dargelegt worden. Das Sortiment der Verleger reichte von Rätselbüchern bis zu Ausführungen über unerklärliche Naturereignisse, wobei weiterhin dessen die kirchlichen Werke noch die deutliche Mehrheit bildeten.[276] Wurden anfänglich schlicht Bücher gedruckt wurde im 17. Jahrhundert ein eigenes Vorwort des

272 *Barge*, Der Buchdruck des 17. Jahrhunderts, in: Geschichte der Buchdruckerkunst, Zweiter Band, S. 133.

273 *Barge*, Geschichte der Buchdruckerkunst, S. 208.

274 *Barge*, Der Buchdruck des 17. Jahrhunderts, in: Geschichte der Buchdruckerkunst, Zweiter Band, S. 135.

275 *Barge*, Der Buchdruck des 17. Jahrhunderts, in: Geschichte der Buchdruckerkunst, Zweiter Band, S. 137; *ders.*, Geschichte der Buchdruckerkunst, S. 209.

276 *Barge*, Der Buchdruck des 17. Jahrhunderts, in: Geschichte der Buchdruckerkunst, Zweiter Band, S. 148f.

Verlegers an den Anfang des Druckwerkes gestellt, so insbesondere zum Ruhm eines verstorbenen Autors.[277]

2. Der Buchdruck im 18. Jahrhundert

a) Der Drucker und Verleger

Auch wenn sich die vorangehend dargelegte Trennung des Tätigkeitsfeldes des Druckers vom Verleger dem Grunde nach vollzog, war bis zum Ende des 18. Jahrhunderts häufig noch ein und dieselbe Person Drucker und Verleger.[278] Bei näherer Betrachtung der Tätigkeit des Verlegers wird bereits für diese Zeit dessen Arbeitsleistung als „*bedeutungsvoll*" bezeichnet, „*insofern als er durch seine organisierende Tätigkeit Umfang und Richtung der Buchproduktion aufs stärkste beeinflusst*".[279]

Gegen Ende des 18. Jahrhunderts vollzog sich in deutlich größerem Umfang die bereits im Jahrhundert zuvor eingesetzte Trennung der Tätigkeitsbereiche des Buchwesens: der Drucker wurde vom Verleger, der Verleger vom Sortimenter getrennt.[280]

b) Zensur

Im 18. Jahrhundert sorgte die noch immer weit verbreitete Zensur für eine Unberechenbarkeit der geplanten Drucktätigkeit.[281] Je nach – mitunter willkürlicher – Ausrichtung des jeweiligen Machtapparates innerhalb eines Territoriums des deutschen Reiches, konnte ein Druckvorhaben staatlicherseits untersagt werden.[282]

---

277 *Barge*, Der Buchdruck des 17. Jahrhunderts, in: Geschichte der Buchdruckerkunst, Zweiter Band, S. 150.

278 *Barge*, Der Buchdruck des 18. Jahrhunderts, in: Geschichte der Buchdruckerkunst, Zweiter Band, S. 184.

279 *Barge*, Der Buchdruck des 18. Jahrhunderts, in: Geschichte der Buchdruckerkunst, Zweiter Band, S. 184.

280 *Barge*, Der Buchdruck des 18. Jahrhunderts, in: Geschichte der Buchdruckerkunst, Zweiter Band, S. 239.

281 *Barge*, Der Buchdruck des 18. Jahrhunderts, in: Geschichte der Buchdruckerkunst, Zweiter Band, S. 231.

282 *Barge*, Der Buchdruck des 18. Jahrhunderts, in: Geschichte der Buchdruckerkunst, Zweiter Band, S. 231.

c) Nachdruck

Über die Beeinträchtigung durch die Zensur hinausgehend sorgte der Nachdruck von Werken für eine erhebliche Schädigung des Druckgewerbes.[283] In der Hochphase des Nachdrucks um das 18. Jahrhundert waren vor allem die sog. Brotartikel (Gebetsbücher, Bibeln, Kalender) betroffen; wissenschaftliche Literatur geriet nur in bedeutend geringerem Maße in diese Gefahr.[284] Die wirtschaftlichen Folgen dieser Beeinträchtigung trafen nicht nur den Verleger selbst, sondern auch den Autor, dessen Entlohnung deswegen allenfalls sehr gering ausfallen konnte.[285]

Um eine Lösung für diese Beeinträchtigungen finden zu können, gingen seitens der Betroffenen (Autoren wie Verleger) entsprechende Initiativen aus.[286] Für die Autoren führte der Autor *Lessing* die Initiative an.[287] Die Verleger und Buchhändler wurden von dem Leipziger Buchhändler *Erasmus Reich* vertreten und gründeten zum Zwecke der Unterbindung des Nachdrucks 1765 eine „Buchhandelsgesellschaft", wobei ein kurfürstliches Mandat diesen Zweck in Form eines allgemeinen Verkaufsverbotes nachgedruckter Bücher erheblich unterstützte.[288] Durch die Entstehung des eigenen Berufsstandes des Verlegers im heutigen Sinne vermehrte sich die Zahl der Verleger insgesamt und es kamen auch solche aus gänzlich anderen Berufszweigen dazu, deren Anliegen es oftmals war, allein hohen Profit zu erlangen.[289]

III. Zusammenfassung

Im 17. und 18. Jahrhundert führte zwar die Öffnung des Leserkreises von der zunächst fast ausschließlich religiösen und wissenschaftlichen Klientel zu einer

283 *Barge*, Der Buchdruck des 18. Jahrhunderts, in: Geschichte der Buchdruckerkunst, Zweiter Band, S. 232; *Vogel*, Deutsche Urheber- und Verlagsrechtsgeschichte zwischen 1450 und 1850, Sp. 113ff.

284 *Wittmann* UFITA 106 (1987), 109 (111).

285 *Barge*, Der Buchdruck des 18. Jahrhunderts, in: Geschichte der Buchdruckerkunst, Zweiter Band, S. 233.

286 *Barge*, Der Buchdruck des 18. Jahrhunderts, in: Geschichte der Buchdruckerkunst, Zweiter Band, S. 235.

287 Umfassend zu dem konkreten Vorgehen seitens *Lessing* siehe *Barge*, Der Buchdruck des 18. Jahrhunderts, in: Geschichte der Buchdruckerkunst, Zweiter Band, S. 235–237.

288 *Barge*, Der Buchdruck des 18. Jahrhunderts, in: Geschichte der Buchdruckerkunst, Zweiter Band, S. 238.

289 *Vogel*, Deutsche Urheber- und Verlagsrechtsgeschichte zwischen 1450 und 1850, Sp. 115f.

bürgerlichen Leserschaft. Die Anzahl der Buchdrucke nahm erheblich zu, die Bücher verbreiteten sich über die regionalen Reichsgrenzen hinaus und zu den gedruckten Werken zählte nun auch einfache Literatur wie Küchentipps oder Erörterungen über Verschwörungstheorien. Die Auswirkungen des Dreißigjährigen Krieges und die erheblich zunehmenden Zensurhandlungen im Rahmen der Privilegienerteilung führten zu erheblichen Beeinträchtigungen des Verlagswesens.

E. Die Unzulänglichkeiten des Privilegienwesens

I. Wirtschaftspolitisches Mittel

Eine Privilegienerteilung diente primär der Wirtschaftspolitik des merkantilistischen Staates,[290] denn beispielsweise war eine Erteilung an Nachdrucker möglich. Mithilfe eines Privilegs konnten nämlich die Büchereinfuhr sowie der Abfluss des Geldes verringert und durch Verbilligung der Bücher die Gemeinnützigkeit gefördert werden. Das Charakteristikum des Privilegs war somit vornehmlich gewerblicher Natur.[291] Statt die verlegerische Leistung als solche für die Begründung einer rechtlichen Stellung heranzuziehen, wurden Privilegien aus dem Grund erteilt, um dem Wunsch von staatlicher Seite nach einem umfassenden und verbreiteten Drucker- und Verlagsgewerbe nachzukommen. Durch die Erteilung von Privilegien an Nachdrucker wird deutlich, dass dieses Rechtskonstrukt nicht wirklich als Mittel gegen den Büchernachdruck gelten kann.[292]

II. Zensur

Darüber hinaus wurden die zu privilegierenden Werke zunächst einer Art Wertauswahl unterzogen, sodass ein nach Umfang und Inhalt, und vor allem für die Allgemeinheit bedeutsames, „*gemeinnütziges*" Werk bevorzugt wurde.[293] Das Medium des Privilegs eignete sich zudem hervorragend, um religiöse wie

---

290 Und nicht der Rechtsschutz des Verlegers, *Haberstumpf/Hintermeier,* Einführung in das Verlagsrecht, S. 7; *Dölemeyer/Klippel,* Der Beitrag der deutschen Rechtswissenschaft zur Theorie des gewerblichen Rechtsschutzes und Urheberrechts, in: FS GRUR, S. 191.

291 Ebenso *Osterrieth* AöR 1893, 285 (291).

292 *Dölemeyer/Klippel,* Der Beitrag der deutschen Rechtswissenschaft zur Theorie des gewerblichen Rechtsschutzes und Urheberrechts, in: FS GRUR, S. 192.

293 *Bappert,* Wege zum Urheberrecht, S. 208; *ders.,* J. A. Birnbaum, Sp. 1267.

politische Vorzensur zu betreiben und wurde auch entsprechend dazu genutzt.[294] Verbunden mit einer beachtlichen Geldsumme, die bei einem Privileg-Ersuchen zu entrichten war, diente das Privilegienwesen als sehr ertragreiche Einnahmequelle für die Herrschenden.[295]

1. 16. Jahrhundert

Zumindest für die Autoren-Privilegienerteilung im 16. Jahrhundert wird vertreten, dass von einer damit verbundenen Zensur nicht in der Mehrzahl der Fälle gesprochen werden könne. Begründet wird dies mit einer Auswertung der Primärquellen, wonach lediglich solche Schriften nicht durch ein Privileg geschützt werden sollten, die eine Schmähkritik gegen den Kaiser oder sonstige bekannte Persönlichkeiten oder *„ausgesprochen lasterhafte Schundliteratur"* beinhalteten.[296]

2. 17. Jahrhundert

Dies änderte sich ab dem Beginn des 17. Jahrhunderts. Der Einfluss der katholischen Kirche und ihrer Lehre, insbesondere der jesuitisch-religiösen Lehre, nahm zu.[297] Daraus folgte, dass zu den sonstigen Erteilungsvoraussetzungen eines Privilegs nun auch die Vereinbarkeit des Werkes mit den Wertevorstellungen der katholischen Kirche gefordert wurde.[298]

III. Abnehmende Erteilungsanforderungen

Je länger das Privilegienzeitalter andauerte, desto geringer wurden die Erteilungsvoraussetzungen: statt erheblicher qualitativer Anforderungen konnten nun auch Kochzettel oder Kalender darunterfallen.[299] Die Art und Weise der Erteilung sowie die Anforderungen an die erfassten Werke sanken immer weiter.[300] Teilweise wurden sogar bereits früher gedruckte Werke mit einem Privileg

---

294 *Bappert*, Wege zum Urheberrecht, S. 215; *Haberstumpf/Hintermeier*, Einführung in das Verlagsrecht, S. 7; *Pohlmann* UFITA 20 (1961), 13 (36); siehe auch *ders.*, Die Frühgeschichte des musikalischen Urheberrechts, S. 183ff.

295 *Bappert*, Wege zum Urheberrecht, S. 216.

296 *Pohlmann* UFITA 20 (1961), 13 (35).

297 *Barge*, Der Buchdruck des 17. Jahrhunderts, in: Geschichte der Buchdruckerkunst, Zweiter Band, S. 135ff.; *Pohlmann* UFITA 20 (1961), 13 (36).

298 *Pohlmann* UFITA 20 (1961), 13 (36).

299 *Bappert*, Wege zum Urheberrecht, S. 214; *Barge*, Der Buchdruck des 18. Jahrhunderts, in: Geschichte der Buchdruckerkunst, Zweiter Band, S. 291.

300 *Hilty* UFITA 116 (1991), 35 (38).

versehen, was zu Beginn des Privilegienwesens noch undenkbar gewesen war. Durch diese stetige Verflachung der Erteilungsgrundsätze wurden die Verleger nicht wirklich gestärkt, eher eine Schwächung des Verlagswesens lässt sich hierin erblicken.[301] Hinzu kam, dass Begründungen einer Privilegienerteilung erheblich abnahmen, wodurch Rechtsunsicherheit resultierte.[302]

IV. Unzureichender Rechtsschutz

1. Überlange Verfahrensdauer ohne letztendliche Entscheidung

Der rechtliche Schutz durch ein erteiltes Privileg darf nicht mit einem Rechtsschutz nach heutigem Verständnis verglichen werden. Zur Veranschaulichung eines Rechtsschutzersuchens im Falle des Nachdrucks kann der Casus des Druckers *Peter Langenberg* aus Köln dienen.[303]

Als Inhaber eines kaiserlichen Privilegs für Gebetsbücher begehrte er 1723 ein Vorgehen staatlicherseits gegen einen Nachdrucker aus Würzburg. Zwar erhielt er bischöfliche Unterstützung und die kaiserliche Bücherkommission leitete dessen Rechtsschutzbegehren über Frankfurt nach Wien weiter. Jedoch war selbst nach 13 Jahren (sic!) eine rechtsverbindliche Entscheidung nicht getroffen. Andererseits ermächtigte oft auch das Privileg seinen Inhaber „*aus aignem gwalt*“ zur Beschlagnahme der privilegienwidrig gedruckten Werke sowie zur sonstigen Vollstreckung der Strafe.[304]

2. Privilegienerteilung an Nachdrucker

Neben der Entwertung des Rechtsmittels Privileg aufgrund der zeitlich überlangen Verfahrensdauer ohne rechtsprechendes Ergebnis führte auch die Erteilung von Privilegien an Nachdrucker im 18. Jahrhundert zu dem Ergebnis, dass ein Rechtsschutz durch ein Privileg allein als unzureichend zu bezeichnen ist.[305] So wurde 1765 einem Buchhändler aus Berlin ein Privileg allein deswegen erteilt, weil er lediglich den halben Verkaufspreis beabsichtigte zu verlangen, gemessen

---

301 *Hilty* UFITA 116 (1991), 35 (38).

302 *Bappert*, Wege zum Urheberrecht, S. 214.

303 Dieses Beispiel wird zitiert nach *Barge*, Der Buchdruck des 18. Jahrhunderts, in: Geschichte der Buchdruckerkunst, Zweiter Band, S. 232f.

304 *Pohlmann*, Die Frühgeschichte des musikalischen Urheberrechts, S. 196 Fn. 300.

305 *Klippel* ZGE 7 (2015), 49 (57).

an dem, den die Inhaber eines bereits erteilten kaiserlichen Druckprivilegs verlangten.[306]

3. *Zwischenergebnis*

Recht haben, Recht bekommen und Recht durchsetzen – allein das Erste, maximal das Zweite vermochte das Privileg effektiv zu erreichen. Als effektives Rechtsschutzmittel eines Druckers bzw. Verlegers zur Sicherung seiner erbrachten Leistung stellte sich dieses nicht dar.

V. Zersplitterte Rechtserteilung

Bei näherer Betrachtung des Privilegiensystems im deutschen Reich rund um das 18. Jahrhundert erscheint der Begriff eines „Systems" angesichts der weitgehenden Zersplitterung der jeweiligen Reichsstände keineswegs angemessen.[307] Statt mit „System" lässt sich diese Zeit viel eher als „Durcheinander" und mit „Willkür" beschreiben; Rechtssicherheit bestand nicht. Von einem System kann auch deswegen nicht gesprochen werden, da die jeweils erteilten Privilegien individuell auf den Erteilenden abgestimmt waren, sodass sich der durch ein Privileg Begünstigte in aller Regel im Falle eines Herrschaftswechsels dieses bestehende Privileg bestätigen ließ; es existierte in der Regel nur eine territorial begrenzte Rechtswirkung.[308] Zwar verschafften die kaiserlichen Privilegien am Anfang des Privilegienzeitalters noch einen gesamtterritorialen Schutz, nach dem Dreißigjährigen Krieg – dem westfälischen Frieden – versagte die Mehrheit der Herrscher in ihrem jeweiligen Territorium diesen Privilegien die Geltung.[309] Eine Allgemeingültigkeit des Privilegs existierte spätestens ab diesem Zeitpunkt nicht mehr und auch der Nachdruck konnte damit nur noch in begrenztem Maße unterbunden werden.[310]

---

306 *Barge*, Der Buchdruck des 18. Jahrhunderts, in: Geschichte der Buchdruckerkunst, Zweiter Band, S. 233.

307 *Gieseke*, Vom Privileg zum Urheberrecht, S. 121; *Vogel*, Deutsche Urheber- und Verlagsrechtsgeschichte zwischen 1450 und 1850, Sp. 169.

308 *Vogel*, Deutsche Urheber- und Verlagsrechtsgeschichte zwischen 1450 und 1850, Sp. 16; *Dölemeyer/Klippel*, Der Beitrag der deutschen Rechtswissenschaft zur Theorie des gewerblichen Rechtsschutzes und Urheberrechts, in: FS GRUR, S. 192.

309 *Barge*, Der Buchdruck des 17. Jahrhunderts, in: Geschichte der Buchdruckerkunst, Zweiter Band, S. 136; *Vogel*, Deutsche Urheber- und Verlagsrechtsgeschichte zwischen 1450 und 1850, Sp. 41, Fn. 13.

310 *Barge*, Der Buchdruck des 17. Jahrhunderts, in: Geschichte der Buchdruckerkunst, Zweiter Band, S. 136.

Auch wenn sich den Forschungen von *Pohlmann* ab dem 16. Jahrhundert vermehrt aufkommendes Privilegien-Erteilungsverfahren entnehmen lassen, kann die Erteilung als solche keineswegs als transparent und für jeden Antragenden als absehbar gelten: Nicht allein das Vorliegen der ausgeschriebenen Erteilungsvoraussetzungen führte zur Erteilung, hierbei hatten auch im späteren Verlauf des Privilegienwesens weiterhin eine bestimmte angestrebte wirtschaftliche Lenkung, der Aspekt des Leistungsanreizes genauso wie ein als nützlich eingestuftes Literaturwerk Einfluss auf die Erteilung.[311] Von einer absehbaren Erteilung und einer für alle Antragenden gleiche Erteilungspraxis kann dabei nicht gesprochen werden.[312]

VI. Zusammenfassung

Zusammenfassend lassen sich also die folgenden Unzulänglichkeiten des Privilegienwesens festhalten: Neben der Nutzung als Zensurmittel, der Umsetzung steuerlicher Zwecke, der oftmals territorialen begrenzten Rechtswirkung, herrschte eine willkürliche sowie intransparente Erteilungs- und Widerrufspraxis. Aus diesen Gründen stellt das Privilegienwesen einen Verstoß gegen den Gleichheitsgrundsatz, verbunden mit einem Eingriff in die Handels- und Gewerbefreiheit, dar.

F. Die Rechtsstellung des Autors im Privilegienwesen

Dass Bücher die Werke lebender Autoren beinhalteten, war über Jahrhunderte hinweg nicht der Fall. So wurden selbst bis zum Ende des 16. Jahrhunderts nur wenige Werke lebender Autoren gedruckt.[313] Die Frage nach dem Rechtsschutz eines Autors erübrigte sich daher aufgrund des Todes des Schöpfers. Das Verhältnis des Autors zum Verleger kann in späterer Zeit als intensiv und harmonisch bezeichnet werden. Der Autor arbeitete als Kastigator bei dem Verleger oder er unterstützte diesen bei der Arbeit an der Herausgabe älterer Werke verstorbener bzw. unbekannter Autoren: es herrschte eine enge Arbeitsverbindung.[314]

---

311 *Vogel,* Deutsche Urheber- und Verlagsrechtsgeschichte zwischen 1450 und 1850, Sp. 16, 17.

312 Ein Widerruf konnte im 18. Jahrhundert u.a. auch aus Gründen des Gemeinwohls erfolgen, vgl. *Dölemeyer/Klippel,* Der Beitrag der deutschen Rechtswissenschaft zur Theorie des gewerblichen Rechtsschutzes und Urheberrechts, in: FS GRUR, S. 192.

313 Vgl. nur *Gieseke,* Vom Privileg zum Urheberrecht, S. 18.

314 So spricht *Gieseke* von einem *„engen Nebeneinander"*, Vom Privileg zum Urheberrecht, S. 18.

Als im weiteren Verlauf des Buchdrucks die Werke zeitgenössischer Autoren zunahmen, stellte sich die Frage, ob der Autor ebenfalls durch das Privilegienwesen eine rechtlich schützenswerte Position zugesprochen erhalten hatte. Zwar behandelt die vorliegende Untersuchung im Schwerpunkt die Rechtsstellung des Verlegers. Jedoch erfordert eine umfassende Erörterung der rechtshistorischen Entwicklung des Autor-Verleger-Verhältnisses auch die Darstellung zur Stellung des Autors im Privilegienwesen. Aus diesem Grund soll im Überblick das damalige Verständnis zum Honorar des Autors sowie dessen Rechtsstellung im Privilegienwesen dargestellt werden.

I. Das Honorar des Autors

1. Bis Mitte des 17. Jahrhunderts

Zwar kann das Verhältnis des Autors zu dem Verleger als eng und konstruktiv bezeichnet werden. Ob der Autor für seine Leistungen auch ein Honorar erhielt, war eine gänzlich andere Frage.

Die Tätigkeit des Autors wurde in der Regel in der Mehrzahl der Fälle noch nicht mit einem materiellen Gegenwert im Sinne eines Autorenhonorars entschädigt.[315] Es soll sogar vorgekommen sein, dass Autoren nach Fertigstellung ihres Werkes ein ausdrückliches Angebot eines Verlegers auf Zahlung eines Geldbetrages abgelehnt haben.[316] Dass für ein Schriftwerk ein entsprechender Geldbetrag zu entrichten ist, widersprach dem Zeitgeist. Diese als Unart erachtete Forderung eines Honorars durch den Autor wurde noch bis in das 17. Jahrhundert abgelehnt,[317] auch wenn am Ende des 16. Jahrhunderts zunehmend das Verständnis dafür entstand, dass Autoren eine Entlohnung für ihre Tätigkeit zu gewähren.[318]

2. Ab Ende des 17. Jahrhunderts

Die Vorstellung, dass eine entgeltliche Zahlung an den Autor – wenn überhaupt – allein zur Anerkennung einer besonders ehrenhaften Leistung des Autors erfolgte, nahm kontinuierlich ab und wurde vermehrt als Gegenleistung für die erbrachte Leistung eingestuft.[319] Dessen ungeachtet wurde auch Anfang des 18. Jahrhunderts allein die Arbeit des Verlegers als Gegenleistung für das Überlassen des

---

315 *Gieseke,* Vom Privileg zum Urheberrecht, S. 18.

316 *Gieseke,* Vom Privileg zum Urheberrecht, S. 18.

317 *Pohlmann* UFITA 20 (1961), 13 (18).

318 *Vogel,* Deutsche Urheber- und Verlagsrechtsgeschichte zwischen 1450 und 1850, Sp. 13.

319 *Vogel,* Deutsche Urheber- und Verlagsrechtsgeschichte zwischen 1450 und 1850, Sp. 40.

Autorenwerkes mit der Begründung als ausreichend erachtet, dass der Verleger dem Autor dabei Arbeit und Risiken abnehme (konkret das Risiko des Selbstverlages sowie das wirtschaftliche Verlustrisiko).[320]

II. Das Verständnis zum Rechtsschutz des Autors

1. *Die Rolle des Autorenprivilegs nach* Pohlmann

Wenn es um den Rechtsschutz des Autors während des Privilegienwesens geht, wurde dieser lange Zeit als nicht gegeben angesehen. Das Privilegienwesen des 16. Jahrhunderts unterschied sich dabei aber von dem des Mittelalters und so wird dazu vertreten, dass auch die geistig-schöpferische Leistung des Autors rechtliche Anerkennung fand.[321] Die Erteilung eines Privilegs erfolgte in diesem Fall in Anerkennung eines Geisteswerkes des Autors und dabei nur nachrangig *„wegen der gewerblich-selbstverlegerischen Aufwendungen des Autors“*.[322] Spätestens im 16. Jahrhundert wurde das alleinige Recht des Autors zur ausschließlichen Veröffentlichungs- und Vervielfältigungsbefugnis als selbstständiger *„Rechts-Gegenstand“* anerkannt.[323] Die vertragliche Einräumung entsprechender Nutzungsrechte des Autors an den Verleger, die sog. Verlagsverträge, existieren seit dem Ende des 15. Jahrhunderts.[324]

Im Unterschied zum Privilegienwesen könne eine Willkürlichkeit der Erteilung nicht mehr in erheblichem Maße angenommen werden; vielmehr existierte eine für jeden Autor zur Verfügung stehende Antragsmöglichkeit, wodurch bereits im 16. Jahrhundert teilweise eine *„echte, starke Urheberrechtsentwicklung innerhalb des Privilegienwesens des 16. Jahrhunderts (und nicht erst im späten 18. Jahrhundert) anzusetzen sei“*.[325] Diese jedem Autor zur Verfügung stehende Möglichkeit, einen Schutz durch ein Privileg erhalten zu können, wenn nur der entsprechende Antrag gestellt wurde, lasse hierbei bereits einen *„Rechts-Anspruch“* auf Erteilung eines Privilegs erkennen.[326]

---

320 *Vogel*, Deutsche Urheber- und Verlagsrechtsgeschichte zwischen 1450 und 1850, Sp. 40.

321 *Bussmann* UFITA 20 (1961), 9 (9).

322 *Bussmann* UFITA 20 (1961), 9 (9).

323 *Pohlmann* UFITA 20 (1961), 13 (16); siehe auch *ders.*, Die Frühgeschichte des musikalischen Urheberrechts, S. 183ff.

324 *Pohlmann* UFITA 20 (1961), 13 (16).

325 *Bussmann* UFITA 20 (1961), 9 (9); *Pohlmann* UFITA 20 (1961), 13 (23).

326 *Pohlmann* UFITA 20 (1961), 13 (22).

Um dies zu unterstützen, wird die äußerliche Ähnlichkeit des englischen Copyright-Zeichens „©" mit dem Zeichen angeführt, welches die Befugnis zur Führung des Privilegienwesens kennzeichnete und auf der Titelseite des jeweiligen Druckwerkes angegeben wurde, „*Cum gratia et privilegio Caesaris Majestatis*".[327] Dabei wird die Ähnlichkeit des angloamerikanischen Copyrightsystems zum Autorenprivileg nicht nur auf diese Formalität gestützt, sondern auch anhand der vergleichbaren Erteilungsvoraussetzungen (ein jedem Interessenten offenstehendes Antragsverfahren, eine notwendige Konkretisierung des zu schützenden Werkes, die Abgabe eines Pflichtexemplars, eine einheitliche Gebührenregelung sowie die Eintragung in Registerbände – sog. Reichsregister) vertreten.[328] Als Inhaber eines Autorenprivilegs konnten die privilegierten Urheber im 16. Jahrhundert selbst durch Vollstreckung dieser Urkunde gegen etwaige Rechtsverletzungen vorgehen, wofür die zuständigen Reichsinstanzen, Fürsten und Stadtgewalten verpflichtet waren, hierbei den Autor zu unterstützen und die Vollstreckung zu ermöglichen.[329]

Somit ließe sich nach *Pohlmann* vertreten, dass ein urheberrechtliches Bewusstsein auf Seiten der Autoren bereits ab dem 16. Jahrhundert festgestellt werden kann.[330]

2. *Das allgemeine Verständnis zum Autorenprivileg*

a) *Der gewerbliche Charakter des Privilegs*

Trotz der Erteilung von Autorenprivilegien wird die Rechtsauffassung *Pohlmanns* überwiegend abgelehnt, wenn auch zumindest die „*Aufwertung der Rolle der Autoren im 16. Jahrhundert*" als festzuhaltendes Ergebnis von *Pohlmann* bleibt.[331] Der Charakter des Privilegs muss weiterhin als gewerblich beurteilt

327 *Bussmann* UFITA 20 (1961), 9 (9f.); *Pohlmann* UFITA 20 (1961), 13 (24).

328 *Pohlmann* UFITA 20 (1961), 13 (24).

329 *Pohlmann* UFITA 20 (1961), 13 (37f.).

330 *Pohlmann* UFITA 20 (1961), 13 (17).

331 *Vogel,* Deutsche Urheber- und Verlagsrechtsgeschichte zwischen 1450 und 1850, Sp. 15: „*Die Dominanz des Börsenvereins in Organisation und Fragestellung der Forschung mag nicht ganz unschuldig daran sein, daß erst in den sechziger Jahren durch Hansjörg Pohlmann in ganz bedeutendem Umfang Autorenprivilegien aufgespürt wurden, die ihn zu der Überzeugung kommen ließen, die herrschende urheberrechtsgeschichtliche Auffassung von Privilegien sei nicht mehr haltbar.*". So auch *Allfeld,* Urheber- und Erfinderrecht, S. 4. Eingehend zu dieser Thematik *Bappert,* GRUR 1961, 441ff.

werden.[332] Anders als für einen urheberrechtlichen Rechtsschutz kennzeichnend, setze die Gewährung eines Autorenprivilegs die beabsichtigte Drucklegung des Werkes voraus und ein eigenes Vermögensrecht des Autors wurde nicht geschaffen.[333] Darüber hinaus darf nicht verkannt werden, dass im Falle der Autorenprivilegien Autor und Verleger zumeist ein und dieselbe Person gewesen sind.[334]

Das Kennzeichnende eines Urheberrechtsschutzes nach heutigem Verständnis ist *„die ausschließliche Zuordnung des Rechts aufgrund formaler Kriterien.“*[335] Führt nach heutigem Verständnis bereits die Schaffung eines Werkes zu einem urheberrechtlichen Schutz, war im Privilegienzeitalter ohne eine Erteilung des Privilegs ein rechtlicher Schutz nicht gegeben.[336]

b) Be- statt Entlohnung

Sofern der Autor im 16. und 17. Jahrhundert Zahlungen sowie verschiedenartige Leistungen in Naturalien erhielt, galten diese in erster Linie der Ehrerweisung, nicht als Entlohnung im klassischen Sinn.[337]

Erst als ab dem 18. Jahrhundert eine Entlohnung des Autors durch Entrichtung eines Honorars zum allgemeinen Verständnis zählte, kann eine vermögensrechtliche Ausprägung aufseiten des Autors angenommen werden.[338]

3. Die Stellung des Autors bei einem Druckprivileg

Bei näherer Betrachtung des Druckprivilegs fällt auf, dass der Autor im Laufe des Privilegienzeitalters durchaus beteiligt und seine Zustimmung zur Veröffentlichung gefordert waren, er als Urheber genannt werden und die Originalität des

---

332 *Vogel,* Deutsche Urheber- und Verlagsrechtsgeschichte zwischen 1450 und 1850, Sp. 15.

333 *Vogel,* Deutsche Urheber- und Verlagsrechtsgeschichte zwischen 1450 und 1850, Sp. 20; *Bappert,* J. A. Birnbaum, Sp. 1267, 1268.

334 *Bappert,* J. A. Birnbaum, Sp. 1269; *Ders.*, Wege zum Urheberrecht, S. 196ff.

335 *Vogel,* Deutsche Urheber- und Verlagsrechtsgeschichte zwischen 1450 und 1850, Sp. 25.

336 *Vogel,* Deutsche Urheber- und Verlagsrechtsgeschichte zwischen 1450 und 1850, Sp. 25.

337 *Vogel,* Deutsche Urheber- und Verlagsrechtsgeschichte zwischen 1450 und 1850, Sp. 26; *Bappert,* J. A. Birnbaum, Sp. 1269.

338 *Vogel,* Deutsche Urheber- und Verlagsrechtsgeschichte zwischen 1450 und 1850, Sp. 23.

Textes gewahrt werden mussten.[339] Dies darf nicht zu der verfehlten Annahme führen, dem Autor bereits im Zeitalter des Privilegs eine urheberrechtliche Stellung vergleichbar mit der heutigen Position zuzubilligen: Sinn und Zweck dieser bereits in dieser Zeit zugebilligten Rechte war auch hierbei in erster Linie den Schutz des Verlegers durch die Erteilung eines Privilegs zu ermöglichen.[340]

In dem Umstand, dass eine Druckprivilegienerteilung durchaus mit der Rechtmäßigkeit einer Verlegerleistung in Bezug auf ein Veröffentlichungsrecht des Autors verbunden wurde, kann in einer Gesamtschau unter Berücksichtigung der vorangehend aufgeführten Aspekte aber nur der gewerbliche Schwerpunkt des Privilegs festgestellt werden.[341] Dies wird unterstützt dadurch, dass es im Falle der Erteilung eines Druckprivilegs vollumfänglich allein um die Verwertungsmöglichkeiten des Druckers ging: Er konnte unabhängig von Interessen und Verwertungsmaßgaben des Schöpfers nach seinen Vorstellungen die Verwertung des Werkes betreiben.[342]

III. Zusammenfassung

Die Frage nach einem Rechtsschutz des Autors stellte sich erst in der Zeit, als auch die Anzahl der verbreiteten Werke lebendiger Autoren zunahm. Bis zu dieser Zeit (und auch darüber hinaus) arbeiteten Autoren und Verleger stets eng miteinander zusammen – sofern der Autor nicht bereits verstorben war; beide teilten sich mitunter denselben Arbeitsplatz. Dass neben Druckprivilegien auch den Autoren sog. Autorenprivilegien erteilt wurden, darf bei der Beurteilung eines urheberrechtlichen Schutzes nicht überbewertet werden. Der Beginn einer urheberrechtlichen Rechtsposition nach heutigem Verständnis kann darin nicht gesehen werden. Honorare an Autoren zu zahlen, um diesen eine Gegenleistung für die Übertragung des schöpferischen Werkes an den Verleger zu gewähren, galt bis zum 18. Jahrhundert noch als fernliegend. Sofern Zahlungen an den Autor erfolgten, galten diese vorrangig als „Ehrerweisung", nicht aber als Entlohnung.

---

339 *Bappert*, J. A. Birnbaum, Sp. 1269.
340 *Bappert*, J. A. Birnbaum, Sp. 1269.
341 *Bappert*, J. A. Birnbaum, Sp. 1269.
342 *Büchen*, Leistungsschutz und Urheberrecht, S. 11.

G. Die Rechtsstellung des Verlegers im Privilegienwesen

Auch wenn ab dem 16. Jahrhundert zumindest ein stetiges, sehr langsam voranschreitendes, Entstehen eines urheberrechtlichen Verständnisses seitens der Autoren festgestellt werden kann, galt der Schwerpunkt der allgemeinen Diskussion dem Schutz des Verlegers: vor allem die wirtschaftliche Stellung und die darauf beruhende starke Interessengeltendmachung der Verleger verschaffte diesen eine die Diskussion bestimmende Stellung.[343]

Die Art und Weise der Privilegienerteilung wurde vorangehend dargelegt. Im 16. Jahrhundert wurde dem Verleger zunächst durch die Gewährung sog. Generalprivilegien sowie anschließend für spezifische, einzelne Werke ein Rechtsschutz durch eine Privilegienerteilung gewährt.[344] Sofern ein Verleger für ein bestimmtes Werk kein Privileg erteilt bekam, galt die allgemeine Verbreitungs- und Vervielfältigungsfreiheit weiter und eine Schutzmöglichkeit der erbrachten Leistungen bestand nicht.[345]

Es stellt sich im Folgenden die Frage, inwiefern die Rechtsposition des Verlegers damals dogmatisch zu begründen versucht wurde. Zum einen lassen sich nämlich bereits zur damaligen Zeit Versuche feststellen, eine originäre Rechtsposition zu begründen. Auf der anderen Seite setzten sich diese Begründungsversuche nicht durch und die derivative Rechtsposition des Verlegers erhielt Vorschub.

I. Die Begründungsversuche eines originären Verlegerrechts

Im Folgenden sollen die in der deutschen Rechtsgeschichte durchgeführten dogmatischen Begründungsversuche einer originären Rechtsstellung des Verlegers dargelegt werden, um die daraus gewonnenen Erkenntnisse im Rahmen der heutigen Debatte berücksichtigen zu können.

1. Das (ältere) Verlagseigentum basierend auf dem Druckaufwand

Die Frage, ob und in welchem Umfang der Drucker bzw. Verleger durch ein Privileg eine Rechtsstellung erhielt, führte zu einer Diskussion zur notwendigen dogmatischen Verortung dieser Rechtsposition. *„ist er aber berechtigt, so ist die Frage: woran? welches ist der Gegenstand, auf welches sich das Recht bezieht: denn das Recht ist stets eine Beziehung.“*[346]

---

343 *Pohlmann* UFITA 20 (1961), 13 (18).
344 *Pohlmann* UFITA 20 (1961), 13 (25).
345 *Bappert*, J. A. Birnbaum, Sp. 1269.
346 *Kohler*, Urheberrecht an Schriftwerken und Verlagsrecht, S. 88.

Die ältere Lehre vom Verlagseigentum stellte auf den Druckaufwand ab und leitete hieraus eine eigene Rechtsstellung des Verlegers ab.[347] Die Rechtsposition, die der Verleger erlange, resultiere aus seinen getätigten Investitionen und sei unabhängig von einem Manuskriptkauf.[348] Grundlage eines originären Rechtes des Verlegers seien der Druck eines Buchwerkes und die in diesem Zusammenhang anfallenden Arbeitsleistungen des Verlegers.[349] Derjenige, der ein Werk danach erstmalig drucken ließ und dieses veröffentlichte, erlange das Verlagseigentum.[350]

Ein Privileg führe lediglich zu einer unkomplizierteren Geltendmachung einer beeinträchtigten Rechtsstellung, da ein konkreter Schadensnachweis nicht erforderlich sei – eine Rechtsstellung könne dadurch nicht begründet werden, da diese unabhängig davon bestehe.[351]

Durch den Erwerb des Manuskriptes, der im Rahmen eines Druckprozesses an erster Stelle der anfallenden Kosten steht, begann dieses Recht des Verlegers; keinesfalls kann dies als eine rechtsgeschäftliche Nutzungsrechtsübertragung durch den Autor an den Verleger eingestuft werden, da der Autor nach damaligem Verständnis nur persönlichkeitsrechtliche Befugnisse (ergo: das Veröffentlichungsrecht) und gerade kein vermögensrechtliches Verwertungsrecht hatte.[352] Sollte der Verleger von dem Druck des Werkes Abstand nehmen, weil er beispielsweise auf eine weitere Auflage verzichtete, so erlosch auch dieses Verlagseigentum an dem jeweiligen Werk.[353]

Derartige Begründungsversuche lassen sich bereits ab dem 16. Jahrhundert feststellen. Dies liegt insbesondere an den Unzulänglichkeiten des Privilegienwesens. Das Verlangen, aus diesem Grund eine Möglichkeit zu finden, einen Schutz gegen den Nachdruck unabhängig von der Erteilung eines Privilegs zu begründen, ist sämtlichen dieser Begründungsversuche gemein und die Verlagsunternehmung in Form des Drucks war stets der Ausgangspunkt.[354] *Bappert*

---

347 *Bappert,* J. A. Birnbaum, Sp. 1272; *Gieseke,* Vom Privileg zum Urheberrecht, S. 93.

348 *Bappert* GRUR 1961, 503 (507).

349 *Vogel,* Deutsche Urheber- und Verlagsrechtsgeschichte zwischen 1450 und 1850, Sp. 31; *Hilty* UFITA 116 (1991), 35 (39).

350 *Gieseke,* Vom Privileg zum Urheberrecht, S. 93.

351 *Bappert,* J. A. Birnbaum, Sp. 1272; *Hilty* UFITA 116 (1991), 35 (39).

352 *Vogel,* Deutsche Urheber- und Verlagsrechtsgeschichte zwischen 1450 und 1850, Sp. 32.

353 *Vogel,* Deutsche Urheber- und Verlagsrechtsgeschichte zwischen 1450 und 1850, Sp. 33.

354 *Bappert,* J. A. Birnbaum, Sp. 1273.

führt treffend die Gleichung an, dass aus der Begründung eines Schutzanspruchs in Form des Privilegs, die Begründung für ein originäres Recht gefolgert wurde.[355] Eine solche Begründung des vom Privileg unabhängigen Verlegerrechtes erlangte durchaus eine beträchtliche Anhängerschaft, gelegentlich sogar in Form einer positivrechtlichen Regelung in Verlagsordnungen.[356]

2. *Das Verlagseigentum durch Übertragung des Sacheigentums am Manuskript*

a) *Der Begründungsversuch*

Ausgehend von einer Erörterung durch die juristische Fakultät Leipzigs 1685 wurde eine vom Privileg unabhängige Rechtsposition des Verlegers zu begründen versucht. Hierzu wurde die Lehre vom Sacheigentum herangezogen, wobei der Erwerb des Manuskriptes juristisch in den Vordergrund gestellt wurde: Das ausschließliche Eigentum an dem Manuskript erwirbt hierbei der Verleger durch rechtsgeschäftliche Übertragung vom Autor.[357] Dieses Verlagsrecht befähigte den Verleger darüber „*wie jedes andere Eigenthum*" zu verfahren, beispielsweise es einem anderen oder seinen Erben übertragen zu können, sofern keine hiergegen lautenden Vereinbarungen abgeschlossen wurden.[358]

Die Tätigkeit des Verlegers hebt *Pütter* als eine für das Allgemeinwohl bedeutsame Leistung hervor: „*Fürs Publicum ists aber desto gemeinnütziger, je mehr auf diese Art gelehrte oder sonst nützliche Schriften zum Druck befördert werden, die sonst vielleicht nie ans Tageslicht kommen würden. Denn unter 1000 Schriften, die ein Dritter verlegt, ist gewiß kaum eines, das der Verfasser sonst selbst zu verlegen die Kräfte, den Muth und die Geduld haben möchte.*"[359] Diese gemeinnützige Tätigkeit des Verlegers verdiene, wenn schon keine öffentliche Gesetzgebung diesbezüglich vorliegt, die „*stillschweigend einhellig Stimme des ganzen Publicums*" zur Billigung und Unterstützung „*bei jeder Gelegenheit*".[360] Der Aufwand des Nachdruckers sei im Vergleich zum „*Originalverleger*" viel geringer, muss er schließlich nicht die Beschaffung des Manuskriptes organisieren, das wirtschaftliche Absatzrisiko übernehmen, welches bei bereits gedruckten und in Umlauf

---

355 *Bappert*, J. A. Birnbaum, Sp. 1273.

356 *Bappert*, J. A. Birnbaum, Sp. 1273.

357 *Pütter*, Der Büchernachdruck nach ächten Grundsätzen des Rechts, S. 27; *Gieseke*, Vom Privileg zum Urheberrecht, S. 97f.

358 *Pütter*, Der Büchernachdruck nach ächten Grundsätzen des Rechts, S. 27.

359 *Pütter*, Der Büchernachdruck nach ächten Grundsätzen des Rechts, S. 30.

360 *Pütter*, Der Büchernachdruck nach ächten Grundsätzen des Rechts, S. 30.

gebrachten Werken, kaum mehr bestehe sowie auch nicht die verlegerseitig erforderlichen Überarbeitungs- und Korrekturleistungen erbringen.[361]

b) Die Kritik

Dieser Rechtsansatz wurde stark kritisiert. Gestützt wurde die hiergegen angeführte Argumentation mit dem im öffentlichen Interesse liegenden Büchernachdruck, auch wenn dieser nur unter Vereinbarkeit mit den Lehren Gottes als rechtlich zulässig eingestuft wurde. Einen wirtschaftlichen Nutzen aus den Gaben des Autors zu ziehen, wurde als Verstoß gegen das Geschenk Gottes erachtet; Gott hätte den Autoren deren Gabe allein deswegen gegeben, um Gott zu huldigen sowie den anderen Menschen einen Mehrwert zu bieten.

Vereinzelt erlangte diese rechtliche Auffassung aber positivrechtliche Ausprägung in Buchdruckerordnungen, so beispielsweise in Frankfurt Ende des 16. Jahrhunderts.[362] Dessen ungeachtet blieb die Mehrheit der Buchhändler der Auffassung, dass ohne ein Privileg der Nachdruck gestattet sei.[363]

3. Originäres Recht kraft Druckprivileg

Anfang des 18. Jahrhunderts wurde – basierend auf einer Rechtserörterung der juristischen Fakultät zu Jena und unter Zustimmung der juristischen Fakultäten Erfurt, Gießen und Helmstedt von 1726 – der Begründungsversuch unternommen, die Rechtsstellung des Verlegers anhand des Druckprivilegs zu begründen.[364] So wurde dargelegt, dass der Nachdruck eines Buches frei sei, solange nicht ein Privileg hierfür vorliege.[365] Keinesfalls darf diese Auffassung als allgemeine Rechtfertigung des Nachdrucks interpretiert werden. Jeder, der einen Nachdruck beabsichtige und nicht Inhaber eines Privilegs sei, sollte vorab eine eigene Abwägung anstellen, ob diese Tätigkeit mit seinem Gewissen und den göttlichen Maßgaben vereinbar sei.[366] Durch Erteilung eines Druckprivilegs kam dem Verleger dieser Auffassung zufolge das ausschließliche Nutzungsrecht am Werk zu.[367]

---

361 *Pütter*, Der Büchernachdruck nach ächten Grundsätzen des Rechts, S. 31f. *Ders.* eingehend die Unrechtmäßigkeit des Nachdrucks begründend, aaO, S. 40ff.
362 *Gieseke*, Vom Privileg zum Urheberrecht, S. 99.
363 *Gieseke*, Vom Privileg zum Urheberrecht, S. 101.
364 *Bappert*, J. A. Birnbaum, Sp. 1266.
365 *Bappert*, J. A. Birnbaum, Sp. 1266.
366 *Bappert*, J. A. Birnbaum, Sp. 1267.
367 *Bappert*, J. A. Birnbaum, Sp. 1267.

4. *Zwischenergebnis*

Die Übertragung des Sacheigentums am Manuskript als Anknüpfungspunkt für eine originäre Rechtsstellung des Verlegers zu machen, kann auf die heutige Rechtslage nicht übertragen werden. Dasselbe gilt für den Begründungsansatz, der ein originäres Recht aus einem erteilten Druckprivileg ableitete, da diese Herangehensweise nach dem Ende des Privilegienwesens auf die heutige Rechtslage ebenfalls nicht übertragbar ist. Ein originäres Recht des Verlegers davon abhängig zu machen, dass ein – kaum transparent festlegbarer – Aufwand erforderlich ist und nur so lange gilt, wie auch das Druckvorhaben ausgeübt wird, erscheint nicht überzeugend.[368] Die Leistung des Verlegers ist auch nach der Einstellung weiterer Auflagen nicht minder schützenswert, sodass ein Ende in diesem Fall nicht gerechtfertigt werden kann. Auch allein an das erstmalige Drucken und Veröffentlichen anzuknüpfen, wird den Verlagsleistungen nicht gerecht.

Die Unzulänglichkeiten dieser Verlagseigentumsidee führten dazu, dass das Privileg weiter das vorherrschende Rechtsinstrumentarium zum Schutz des Verlegers sein konnte. *Vogel* beschreibt diesen Umstand zu Recht als begünstigend für eine „*Flucht ins Privileg durch unzulängliche rechtliche Vorstellungen vom Verlegerrecht*".[369] Auch wenn sich die Begründungsversuche einer originären Rechtsstellung des Verlegers in Form eines Verlagseigentums nicht durchsetzen konnten, kann hierin ein wesentlicher Beitrag für die Entstehung eines urheberrechtlichen Verständnisses im Sinne des geistigen Eigentums gesehen werden.[370]

II. Die Abkehr von der originären Rechtsstellung des Verlegers

1. *Anfang des 18. Jahrhunderts*

Anfang des 18. Jahrhunderts wurden – ausgehend von dem sächsischen Juristen *Hieronymus Gundling* sowie von *Henning Böhmer* – erstmalig in der rechtswissenschaftlichen Literatur Rechtsauffassungen vertreten, dass nicht die Verlagsunternehmung selbst Anknüpfungspunkt für einen Rechtsschutz des Verlegers sei, sondern vom Urheber als Schöpfer des Werkes lediglich ein abgeleitetes,

368 So auch *Vogel*, Deutsche Urheber- und Verlagsrechtsgeschichte zwischen 1450 und 1850, Sp. 35.

369 *Vogel*, Deutsche Urheber- und Verlagsrechtsgeschichte zwischen 1450 und 1850, Sp. 35.

370 *Gieseke*, Vom Privileg zum Urheberrecht, S. 104.

derivatives Recht des Verlegers in Betracht kommen könnte.[371] Dies kann als Diskussion im Vorfeld von Erörterungen zu einem geistigen Eigentum verstanden werden. Ziel dabei war, die Beziehung des Autors zum Verleger durch ein rechtliches Konstrukt einzuordnen.

Und auch eine Rechtskonstruktion, in der der Autor ein eigentumsähnliches Recht an den Verleger überträgt, wurde nicht mehr in den Vordergrund der Diskussion gestellt. Die Absprache und das Geschehen zwischen Autor und Verleger im Zusammenhang mit der Überlassung eines Manuskriptes wurde dergestalt interpretiert, dass der Autor auch danach eine eigene Rechtsposition innehat, während die Position des Verlegers auf dem Vertragsverhältnis basiere.[372]

Bei diesen frühen Begründungsansätzen in der rechtswissenschaftlichen Literatur standen abermals der Verleger, der Rechtsschutz seines Unternehmens sowie das Erfordernis nach der Begründung eines ausschließlichen Nutzungsrechts für diesen an erster Stelle.[373]

2. *Exemplarisch:* J.A. Birnbaum

J.A. Birnbaum führte 1733 in der anonym erschienenen Schrift „*Eines Aufrichtigen Patrioten Unpartheyische Gedancken über einige Quellen und Wirckungen des Verfalls der ietzigen Buch-Handlung*" eine frühe naturrechtliche Begründung der Rechtsstellung des Verlegers an, inwiefern sich dieser auf eine eigene Rechtsstellung stützen könne.[374] Unabhängig von einem Privileg stufte dieser den Nachdruck von Büchern als unrechtmäßig ein, resultierend aus einer eigentumsrechtlichen Stellung des Verlegers.[375] „*Sie [die Autoren] tragen ihnen ihre manuscripte gegen bezahlung eines billigen preises an. … Hierauf erfolgt nicht nur die übergabe des eigenthums einer cörperlichen Sache; sondern zugleich eine völlige cession und abtretung aller damit verbundenen, und denen verfassern sonst zukommenden rechte.*"[376]

371 *Bappert*, J. A. Birnbaum, Sp. 1274; *Vogel*, Deutsche Urheber- und Verlagsrechtsgeschichte zwischen 1450 und 1850, Sp. 45.

372 *Bappert*, J. A. Birnbaum, Sp. 1275.

373 *Bappert*, J. A. Birnbaum, Sp. 1276. Siehe auch die Darstellung zur derivativen Rechtsstellung des Verlegers bzgl. des Schutzes gegen den Nachdruck von *Gerber* UFITA 119 (1992), 55ff.

374 *Bappert*, J. A. Birnbaum, Sp. 1275, 1286ff.

375 *Bappert*, J. A. Birnbaum, Sp. 1281.

376 Zitiert nach *Bappert*, J. A. Birnbaum, Sp. 1282.

Ausdrücklich wehrte er sich gegen eine Legitimierung des Nachdrucks, die oftmals zu dieser Zeit unter einer göttlichen Argumentationsweise befürwortet wurde; durch die Verwerflichkeit des Mittels des Nachdrucks könne dieses, wenn auch erstrebenswerte, Ziel der Bücherverbreitung, nicht gerechtfertigt werden.[377]

Aus Verlegersicht von Vorteil war hierbei, dass sich durch eine solche eigentumsrechtliche Begründung der Rechtsstellung eine deutlich stärkere Position begründen ließ und sich die Ausschließlichkeit der Rechte des Verlegers begründen ließ.[378]

Ein originäres Recht sollte der Verleger diesem Begründungsansatz zufolge nicht erlangen. Er kam danach allein in den Genuss derivativer Rechte, die ihm der Autor als Inhaber des geistigen Eigentums am Werk übertrug.[379]

H. Das Aufstreben des Autorenbewusstseins: „Aus Moral wird Recht“

I. Die Ausgangslage zum Autorenbewusstsein

Um den Autor als Schöpfer des verlegten Werkes ging es während des Privilegienwesens nur beiläufig und nachranging. Selbst 1675 schrieb der schwarzburgische Rat *Ahasverus Fritsch*: *„diese [die Verleger] den Profit, jene [die Autoren] aber die Ehre davon haben“*.[380] Wie bereits ausgeführt wurde immerhin ab Mitte des 17. Jahrhunderts dem Autor das Veröffentlichungsrecht zugesprochen: Sollte der Verleger nach der Übernahme des Manuskriptes säumig sein, konnte der Autor die Rückgabe seines Manuskriptes verlangen oder die Zustimmung zu einer beabsichtigten zweiten Auflage verweigern.[381] Hieran änderten auch die seit dem 16. Jahrhundert erteilten Autorenprivilegien nichts.[382] Dabei handelte es sich um wenige Ausnahmesituationen und änderte nicht die grundsätzliche rechtliche Ausgestaltung, welche den Verleger in den Mittelpunkt nahm.

377 *Bappert*, J. A. Birnbaum, Sp. 1284f.

378 *Bappert*, J. A. Birnbaum, Sp. 1276f.

379 *Bappert*, J. A. Birnbaum, Sp. 1289.

380 *Fritsch*, Abhandlungen von den Buchdruckern, Buchhändlern, Papiermachern und Buchbindern, S. 48.

381 *Vogel*, Deutsche Urheber- und Verlagsrechtsgeschichte zwischen 1450 und 1850, Sp. 43.

382 *Allfeld*, Urheber- und Erfinderrecht, S. 4. Siehe zu den Autorenprivilegien unter F. II.

II. Die Plagiatsdebatte und die Stellung des Autors

Durch die vorangehend aufgeführten zahlreichen Unzulänglichkeiten des Privilegienwesens bröckelte das Rechtsinstitut des Privilegs bereits erheblich.[383] Hinzu kam ab Ende des 17. Jahrhunderts die aufstrebende wissenschaftliche Debatte über das Plagiat.[384] Es stellte sich dabei die Frage, welches Recht des Autors im Falle eines Plagiates überhaupt verletzt werden konnte. Irgendeine Rechtsposition musste dem Autor nach einer rechtsgeschäftlichen Rechtsübertragung an einen Verleger übriggeblieben sein, woran der Plagiator einen *„geistigen Diebstahl"* geleistet haben könnte.[385] Aus den moralischen Erfordernissen, dass sich der Autor in dieser Situation aufgrund einer eigenen Rechtsstellung rechtlich zur Wehr setzen können musste, galt es, eine dogmatisch zu begründende Rechtsgrundlage zu schaffen. Neben der *„Schmach und Schande"* seitens der Wissenschaft, die einem Plagiator zukommen soll, wurde gefordert, dass der Autor ein Recht darauf habe, dass zur Wiedergutmachung dieser Tat sein Name genannt und dieses Werk als von ihm geschaffen anerkannt werde.[386]

Trotz des aufstrebenden Autorenbewusstseins darf nicht verkannt werden, dass im Rahmen des rechtlichen Diskurses selbst bis zum Ende des 18. Jahrhunderts das Problem des Schutzes im Falle eines Büchernachdrucks primär aus Sicht des Verlegers erörtert wurde.[387]

III. Ende des 18. Jahrhunderts: Die Auswirkungen des veränderten Freiheitsbegriffs

Ende des 18. Jahrhunderts entwickelten sich durch einen veränderten Freiheitsbegriff Privilegien und Monopole zu *„verderblichen Hindernissen"* ökonomischer Freiheit.[388] Für die weiterhin als schutzwürdig erachteten Interessen des Verlegers und Autors mussten neue rechtliche Lösungen gefunden werden.[389]

---

383 Siehe dazu unter E.

384 Umfassend zu den Einzelheiten der sodann entbrannten wissenschaftlichen Debatte vgl. *Waiblinger*, „Plagiat" in der Wissenschaft, S. 29ff.

385 So die Erörterung bei *J. C. Schwartz* 1701 in dessen Dissertation, siehe *Gieseke*, Vom Privileg zum Urheberrecht, S. 117.

386 *Waiblinger*, „Plagiat" in der Wissenschaft, S. 30.

387 *Gieseke*, Vom Privileg zum Urheberrecht, S. 122.

388 *Dölemeyer/Klippel*, Der Beitrag der deutschen Rechtswissenschaft zur Theorie des gewerblichen Rechtsschutzes und Urheberrechts, in: FS GRUR, S. 195.

389 *Dölemeyer/Klippel*, Der Beitrag der deutschen Rechtswissenschaft zur Theorie des gewerblichen Rechtsschutzes und Urheberrechts, in: FS GRUR, S. 196.

Aus dem Naturrecht entwickelten sich zunächst die Theorien der Persönlichkeitsrechte und die des geistigen Eigentums.[390]

1. *Theorie der Persönlichkeitsrechte*

Die Theorie der Persönlichkeitsrechte knüpfte an die aus der Persönlichkeit eines jeden Menschen abzuleitenden einzelnen Rechte, insbesondere das Eigentumsrecht, an.[391] Dieses Verständnis lässt sich auch bis ins 19. Jahrhundert feststellen: Dabei wird zu diesem Zeitpunkt schon zwischen einem angeborenen Recht einer Person an einem Gegenstand und der Rechtsfähigkeit unterschieden.[392]

2. *Die Idee des geistigen Eigentums*

Die Theorie des geistigen Eigentums schaffte es, zwischen „*Sacheigenthum*“ und „*Person-Eigenthum*“ zu differenzieren.[393] Der Autor wurde dabei in der Beziehung zu seinem Werk mit dem Eigentümer einer Sache verglichen.[394] Durch diese neue Herangehensweise konnte juristisch schlüssig begründet werden, dass der Nachdruck nicht allein moralisch verwerflich ist, sondern gerade eine Urheberrechtsverletzung darstellte.[395]

Entstanden ist diese Auffassung in den Grundzügen ursprünglich bereits im Rahmen der (anfänglichen) Nachdruckdebatte.[396] Die frühen Anfänge einer Idee vom geistigen Eigentum lassen sich in Deutschland aus dem juristischen Bereich bereits im 17. Jahrhundert erblicken.[397] Durch die Debatte über die rechtliche Einordnung eines Plagiats erlangte dieser Begründungsversuch neuen Aufschwung und eine breite Anhängerschaft in der Rechtswissenschaft.

---

390 *Ulmer,* Urheber- und Verlagsrecht, S. 55; *Dölemeyer/Klippel,* Der Beitrag der deutschen Rechtswissenschaft zur Theorie des gewerblichen Rechtsschutzes und Urheberrechts, in: FS GRUR, S. 196.

391 *Dölemeyer/Klippel,* Der Beitrag der deutschen Rechtswissenschaft zur Theorie des gewerblichen Rechtsschutzes und Urheberrechts, in: FS GRUR, S. 196.

392 *Dölemeyer/Klippel,* Der Beitrag der deutschen Rechtswissenschaft zur Theorie des gewerblichen Rechtsschutzes und Urheberrechts, in: FS GRUR, S. 197.

393 Vgl. *Fichte* UFITA 106 (1987), 155 (156). Siehe hierzu auch *Klippel* ZGE 7 (2015), 49 (62ff.).

394 *Ulmer,* Urheber- und Verlagsrecht, S. 55.

395 *Waiblinger*, „Plagiat“ in der Wissenschaft, S. 31.

396 *Hilty* UFITA 116 (1991), 35 (40).

397 Eingehend dazu und den jeweiligen Ausprägungen siehe *Kohler,* Urheberrecht an Schriftwerken und Verlagsrecht, S. 61ff.

Im Vordergrund stand auch bei dieser juristischen Konstruktion der Standpunkt des Verlegers: An diesen werde das Recht vom Autor auf den Verleger übertragen, sodass sich letzterer gegen den Nachdruck wehren konnte.[398] Dieses bei dem Verleger liegende Verlagsrecht war somit nun derivativer Natur.[399]

a) Der Verleger als erster Ausgangspunkt zum Schutz geistigen Eigentums

Zu Beginn der Theorie des geistigen Eigentums ist noch eine hervorgehobene Stellung des Verlegers zu erkennen.[400] So gingen auch die Erwägungen von *Pütter*, der als einer der ersten Vertreter der Theorie des geistigen Eigentums gelten kann, von der Prämisse aus, es müsse das Interesse des Verlegers geschützt werden, nicht jenes des Autors.[401]

Die Bedeutung des Drucks für die Rechtsstellung des Verlegers nahm jedoch im weiteren Verlauf ab und Anknüpfungspunkt aller weiteren Überlegungen wurde das Eigentum des Urhebers an seinem Werk; *Bappert* führt dazu (zum Teil) treffend aus: „*Das Nutzungsrecht, bisher ein Verlegerrecht, wurde zum Urheberrecht*".[402] So findet sich bei *Fichte* zur Rechtsstellung des Verlegers die folgende Aussage: „*Der Verleger kann höchstens Eigentümer dieses Nießbrauches heißen*".[403]

Ende des 18. Jahrhunderts entwickeln sich nun Stimmen mit dem Tenor, dass durch den Nachdruck auch Rechte des Verfassers beeinträchtigt würden.[404]

b) Uneinigkeit der Rechtswissenschaft um die Jahrhundertwende

In dieser Debatte um die Theorie des geistigen Eigentums führten zahlreiche Rechtswissenschaftler dogmatische Begründungsversuche an. So wandte sich *Immanuel Kant* entschieden gegen diese Auffassung vom geistigen Eigentum unter Heranziehung von Rechtssätzen aus dem römischen Recht mit

---

398 *Dölemeyer/Klippel*, Der Beitrag der deutschen Rechtswissenschaft zur Theorie des gewerblichen Rechtsschutzes und Urheberrechts, in: FS GRUR, S. 199.

399 *Hilty* UFITA 116 (1991), 35 (40).

400 *Bappert*, J. A. Birnbaum, Sp. 1293.

401 *Vogel*, Deutsche Urheber- und Verlagsrechtsgeschichte zwischen 1450 und 1850, Sp. 63, 65f.

402 *Bappert*, J. A. Birnbaum, Sp. 1292.

403 *Fichte* UFITA 106 (1987), 155 (161).

404 *Dölemeyer/Klippel*, Der Beitrag der deutschen Rechtswissenschaft zur Theorie des gewerblichen Rechtsschutzes und Urheberrechts, in: FS GRUR, S. 199.

dem Schwerpunkt einer schuldrechtlich begründeten Unrechtmäßigkeit des Büchernachdrucks.[405]

Es wurde versucht sowohl die materiellen als auch die ideellen Interessen des Urhebers hinreichend zu beachten; auch in der ersten Hälfte des 19. Jahrhunderts dauerte der Widerstreit dieser dogmatischen Begründungsversuche an.[406]

Insbesondere die verlagsseitige Frage, in welcher Weise mit Neuauflagen umzugehen sei, unterstütze die Streitigkeiten um die Jahrhundertwende. Dabei war streitig, ob durch die vom Verleger erworbene Rechtsposition auch das ausschließliche Recht für jede weitere, im Folgenden nicht mehr zu entlohnende Auflage umfasst sei.[407]

Auch wenn das Privilegienwesen seitens der Rechtswissenschaft abgeschlossen war: eine neue, überwiegend anerkannte rechtliche Begründung gab es schließlich noch nicht. Zudem darf keinesfalls der Eindruck entstehen, als hätte das Zeitalter des Privilegs ab diesem Zeitpunkt abrupt ein Ende gefunden.[408] Der Übergang vom Privileg zu einer über die aufkommenden Lehren, zumindest territorial, konsensfähigen Rechtslösung lässt sich vielmehr als gleitender Übergang beschreiben. Selbst Anfang des 19. Jahrhunderts wurden noch Privilegien gegen den Nachdruck erteilt.[409]

c) *1.7.1794: das erste Verlagsgesetz*

Das Allgemeine Landrecht für die Preußischen Staaten (ALR)[410] beinhaltete mit einer Länge von 41 Paragrafen das erste umfassende Verlagsgesetz.[411] Die Rechtsstellung des Verlegers wurde hiernach derivativ ermöglicht: Anknüpfungspunkt

---

405 *Kant,* Von der Unrechtmäßigkeit des Büchernachdrucks, Nachdruck in UFITA 106 (1987), 137–144. Auf diese Kritik *Kants* eingehend vgl. *Hubmann* UFITA 106 (1987), 145–154.

406 *Dölemeyer/Klippel,* Der Beitrag der deutschen Rechtswissenschaft zur Theorie des gewerblichen Rechtsschutzes und Urheberrechts, in: FS GRUR, S. 209, 214.

407 *Bappert,* J. A. Birnbaum, Sp. 1294 mwN. Vgl. auch *Fichte* UFITA 106 (1987), 155 (161ff.).

408 Siehe umfassend zu der Gesetzgebungspolitik zwischen 1760 und 1790 *Vogel,* Deutsche Urheber- und Verlagsrechtsgeschichte zwischen 1450 und 1850, Sp. 75ff.

409 *Wadle,* Einführung und Dank, in: Wadle (Hrsg.), Historische Studien zum Urheberrecht in Europa, 1993, S. 8.

410 Allgemeines Landrecht für die Preußischen Staaten (01.06.1794) online abrufbar unter: https://opinioiuris.de/quelle/1622 (letzter Zugriff am 22.10.2020).

411 *Vogel,* Deutsche Urheber- und Verlagsrechtsgeschichte zwischen 1450 und 1850, Sp. 89.

war der Verlagsvertrag, durch welchen der Verleger das sog. Verlagsrecht erhielt, wobei durch diese Regelung eine Rechtsstellung durch Erteilung eines Privilegs nicht ausgeschlossen wird, §§ 996ff. ALR.[412] Statt wie im Rahmen des bis zur Verabschiedung des ALR andauernden rechtlichen Diskurses vorherrschend eine eigentümerähnliche Stellung des Verlegers zu begründen, entschied man sich für eine rein derivative Rechtsstellung des Verlegers in Form eines Nutzungsrechts.[413] Der Nachdruck wurde in §§ 1032ff. ALR verboten und in §§ 1034f. ALR ein Verstoß hiergegen mit einem Schadensersatzanspruch des beeinträchtigten rechtmäßigen Verlegers versehen.

d) Zwischenergebnis

Zwar stand der Rechtsschutz des Verlegers zu Beginn der rechtswissenschaftlichen Erörterungen betreffend das geistige Eigentum im Vordergrund. Positiv kann hierbei die allmähliche Distanzierung von dem Erfordernis der konkreten Drucktätigkeit für die rechtliche Schutzwürdigkeit der verlegerischen Tätigkeit gewertet werden. Schließlich vollzieht sich ein Wandel: der Verleger und seine rechtliche Stellung geraten in den Hintergrund und es tritt der Autor in den Vordergrund, von dem der Verleger derivativ eine Art Nutzungsrecht erwirbt. Zu Beginn der aufkommenden Idee des geistigen Eigentums diente zwar diese Dogmatik dazu, die Nachdruckproblematik aus Sicht des Verlegers rechtlich missbilligen zu können. Jedoch fand die Idee, den Verleger durch ein originäres Recht zu schützen keine mehrheitlichen Anhänger mehr. Normiert findet sich diese derivative Rechtsstellung des Verlegers erstmalig umfassend im Allgemeinen Landrecht für die Preußischen Staaten. Neben der Idee vom geistigen Eigentum versuchte eine andere Strömung in der Rechtswissenschaft die Schutznotwendigkeit geistigen Schaffens aus einer persönlichkeitsrechtlichen Perspektive zu beurteilen.

Die Theorie der Persönlichkeitsrechte vermochte zwar keine letztendliche und allein überzeugende Antwort darauf zu geben. Hierdurch ist die persönlichkeitsrechtliche Ausprägung des Urheberrechts entscheidend beeinflusst und fortentwickelt worden.[414] Rechtsauffassungen, wie die von *Pütter*, konnten sich nicht durchsetzen. Das lag vor allem auch daran, dass das Verständnis hierfür

---

412 *Vogel*, Deutsche Urheber- und Verlagsrechtsgeschichte zwischen 1450 und 1850, Sp. 90.

413 *Vogel*, Deutsche Urheber- und Verlagsrechtsgeschichte zwischen 1450 und 1850, Sp. 96.

414 *Ulmer*, Urheber- und Verlagsrecht, S. 118.

fehlte: die Verlegergewinne stiegen ins Unermessliche, wohingegen der Autor lediglich ein damit verglichen sehr geringes Honorar enthielt.[415]

IV. Das 19. Jahrhundert: Theorie der Immaterialgüter- & Persönlichkeitsrechte

1. Der Buchdruck im 19. Jahrhundert

Durch die technische Erfindung von Maschinen, gelang es ab dem 19. Jahrhundert die Fertigung des Buches ebenfalls durch den Einsatz maschineller Hilfsmittel zu erleichtern.[416] Die sich ab dem Ende des 18. Jahrhunderts abzeichnende Krise des deutschen Buchhandels durch die immensen Nachdruckertätigkeiten dauerte auch zu Beginn des 19. Jahrhunderts weiter an.[417]

2. 1809 – das erste Urheberrechtsgesetz durch das Badische Landrecht

Wurde im Rahmen des Allgemeinen Landrechts für die Preußischen Staaten primär aus Sicht des Verlegers eine Rechtsposition (wenn auch keine originäre) geschaffen, ging das erste Urheberrechtsgesetz noch einen Schritt weiter: das badische Landrecht aus dem Jahr 1809 normierte in dem dort zu findenden § 577 das Eigentum des Autors an dem geschaffenen Werk.[418] Zwar noch mit Eigentum betitelt, wurde erstmals das Urheberrecht als Persönlichkeitsrecht ausgestaltet.[419]

3. 1869 – Das offizielle Ende des Privilegienwesens

Am 21. Juni 1869 entzog die Gewerbeordnung des Norddeutschen Bundes den Privilegien die rechtliche Grundlage. Ab diesem Zeitpunkt wurde die Privilegienerteilung als rechtlich nicht mehr möglich eingestuft.[420]

---

415 *Vogel,* Deutsche Urheber- und Verlagsrechtsgeschichte zwischen 1450 und 1850, Sp. 96.

416 *Barge,* Der Buchdruck des 19. und 20. Jahrhunderts, in: Geschichte der Buchdruckerkunst, Zweiter Band, S. 328.

417 *Vogel,* Deutsche Urheber- und Verlagsrechtsgeschichte zwischen 1450 und 1850, Sp. 113.

418 *Vogel,* Deutsche Urheber- und Verlagsrechtsgeschichte zwischen 1450 und 1850, Sp. 121.

419 *Vogel,* Deutsche Urheber- und Verlagsrechtsgeschichte zwischen 1450 und 1850, Sp. 173.

420 *Dölemeyer/Klippel,* Der Beitrag der deutschen Rechtswissenschaft zur Theorie des gewerblichen Rechtsschutzes und Urheberrechts, in: FS GRUR, S. 221.

4. *Die Idee des geistigen Eigentums nach* Kohler: *das Immaterialgüterrecht*

Dabei stieß der Begriff des geistigen Eigentums in der deutschen Rechtswissenschaft zur damaligen Zeit an seine Grenzen. Überwiegend wurde vertreten, dass es Eigentum nur an körperlichen Sachen geben könne.[421] Namenhafte Rechtswissenschaftler, wie beispielsweise *Josef Kohler*, distanzierten sich wieder von dem Begriff des geistigen Eigentums.[422] Insbesondere *Josef Kohler* und seine Ausführungen zur „*Idee des geistigen Eigentums*" Ende des 19. Jahrhunderts kann als Meilenstein für das moderne Urheberrechtsverständnis gewertet werden.[423] Für das geistige Eigentum brachte *Kohler* den Begriff des „*Immaterialgüterrechts*" ein, wobei er sich u.a. auf die Charakterisierung *Schopenhauers* stützte, der das Verbleiben eines immateriellen Eigentums auf Seiten des Autors bereits vertreten hatte.[424]

Das Erfordernis des rechtlichen Schutzes wird basierend auf den philosophischen Grundsätzen nach *John Locke* mit dem Arbeitsbegriff und der schöpferischen Tätigkeit des Berechtigten begründet. *Kohler* leitete daraus ab, dass Immaterialgüterrechte parallel zum Eigentum und unterschieden von Monopolen und Privilegien anzuerkennen sind.[425] Ihm ist durch diese Begründung des Nebeneinanders von Immaterialgüter- und Persönlichkeitsrechten ein erheblicher Einfluss auf ein modernes Urheberrechtsverständnis zuzuschreiben.[426]

Die persönlichkeitsrechtliche Seite wurde insbesondere Ende des 19. Jahrhunderts durch *Karl Gareis* begründet.

---

421 *Kohler*, Urheberrecht an Schriftwerken und Verlagsrecht, S. 84; *Vogel*, Die Entwicklung des Verlagsrechts, in: FS GRUR, S. 1214; *Dölemeyer/Klippel*, Der Beitrag der deutschen Rechtswissenschaft zur Theorie des gewerblichen Rechtsschutzes und Urheberrechts, in: FS GRUR, S. 223.

422 *Dölemeyer/Klippel*, Der Beitrag der deutschen Rechtswissenschaft zur Theorie des gewerblichen Rechtsschutzes und Urheberrechts, in: FS GRUR, S. 223; *Klippel* ZGE 7 (2015), 49 (69).

423 *Kohler*, Die Idee des geistigen Eigentums, AcP 82 (1894), 141-242; siehe auch den Nachdruck *ders.* UFITA 123 (1993), 99–167.

424 *Kohler*, Die Idee des geistigen Eigentums, AcP 82 (1894), 157, 187.

425 *Dölemeyer/Klippel*, Der Beitrag der deutschen Rechtswissenschaft zur Theorie des gewerblichen Rechtsschutzes und Urheberrechts, in: FS GRUR, S. 228.

426 *Dölemeyer/Klippel*, Der Beitrag der deutschen Rechtswissenschaft zur Theorie des gewerblichen Rechtsschutzes und Urheberrechts, in: FS GRUR, S. 229.

5. *Die preußische Gesetzgebung im 19. Jahrhundert*

Die aufgezeigte Wandlung des Rechtsverständnisses lässt sich beispielhaft an der Gesetzgebung in Preußen verdeutlichen. Das am 11.6.1837 zur Geltung gekommene preußische „*Gesetz zum Schutze des Eigenthums an Werken der Wissenschaft und der Kunst gegen Nachdruck und Nachbildung*"[427] begründete nicht mehr allein den Schutz von im Druck befindenden Werken, sondern erweiterte unter anderem den Rechtsschutz auch auf mündlich vorgetragene sowie nachgebildete Kunstwerke (§ 3 c) b)). § 5 dieses Gesetzes führte an, dass „*dem Autor einer Schrift, Predigt oder Vorlesung während seines Lebens*" der „*Schutz des gegenwärtigen Gesetzes gegen Nachdruck und diesem gleichgestellte Handlungen*" zukommen soll. Diese Gesetzgebung war der Beginn des als Teil des Urheberrechts verstandenen Verlagsrechtes.[428]

Nach dem preußischen Gesetz vom 11.6.1837 trat als dessen Folge am 1.1.1871 das „*Gesetz betreffend das Urheberrecht an Schriftwerken, Abbildungen, musikalischen Kompositionen und dramatischen Werken*"[429] vom Norddeutschen Bund in Kraft. Das lang ersehnte Ziel eines einheitlichen urheberrechtlichen Regelungsbereiches rückte dadurch deutlicher näher.[430] Zwar wurde in diesem Gesetz nicht mehr vom „*geistigen Eigentum*", sondern vom „*Urheberrecht*" gesprochen – dennoch entsprach die Mehrzahl der dort vorzufindenden Regelungen primär dem Verleger- als dem Autoreninteresse.[431] Denn zur Gewährung eines Rechtsschutzes durch dieses urheberrechtliche Gesetz war die körperliche Festlegung und Verlagsfähigkeit eines Werkes erforderlich.[432]

Zusammen mit den Gesetzen zum Schutz von Werken der Kunst und der Photographie, welche 1876 in Kraft traten,[433] bildeten diese drei Gesetze die entscheidenden urheberrechtlichen Rechtsmaterien.[434]

---

427 Abrufbar unter: https://reader.digitale-sammlungen.de/de/fs1/object/display/bsb10396057_00015.html (letzter Zugriff am 24.8.2020).

428 *Vogel*, Die Entwicklung des Verlagsrechts, in: FS GRUR, S. 1216.

429 Abrufbar unter: https://reader.digitale-sammlungen.de/de/fs1/object/display/bsb11011870_00007.html (letzter Zugriff am 26.8.2020). Vgl. hierzu die Ausführungen von *Dambach*, Eigene Bemerkungen zur Lehre vom Urheberrechte.

430 *Dambach*, S. 51, der sogar davon schreibt, dass „*der seit Jahrzehnten gehegte Wunsch einer einheitlichen deutschen Nachdrucksgesetzgebung [...] daher nunmehr erfüllt*" ist.

431 *Vogel*, Die Entwicklung des Verlagsrechts, in: FS GRUR, S. 1217.

432 *Wächter*, Autorrecht, S. 45.

433 Gesetz betreffend das Urheberrecht an Werken der bildenden Künste v. 9.1.1876, RGB. 1876, S.4–8; Gesetz betreffend den Schutz der Photographien gegen unbefugte Nachbildung v. 10.1.1876, RGB 1876, S. 4–8.

434 *Vogel*, Die Entwicklung des Verlagsrechts, in: FS GRUR, S. 1216.

6. *Die Reichsgründung 1871*

Die Reichsgründung 1871 führte für den Bereich des Verlagsrechts zu keiner Vereinheitlichung.[435] Um den seit längerer Zeit aufkommenden Bestrebungen der Verlagsbranche nach einem einheitlichen Verlagsgesetz zumindest näher zu kommen, behalfen sich die Verleger mit dem Gewohnheitsrecht sowie mit Handelsbräuchen. Verleger und Buchhändler traten dabei zusammen und formulierten Verlagsordnungen, die zumeist als Entwurf einer gesetzlichen Regelung dienten.[436] Beispielhaft zu nennen ist die am 30. April 1893 vom Börsenverein verabschiedete „*Verlagsordnung für den Deutschen Buchhandel*".[437]

Zum Ende des 19. Jahrhunderts verbreitete sich in der Rechtswissenschaft das Verständnis, dass durch eine urheberrechtliche Regelung primär der Urheber in Gestalt seiner ideellen wie materiellen Werkinteressen – und nicht das Werk als solches – Anknüpfungspunkt eines solchen Rechtsschutzes sein sollte.[438]

V. Das Ende des originären Verlegerschutzes

Anders als in Zeiten des Druckprivilegs lässt sich ab dem 19. Jahrhundert die Distanzierung von einem originären Schutz der verlegerischen Leistung erkennen. Wurde bei einem Druckprivileg (neben den willkürlichen herrschaftlichen Erwägungen sowie Zensurbestrebungen) noch in erster Linie die Leistung des Verlegers als Schutzgrund herangezogen, galt jetzt stattdessen – angeregt durch die Auseinandersetzung mit der Lehre vom geistigen Eigentum und der Immaterialgüter- und Persönlichkeitsrechte – die Rechtsstellung des Verlegers als vom Recht des Autors abgeleitet.[439] Eine Herangehensweise, die neben der aufkommenden Stärkung der Autorenrechte in derselben Intensität – proportional – die Rechte des Verlegers originär absichert, fand sich nicht. Dieser Umstand ist vor allem auch deswegen so bemerkenswert, da die seitens der Verlage erbrachten Leistungen dem Grunde nach an Akzeptanz nicht verloren hatten. Die erheblich

---

435 *Vogel* GRUR 1987, 873 (874).

436 *Vogel,* Die Entwicklung des Verlagsrechts, in: FS GRUR, S. 1227.

437 Verlagsordnung für den Deutschen Buchhandel: Angenommen in der Hauptversammlung des Börsenvereins der Deutschen Buchhändler Leipzig 30. April 1893; Anh.: Verlagsordnung für den Deutschen Musikalienhandel.

438 *Vogel,* Die Entwicklung des Verlagsrechts, in: FS GRUR, S. 1216.

439 *Vogel,* Die Entwicklung des Verlagsrechts, in: FS GRUR, S. 1215. S. auch §§ 5, 9 des preußischen Gesetzes zum „Schutze des Eigenthums an Werken der Wissenschaft und der Kunst gegen Nachdruck und Nachbildung" vom 11.6.1837.

unterschiedliche Entlohnung dieser beiden Akteure war dem Verlangen nach dem verlegerischen Rechtsschutz abträglich.

Zur Jahrhundertwende (18. zu 19. Jahrhundert) wurden im Hinblick auf ein einheitliches Urheberrecht noch Begründungsversuche unternommen, in welcher Weise und ob überhaupt dem Verleger ein originäres Recht im Sinne eines Urheberrechts zustehen sollte.

Ablehnend hierzu äußerte sich zunächst die Buchhändler-Commission des Börsenvereins, wobei sich diese – insbesondere nach Klärung interner Meinungsverschiedenheiten – letztendlich doch für ein originäres Urheberrecht des Verlegers einsetzte. Als Begründung zur Rechtfertigung einer Urheberstellung wurde die „*schöpferische Leistung für das Buchwesen*" durch den Verleger angeführt.[440]

VI. Das „Verlagseigenthum"

1. Das Konzept des „Verlagseigenthums" nach Osterrieth

Osterrieth brachte 1893 die Idee eines „*Verlagseighentums*" in den rechtswissenschaftlichen Diskurs ein. Unter Bezugnahme auf das „*Wesen des geistigen Eigenthums*" wird dabei das Tätigkeitsfeld des Verlegers eingehend betrachtet. Im Gegensatz zu der Arbeit des Verlegers in den vergangenen Jahrhunderten, die vor allem den Druck eines Werkes beinhaltete, führe der Verleger nun „*Verlagsunternehmungen* [durch], *die nach seinem eigenartigen Geschäftsplan angelegt sind und durch diesen zu einer concreten Einheit werden.*"[441] Gerade diese Planung und Ausrichtung der Verlagstätigkeit habe grundlegenden Einfluss auf dem wirtschaftlichen Erfolg des Verlagswerkes.[442] Der Verleger stehe dabei vor der Gefahr, dass ein Konkurrent sich das Ergebnis dieses Prozesses zu eigen macht. „*Damit haben wir den Punkt getroffen, der für die Begründung des geistigen Eigenthums ausschlaggebend war: Der Verleger schafft in einem Verlagswerk, das auf einem eigenartigen Geschäftsplan beruht, ein Gut.*"[443]

Osterrieth kommt schließlich zu dem Ergebnis, dass nach aktueller Rechtslage der Verleger in Deutschland gegen einen Konkurrenten, der das identische Verlagswerk auf den Markt bringt, nicht geschützt sei.[444] Aus diesem Grund

---

440 *Schürmann*, Der Deutsche Buchhandel der Neuzeit und seine Krisis, S. 263ff.
441 *Osterrieth* AöR 1893, 285 (291).
442 *Osterrieth* AöR 1893, 285 (294).
443 *Osterrieth* AöR 1893, 285 (292).
444 *Osterrieth* AöR 1893, 285 (294).

wird der Begriff des „*Verlagseigenthums*“ begründet, dessen Parallele durch dieselben wirtschaftlichen wie sozialen Zwecke zu dem geistigen Eigentum gegeben sei: Gegenstand dieses „*Verlagseigenthums*“ „*ist das auf einem eigenartigen Geschäftsplan beruhende Verlagsunternehmen, das Verlagswerk. […] Eingriffe in das Verlagseigenthum sind ebenfalls nur an dem Verlagswerk als Ganzem möglich.*“[445] Im Gegensatz zu dem Werk des Autors steht das geistige Schaffen bei dem Arbeitsergebnis des Verlegers nicht im Vordergrund des Schutzes: „*Bei letzterem handelt es sich vielmehr um eine geschäftliche, auch die technischen Erfordernisse eines Verlags mit umfassende Schöpfung, bei der die geistige Tätigkeit allerdings insofern in Betracht kommt, als die Eigenart und Einheitlichkeit des Geschäftsplans einer solchen ihr Dasein verdankt*“.[446]

Explizit wendet sich *Osterrieth* gegen die Gewährung eines „*originären Verlagsrechtes*“, wobei er sich gegen die Gewährung einer eigenen Urheberstellung des Verlegers wendet: Das Tätigwerden des Verlegers ändere nichts an dem „*wirtschaftlichen Charakter*“ des Geisteswerkes des Autors; stattdessen verwerte der Verleger „*nur den vorhandenen Werth*“.[447]

2. *Zur Übertragbarkeit dieses Gedankens auf die heutige Zeit*

Zu befürworten ist die Erkenntnis, dass die Interessen des Verlegers an dem Schutz seiner Leistungen in gleicher Weise zu schützen sind, wie diejenigen des Autors. Das Konstrukt *Osterrieths* vermag beiden Interessen, denen des Verlegers wie auch denen des Autors, gleichermaßen gerecht zu werden, ohne eines davon zu Lasten des anderen zu bevorzugen.[448] So gelingt es bereits Ende des 19. Jahrhunderts die „*Verschiedenheit der Objecte*“ (Tätigkeit des Verlegers vs. Tätigkeit des Autors) herauszustellen, „*von denen jedes unabhängig verwertet wird*“.[449]

Auch heute noch muss dieses Verständnis der aktuellen Diskussion um den Verlegerschutz zugrunde gelegt werden, da es einen einheitlichen Urheberrechtsschutz erfordert, der einen gerechten Interessensausgleich schafft und damit neben den Interessen des Urhebers auch die des Verwerters berücksichtigt.[450] Ebenso sind dieselben Gefahren, die *Osterrieth* in der unberechtigten Übernahme der Verlegerleistungen sieht, in der heutigen Zeit real. Aus den

445 *Osterrieth* AöR 1893, 285 (295).
446 *Osterrieth* AöR 1893, 285 (297).
447 *Osterrieth* AöR 1893, 285 (296).
448 So auch *Obergfell* GRUR 2019, 992 (1002).
449 *Osterrieth* AöR1893, 285 (296).
450 Vgl. *Pahlow* ZGE 9 (2017), 98 (100).

genannten Gründen kann in *Osterrieth* einer der ersten Vertreter eines Leistungsschutzrechtes für Verleger erblickt werden, wobei die Bezeichnung noch eine andere war.[451]

I. Die Entstehung des Urheberrechtsgesetzes 1965

I. Der Verleger in der Rechtsentwicklung zum Anfang des 20. Jahrhunderts

1. Der Einfluss des Börsenvereins der deutschen Buchhändler

Das von *Osterrieth* vorgeschlagene Instrumentarium des *„Verlagseigenthums"* setzte sich nicht durch. Stattdessen galt es immer noch nach einer mehrheitsfähigen Grundlage eines einheitlichen Rechtsschutzes für Urheber und Verwerter zu suchen. Die Gründung des Börsenvereins der deutschen Buchhändler am 30. April 1825 kann als wesentlicher Schritt hin zu einer Entwicklung des urheber- und verlagsrechtlichen Regelungskomplexes angesehen werden. Zum einen wurden Verleger, Buchhändler und Sortimenter durch seine Verkehrs- und Verkaufsordnungen einem ausdifferenzierten Regelungssystem unterworfen.[452] Zum anderen kamen den zahlreichen Ausarbeitungen und Stellungnahmen des Börsenvereins – insbesondere für die Entstehung des LUG, des Verlagsgesetzes von 1901 und des KUG von 1907 – entscheidende Bedeutung zu.

Anders als noch in dem Gesetz aus dem Jahr 1870 enthalten, verbreitete sich nun die Vorstellung, dass nicht nur verlagsfähige Werke in den Genuss dieses Rechtsschutzes kommen sollen, sondern gerade auch alle sonstigen persönlichen Schöpfungen zu schützen seien.[453]

2. Das LUG vom 19. Juni 1901

Das am 19. Juni 1901 veröffentlichte Gesetz, betreffend das Urheberrecht an Werken der Literatur und Tonkunst (LUG), führte dann aber nicht zu einer umfassenderen Erfassung von Werkarten.[454] Bei der Diskussion zu dieser Reform

451 So auch *Vogel,* Die Entwicklung des Verlagsrechts, in: FS GRUR, S. 1229.

452 Zur Statutenänderung des Börsenvereins siehe *Schürmann*, Der Deutsche Buchhandel der Neuzeit und seine Krisis, S. 110ff. sowie zur Vertriebsordnung, S. 176ff. Eine Grundordnung des deutschen Buchhandels aus den 80er Jahren des 19. Jahrhunderts abgedruckt bei *Schürmann,* Die Usancen des Deutschen Buchhandels und der ihm verwandten Geschäftszweige, S. 229–245.

453 *Vogel,* Die Entwicklung des Verlagsrechts, in: FS GRUR, S. 1232.

454 Hierzu siehe *Vogel,* Die Entwicklung des Verlagsrechts, in: FS GRUR, S. 1233f.

wurde in der Literatur zutreffend erkannt, dass neben den Urhebern auch die Verleger gegen den Nachdruck geschützt werden müssten.[455] Der Gesetzgeber sah sich vielmehr in seinen Erwägungen und dem Nutzen des Gesetzes von 1870 bestätigt, sodass er sich nicht zu einer Abkehr hierzu bewegen ließ.

Gestärkt wurde dadurch aber die Rechtsstellung des Autors, siehe §§ 11f. LUG. So wurde beispielsweise das Bearbeitungsrecht in § 12 Abs. 1 LUG und ein uneingeschränktes Vervielfältigungs- und Aufführungsrecht in § 11 Abs. 1, Abs. 2 LUG ebenso normiert wie in § 11 Abs. 1 S. 1 LUG das Veröffentlichungsrecht. Die Bestrebungen des Börsenvereins, die auf eine Urheberstellung des Verlegers im Falle von Auftragsarbeiten zielte, fanden keinen Einklang in das LUG.

3. *Das VerlG vom 19. Juni 1901*

Ebenfalls am 19. Juni 1901 trat das Gesetz über das Verlagsrecht in Kraft. Hierin lassen sich keine Regelungen zu einem eigenen Recht des Verlegers finden, stattdessen wird der Verlagsvertrag, somit der derivative Rechtserwerb des Verlegers, in den Mittelpunkt des Regelungskomplexes genommen.[456] Als Verlagsrecht wurden all diejenigen Rechte aufgefasst, die der Verleger aus dem Verlagsvertrag vom Autor übertragen bekommen hat.[457]

Das Verlagsgesetz und seine Regelungen waren insbesondere aufgrund der Frage, inwiefern der Verleger sein (derivatives) Recht an einen Dritten übertragen kann, Bestandteil eines Diskurses.[458] Der Gesetzgeber entschied sich dabei für die Übertragbarkeit im Falle der Veräußerung des Verlagsunternehmens und ein Zustimmungserfordernis bei der Übertragung des Verlagsrechts an einzelnen Werken.[459]

4. *Das KUG vom 9. Januar 1907*

Ergänzt wurden diese beiden Gesetze durch das Gesetz, betreffend das Urheberrecht an Werken der bildenden Künste und der Photographie, welches am 9. Januar 1907 (sog. Kunsturhebergesetz, KUG) veröffentlicht wurde. Auch dieses Gesetz beinhaltete eine eigene Rechtsposition des Verlegers nicht.

---

455 *Wichert* GRUR 1899, 286 (287).

456 Eingehend hierzu *Vogel,* Die Entwicklung des Verlagsrechts, in: FS GRUR, S. 1237ff.

457 *Allfeld,* Das Verlagsrecht, S. 1.

458 *Vogel,* Die Entwicklung des Verlagsrechts, in: FS GRUR, S. 1236. Eingehend zu der Befürwortung einer Übertragbarkeit siehe *Osterrieth* GRUR 1900, 298 (313f.).

459 *Vogel,* Die Entwicklung des Verlagsrechts, in: FS GRUR, S. 1240.

5. *Zwischenergebnis*

Alle drei Gesetze führten zwar zu einer Stärkung der Autorenrechte, der Verleger hingegen kam nicht in den Genuss einer eigenen Rechtsstellung. Und dies geschah trotz des Umstandes, dass im Rahmen der Entstehung des LUG die Schutzwürdigkeit der verlegerischen Leistung im Rahmen des rechtlichen Diskurses hervorgehoben wurde.

Daran änderte sich auch nichts als am 22. Mai 1910 das LUG novelliert wurde. Hierbei wurden die Ergebnisse der Berliner Revisionskonferenz zur RBÜ von 1908 eingearbeitet. Enthalten waren nunmehr das fiktive Bearbeiterurheberrecht des ausübenden Künstlers in § 2 Abs. 2 LUG, das Recht des Urhebers zur Aufnahme seines Werkes auf Tonträger in § 12 Abs. 2 Nr. 5 LUG sowie das Verfilmungsrecht in § 12 Abs. 2 Nr. 6 LUG.[460]

Die zwangsweisen kriegsbedingten Unterbrechungen sowie die Verfolgung, Vertreibung und Vernichtung etlicher Rechtswissenschaftlicher wie *Goldbaum* hemmten die Fortentwicklung des Urheberrechtes gravierend.[461] Im Anschluss an die Zeit des Nationalsozialismus wurden die in den 20er Jahren begonnenen Reformabsichten fortgeführt.

II. Die leistungsschutzrechtlichen Urteile des BGH von 1960

Beachtenswert für die Entstehung der Leistungsschutzrechte im Urheberrechtsgesetz 1965 sind die zwischen 1960 und 1963 ergangenen Entscheidungen des BGH, die sich dem Leistungsschutz widmeten. Als sog. „*Leistungsschutzurteile*“[462] betitelt, befassten sich diese Urteile mit der Schutzwürdigkeit der Leistungen ausübender Künstler und Veranstaltern. Da diese Entscheidungen erheblichen Einfluss auf die anschließend getroffenen Regelungen zur Inhaberschaft eines Leistungsschutzrechtes in der am 9. September 1965 verabschiedeten Fassung des Gesetzes über Urheberrecht und verwandte Schutzrechte (Urheberrechtsgesetz) hatten, sollen diese Entscheidungen im Folgenden überblickshaft dargestellt werden.[463]

---

460 Siehe dazu den kurzen Überblick von *Loewenheim/Vogel* in: Loewenheim, Handbuch des Urheberrechts, § 2 Rn. 17.

461 *Vogel,* Die Entwicklung des Verlagsrechts, in: FS GRUR, S. 1250; *Loewenheim/Vogel* in: Loewenheim, Handbuch des Urheberrechts, § 2 Rn. 19.

462 Siehe dazu beispielsweise *Grünberger* in: Schricker/Loewenheim, Urheberrecht, Vor § 73 Rn. 18; *Ohly,* Mehr oder weniger Leistungsschutz durch Europäisches Lauterkeitsrecht?, in: Lauterkeitsrecht und Acquis Communautaire, S. 181 Fn. 1.

463 Siehe die Gesetzesbegründung in UFITA 45 (1965), 240–336.

1. *„Figaros Hochzeit" – ausübende Künstler*

Gegenstand dieses Urteils war die – mit Zustimmung der Bühnenleitung und des Gastdirigenten durchgeführte – Aufnahme der Opernaufführung *„Figaros Hochzeit"* durch die Rundfunkanstalt „Sender Freies Berlin (SFB)", welche die angefertigte Aufnahme nach Sendung anderen Rundfunkanstalten zur Sendung überlassen hatte.[464] Hiergegen klagte die deutsche Orchestervereinigung und stützte sich dabei auf die fehlende Zustimmung der mitwirkenden Musiker.

Streitgegenständlich ging es dabei vor allem um die rechtliche Stellung der Mitglieder des Orchesters, woraus sich ein entsprechendes Recht ableiten könnte. Da eine eigene schöpferische Eigenart nicht vorgetragen wurde, musste sich das Gericht mit der Frage des Leistungsschutzes befassen. Es galt, die rechtliche Grundlage eines solchen Schutzrechtes zu erörtern.[465] Bei der in diesem Rahmen durchgeführten Erörterung ist beachtenswert, dass der BGH sich der Erfindung des Buchdrucks und der daraus resultierenden Notwendigkeit eines Werkschutzes iRd Literatur, Tonkunst und bildenden Kunst bediente, um die Notwendigkeit eines Leistungsschutzes zu rechtfertigen.[466] Dessen ungeachtet werden im weiteren Verlauf Verleger als Kreis der von einem solchen Recht Berechtigten nicht angedacht.

Ferner widmet sich der BGH der Frage nach der Eigenart der konkreten Leistung des ausübenden Künstlers (hierzu führte er die Vergänglichkeit mangels körperlicher Festlegung, die Zeit- und grundsätzlich auch die Ortsgebundenheit, die fehlende Wiederholbarkeit der Leistung, das fehlende den Schaffensvorgang überdauernde Leistungsergebnis sowie die erneute Darbietungsmöglichkeit gegen Möglichkeit der Vereinbarung einer entsprechenden Entgeltzahlung)[467] an. Jedes Orchestermitglied ist dabei als ausübender Künstler aufzufassen, mit dem Ergebnis, dass jedes einzelne Orchestermitglied Inhaber eines solchen Interpretenrechtes ist.[468]

---

464 BGH GRUR 1960, 614 (614) – Figaros Hochzeit. Das Urteil zum Parallelverfahren BGH GRUR 1960, 619 – Künstlerlizenz Schallplatten. Eingehend zur Rechtsstellung des ausübenden Künstlers und mit einem Überblick zu den vertretenen Auffassungen dazu *Leinveber* GRUR 1960, 599. siehe auch die vorangegangenen Entscheidungen zur Rechtsstellung des ausübenden Künstlers BGH GRUR 1953, 140 – Magnetophon sowie BGH GRUR 1955, 492 – Grundig-Reporter.

465 BGH GRUR 1960, 614 (615) – Figaros Hochzeit.

466 BGH GRUR 1960, 614 (616) – Figaros Hochzeit.

467 BGH GRUR 1960, 614 (616) – Figaros Hochzeit.

468 Vgl. auch BGH GRUR 1960, 630 – Orchester Graunke.

2. *„Künstlerlizenz bei öffentlicher Wiedergabe von Rundfunksendungen"*

Auch dieses Verfahren ging von der deutschen Orchestervereinigung als Klägerin aus, die gegen Gaststättenbetreiber klagte. Ohne Zustimmung der *„Klangkörper und deren Mitglieder"* sei keine Befugnis zum Abspielen von Rundfunkmusik der Klägerin gegeben.[469] Sofern es in diesem Urteil dann abermals um die Besonderheit der konkreten Leistung ging, galt es für den BGH, die Rundfunksendung zu charakterisieren. In Abgrenzung zu einer Aufführung werden bei einer Rundfunksendung gerade erst im Falle des Sendungsempfangs die Töne hörbar gemacht und *„ihr für die urheberrechtliche Betrachtungsweise bedeutsames Element liegt in dem Ausstrahlen der Wellen."*.[470]

Aus diesem Grund stellte der BGH im Folgenden fest, dass es sich bei einer Rundfunksendung um *„eine Nutzung eigener Art von Urhebergut handelt"*.[471] Ein Eingriff in das sich hieraus abzuleitende Recht liege bereits bei einer ungenehmigten Ausstrahlung der Sendung vor, da dies angesichts des weitreichenden Wirkungsbereichs für eine unbegrenzte Hörerzahl einen unzulässigen Eingriff in ein Ausschließlichkeitsrecht darstelle.[472]

3. *Zwischenfazit zur Situation des Verlegers*

Diese skizzierten Urteile sind insbesondere deswegen interessant, da sich der BGH mit der Begründung der Schutzfähigkeit einer Leistung beschäftigte, die keine solche des Urheberrechts im engeren Sinne darstellte. Dabei werden teilweise durchaus Passagen (Bezugnahme auf den Büchernachdruck und das daraus resultierende Rechtsschutzbedürfnis) in der Urteilsbegründung angeführt, die die Situation der Verleger aufgreifen. Anstatt dann die mehr als nur naheliegende Bezugnahme auf den Rechtsschutz des Verlegers zu ziehen, wird in diesem Zusammenhang der Verleger mit keinem Wort erwähnt.

Der BGH bedient sich also im Rahmen der Begründung einer neben der Urheberstellung existierenden Rechtsstellung des ausübenden Künstlers der Situation des Verlegers unter Bezugnahme auf das Zeitalter des Büchernachdrucks als Ursprung dieses Bedürfnisses. Den Verleger selbst und dessen Schutzwürdigkeit im heutigen Recht zu berücksichtigen, geschieht hingegen nicht. Es drängt

469 BGH GRUR 1960, 627 (628) – Künstlerlizenz Rundfunk.
470 BGH GRUR 1960, 627 (629) – Künstlerlizenz Rundfunk.
471 BGH GRUR 1960, 627 (629) – Künstlerlizenz Rundfunk.
472 BGH GRUR 1960, 627 (629) – Künstlerlizenz Rundfunk.

sich der Eindruck auf, dass es explizit vermieden wird, den Verleger auch nur zu erwähnen und weiter, dass hierbei angesichts des Privilegienzeitalters und der primären Berücksichtigung der Interessen der Verleger auf eine ausdrückliche Bezugnahme verzichtet wurde.

III. Der Verleger und das Urheberrechtsgesetz von 1965

1. Hintergrund der Entstehung des Urheberrechtsgesetzes 1965

Am 9. September 1965 wurde nach Überwindung der nationalsozialistischen Herrschaft und einigen Gesetzesentwürfen die Grundlage für das in seinen Grundzügen bis heute bestehende Urheberrechtsgesetz geschaffen. Die Aufteilung der Gesetzesmaterie in verschiedene Gesetze für Teilbereiche sollte beseitigt und stattdessen ein einheitliches, umfassendes Gesetz für das gesamte Gebiet des Urheberrechts geschaffen werden.[473] Durch die Trennung der Gesetzeswerke entstanden komplexe Abgrenzungsfragen, wenn es zu beurteilen galt, ob es sich um ein literarisches oder um ein Produkt des Kunsthandels handelte – je nach Ausgang dieser Antwort, galten unterschiedliche Regelungsmaterien und es ergaben sich unterschiedliche Rechtsfolgen.[474]

Dem „*Gesetz über Urheberrecht und verwandte Schutzrechte*" gelang es zwar, die Interessen des Urhebers umfassend zu regeln (Stärkung der urheberpersönlichkeitsrechtlichen Rechtsstellung sowie umfassende vermögensrechtliche Rechtspositionen).[475] Ziel des Gesetzgebers war es, den neuen Gefahren für den urheberrechtlichen Schutz, die durch die neuen Verwertungsmöglichkeiten entstanden waren, entgegenzuwirken.[476] „*Dies gilt besonders für Film, Rundfunk und Fernsehen sowie für die modernen Vervielfältigungsverfahren der Tonbandaufnahme, der Fotokopie und der Mikrokopie.*"[477] Dass zumindest gleichrangig im Rahmen dieser Aufzählung auch der Verleger hätte genannt werden müssen, wird wohl verkannt. Im weiteren Verlauf der Gesetzesbegründung werden die internationalen Abkommen zum Schutz der ausübenden Künstler, Schallplattenhersteller und Sendeunternehmen angeführt, auf die Rücksicht zu nehmen sei.[478]

---

473 UFITA 45 (1965), 242.

474 *Schürmann,* Die Usancen des Deutschen Buchhandels und der ihm verwandten Geschäftszweige, S. 1f.

475 *Vogel* in: Schricker/Loewenheim, Urheberrecht, Einleitung zum UrhG Rn. 137.

476 UFITA 45 (1965), 240.

477 UFITA 45 (1965), 240.

478 UFITA 45 (1965), 240.

2. Neugeschaffene Leistungsschutzrechte

Unter der Überschrift „*verwandte Schutzrechte*" werden die durch dieses Gesetzeswerk neugeschaffenen Leistungsschutzrechte angeführt. Solche Rechte schützten nicht die schöpferische Leistung, „*sondern Leistungen anderer Art, die der schöpferischen Leistung des Urhebers ähnlich sind und in Zusammenhang mit den Werken der Urheber erbracht werden*".[479] Geschützt wurden wissenschaftliche Ausgaben, § 80 UrhG aF, Ausgaben nachgelassener Werke, § 81 UrhG aF, Lichtbilder, § 82 UrhG aF, ausübende Künstler, §§ 83-94 UrhG aF, sowie der Tonträgerhersteller, §§ 95, 96 UrhG aF, und das Sendeunternehmen, § 97 UrhG aF.

3. Fehlende Beachtung des Verlegerschutzes

Der Verleger ging dabei leer aus – eine eigene Rechtsposition wurde ihm, anders als beispielsweise dem Tonträgerhersteller, nicht zugebilligt. Es ist erstaunlich, dass der Verleger mit keinem Wort im Rahmen der Gesetzesbegründung zu den neugeschaffenen Leistungsschutzrechten erwähnt wird. Bei der Durchsicht dieser Begründung drängt sich an einigen Stellen der Verleger angesichts der erheblichen Vergleichbarkeit als weitere, zu schützende Gruppe geradezu auf.

Interessant ist dabei, wann überhaupt der Verleger im Rahmen der allgemeinen Erwägungen zur Entstehung des neuen Urheberrechtsgesetzes erwähnt wird. Die Gesetzesbegründung führt den Verleger nur an sehr wenigen Stellen auf. Zum einen wird er als Beispiel angeführt, dass der Urheber für jeden einzelnen Nutzungsvorgang erneut zustimmen muss; der Verleger dürfe daher beispielsweise bei Gestattung des Drucks oder des Inverkehrbringens eines Werkes dieses Werk nicht ohne die Zustimmung des Urhebers zu öffentlichen Vorträgen o.ä. verwenden.[480]

Der Verleger wird im Hinblick auf die Überschreitung seiner Befugnisse thematisiert, als wäre er generell dazu geneigt, ohne eine entsprechende Zustimmung des Urhebers die Verwertungshandlung vorzunehmen. Seine Erwähnung erfolgt im Weiteren bei der Erläuterung des Sinns und Zwecks der Vervielfältigung zum sonstigen eigenen Gebrauch nach § 55 UrhG aF: Dabei wird ein Rahmenabkommen der im Börsenverein des deutschen Buchhandels vereinten Verleger mit dem Bundesverband der deutschen Industrie angeführt, demzufolge gegen Entrichtung einer Pauschalvergütung eine Erlaubnis zur Herstellung von Fotokopien erteilt wird.[481] Immerhin zwar nicht immer negativ konnotiert,

479 UFITA 45 (1965), 247.
480 UFITA 45 (1965), 241.
481 UFITA 45 (1965), 246.

dennoch nicht der Verlegerleistung gerecht werdend, erfolgt diese Erwähnung des Verlegers. Die Gefahren der neuen Verwertungsmöglichkeiten für das Verlagswesen werden in keinem Wort angeführt.

IV. Zusammenfassung

Obwohl die Schutzwürdigkeit der Leistungen des Verlegers bekannt und ausdrücklich im Rahmen der Erörterungen zum LUG angeführt wurde, fand sich in keinem der Gesetzeswerke, LUG, VerlG sowie dem KUG, eine originäre Rechtsstellung des Verlegers. Diese Nichtbeachtung der Leistungen der Verleger zog sich durch die leistungsschutzrechtlichen Urteile des BGH bis hin zur Entstehung des Urheberrechtsgesetzes 1965.

J. Fazit

Die urheberrechtlichen Rechtsauffassungen nach heutigem Verständnis sind das Produkt aus der Auseinandersetzung mit den Unzulänglichkeiten des damaligen Privilegienwesens.[482]

Bei der Erörterung des Privilegienwesens wurde deutlich, dass sich eine Bezugnahme auf einen Rückschritt in diese Zeit durch die Einführung einer originären Rechtsstellung des Verlegers keinesfalls ergeben kann. Diente das Privilegienwesen in erster Linie demjenigen, der es erteilen und dadurch seine herrschaftlichen Erwägungen durchsetzen konnte, bezweckt die Einführung eines originären Rechtes in Form einer transparenten Gesetzesgrundlage den Schutz der verlegerischen Leistung. Zum anderen entsteht durch einen solchen Vergleich der Eindruck, die Rechte und Interessen des Autors würden eingeschränkt werden sollen.

Zwar bewirkte ein Privileg primär den Schutz der verlegerischen Interessen; als Recht *„gegen den Autor“* stellte es sich aber keinesfalls dar. Eine solche Beurteilung setzte voraus, dass einer der Hauptbeweggründe eines Privilegs die

482 So auch *Gieseke*, Vom Privileg zum Urheberrecht, S. 145; *Dölemeyer/Klippel*, Der Beitrag der deutschen Rechtswissenschaft zur Theorie des gewerblichen Rechtsschutzes und Urheberrechts, in: FS GRUR, S. 191; *Klippel* ZGE 7 (2015), 49 (72). In diese Richtung lässt sich auch eine Passage in einer Entscheidungsbegründung des BGH deuten: *„Bezeichnenderweise ist auch der urheberrechtliche Schutz den Umweg über das sog. Privilegienwesen gegangen* […].“, BGH GRUR 1960, 614 (616) – Figaros Hochzeit; *Büchen*, Leistungsschutz und Urheberrecht, S. 11: *„Der Kampf zwischen „Druckerprivileg“ und „Urheberrecht“*.

Besserstellung des Verlegers verbunden mit einer Schlechterstellung des Autors wäre. Davon kann nicht die Rede sein, vielmehr muss das Privileg in dessen geschichtlichen Kontext gesetzt und dementsprechend interpretiert werden. Aufgrund anderer Interessenslagen, einem daraus resultierenden zunächst – im Vergleich zum heutigen Meinungsstand – schwächer sowie vor allem unterschiedlich ausgeprägten Autorenbewusstsein und einer anderen Staatsform, passt der Vergleich eines originären Verlegerrechts mit einer Rückkehr in das Privilegienzeitalter somit auch aus dieser Perspektive betrachtet nicht.

Wenn sich Verleger nach aktueller Rechtslage nur noch auf abgeleitete Rechte des Autors stützen können (das Presseverleger-Leistungsschutzrecht nach §§ 87f-87k UrhG ausgenommen), kann die Rechtmäßigkeit im Sinne eines dogmatisch sowie rechtshistorisch verstandenen Gerechtigkeitsbegriffes stark angezweifelt werden.

Die Akzeptanz der umfassenden Vervielfältigungs- und Verbreitungsfreiheit endete, als durch Erfindung des Buchdrucks die technischen und organisatorischen Anforderungen eines Nachdrucks immer geringer wurden. Um die erheblichen Aufwendungen des Verlegers schützen zu können, versuchte man dies durch ein Privileg zu ermöglichen. Staatliche Machtansprüche sowie eigensinnige und willkürliche Erteilungspraktiken führten aber dazu, dass das Privileg vorrangig dem Staatsapparat seine Herrschaftserhaltung sicherte.

Als dann, insbesondere angestoßen durch die Plagiatsdebatte, die Autorenposition vermehrt in den Vordergrund der rechtswissenschaftlichen Diskurse rückte, hätte eigentlich die logische Konsequenz sein müssen, sowohl den Autor als auch den Verleger durch eine eigene Rechtsstellung zu schützen. Dies geschah jedoch nicht, allein der Autor wurde durch das 1965 verabschiedete Urheberrechtsgesetz geschützt.

Die beiden Autoren *Davies* und *Rauscher auf Weeg* führten auf Anregen der „*Association of IFPI National Groups in the European Communities*" in ihrer Studie für die Kommission der Europäischen Gemeinschaft zu den zur Zeit um 1980 vorherrschenden Gefahren in Bezug auf die wirtschaftlichen Grundlagen des Urheberrechts wie folgt aus:

„*Wortautoren, Komponisten, Filmproduzenten, Tonträgerhersteller, Interpreten und Rundfunkunternehmen sind gegenwärtig alle der Gefahr der Entwertung ihrer Rechte ausgesetzt*" – zum einen durch die voranschreitende Technik und deren Auswirkung auf die Leistung der genannten Gruppen, zum anderen durch die politische Forderung, einen freien Zugang zu umfassenden Kulturgütern zu ermöglichen.[483]

483 *Davies/Rauscher auf Weeg*, Das Recht der Hersteller von Tonträgern, S. 15.

Der Verleger wird in dieser Aufzählung überhaupt nicht genannt, er scheint zumindest vollkommen vergessen worden zu sein.

Wichtig ist es, sich von der Vorstellung zu trennen, zwischen einem Urheberrecht und einem Leistungsschutzrecht müsse „*gekämpft*“ oder „*sich entschieden*“ werden.[484] Es geht darum im Rahmen eines gemeinsamen kulturellen Schöpfungs- und Verwertungsprozesses den maßgeblichen Akteuren ein originäres Recht zu gewähren. Dadurch soll eine gemeinsame Handlungsbasis auf Augenhöhe geschaffen werden, ohne eine der Parteien durch ein originäres Recht zu schützen.

484 Vgl. so bzgl. des Druckprivilegs und des Urheberrechts: *Büchen*, Leistungsschutz und Urheberrecht, S. 11.

Kapitel 4: Der Verleger, seine Leistung und die Interessenlage zu seiner Leistung

Smartphone, Smart-TV, Smartwatch, u.a., stellen neue technische Möglichkeiten dar, um Dienste, Anwendungen und Inhalte zu nutzen. Es ist in diesem Zusammenhang festzustellen, dass einerseits das alltägliche Leben stetig voranschreitend technisiert und dadurch grundlegend geändert wird; andererseits sich die Welt des Buches dadurch, entgegen allen Befürchtungen und Weissagungen zum Anfang des 21. Jahrhunderts, nicht völlig aus dem Leben der Menschen vertreiben lässt. Im Jahr 2019 stieg der Umsatz der buchhändlerischen Betriebe sogar um 1,7 % im Vergleich zum Vorjahr auf 9.291 Mio. €.[485] Die Frage stellt sich jedoch, was unter einem Verleger und unter dem von diesem erbrachten Leistungsspektrum zu verstehen ist. In Zeiten, in denen interessierte Nutzer digitaler Medien heute bereits mit geringem Aufwand eine eigene Webseite, einen eigenen Server sowie eine eigene Werbekampagne durch zielgruppenangepasste Werbung, sog. targeted Social-Media-Werbung, betreiben können,[486] ist (der) Nutzen und (der) Umfang der verlegerischen Leistung zu erörtern.

Aus diesem Grund soll zunächst dargestellt werden, wer der „klassische Verleger" ist (A.), welche konkrete Leistung dieser erbringt (B.), welche Bedeutung der „Verleger der Zukunft" haben könnte (C.) und schließlich welche Interessen an einer verlegerischen Tätigkeit bestehen.

A. Der „klassische Verleger" zum Anfang des 21. Jahrhundert

I. Begriffsklarstellung

Wenn im Laufe der vorliegenden Untersuchung ein „Verlag" oder „Verleger" angeführt wird, ist damit der Begriff in Bezug zum Buchwesen zu verstehen. Dabei darf der Begriff des Verlages keinesfalls ausschließlich dem Buchverlagswesen zugeschrieben werden; existierte ein Verleger doch bereits unabhängig

485 *Börsenverein des Deutschen Buchhandels e.V.*, Buch und Buchhandel in Zahlen 2020, S. 5.

486 Instruktiv zum Social-Media-Advertising auf Facebook und Instagram siehe *Jakob*, Hier könnte Ihre Werbung stehen, abrufbar unter: https://www.kulturmanagement.net/Themen/Social-Media-Advertising-auf-Facebook-und-Instagram-Hier-koennte-Ihre-Werbung-stehen,4152 (letzter Zugriff am 18.11.2020).

und zeitlich vor der Erfindung des Druckes ab dem 14. Jahrhundert beispielsweise in der Beauftragung, Vorfinanzierung und dem Vertrieb der Arbeitsergebnisse von Handwerkern.[487] Eine Begründung, aus welchem Grund der Begriff des „Verlages“ beinahe ausschließlich dem Buchwesen zugeschrieben wird, fehlt bisweilen noch und bedarf ggf. einer eigenständigen wissenschaftlichen Ausarbeitung.[488]

II. Allgemeine Definition des (Buch-)Verlegers

Eine allgemeingültige Festlegung oder schon ein Definitionsversuch des Berufsfeldes des Verlegers ist kaum möglich. Der Grund für diese Definitionsschwierigkeit gründet darin, dass die Tätigkeit des Verlegens in erheblichem Maße mit Individualität sowie ideellem und wirtschaftlichem Gestaltungsspielraum verbunden ist.[489]

1. Kernelement des Buchverlegers

Man könnte einen Verleger als denjenigen beschreiben, der die Organisation des Entstehungsprozesses für ein vertriebsfertiges Werk managt, das erforderliche Geld vorstreckt und dabei durch seine kulturellen und wirtschaftlichen eigenen Interessen seinen Verlag prägt.[490] Er ist demnach derjenige, der für das gesamte Verlagsgeschehen verantwortlich ist und das wirtschaftliche Risiko dieser Unternehmung übernimmt.[491]

Da er ein eigenes Geisteswerk nicht erschafft, ist seine als Kunst zu bezeichnende Fähigkeit gefordert, passende Autoren zu finden, mit diesen gemeinsam Konzepte für künftige Werke zu entwickeln, darauf hinzuwirken, dass letztendlich Manuskripte abgeliefert werden und für den weiteren Verlauf diese Autoren an das eigene Unternehmen gebunden werden.[492] Darüber hinaus ist es bei diesen Handlungen des Verlegers erforderlich, mit einem ausreichenden, bestmöglich geschulten kaufmännischen Verständnis heranzugehen.[493] Andernfalls

---

487 *Schönstedt/Breyer-Mayländer,* Der Buchverlag, S. 2f.

488 *Schönstedt/Breyer-Mayländer,* Der Buchverlag, S. 4.

489 *Heinold,* Bücher und Büchermacher, S. 250; *Unwin*, Das Berufsbild des Verlagsbuchhändlers, S. 2.

490 *Heinold,* Bücher und Büchermacher, S. 250; *Schönstedt/Breyer-Mayländer,* Der Buchverlag, S. 4; *Obergfell* GRUR 2019, 992 (995).

491 *Ahlberg*, Ist der Musikverleger noch Verleger?, in: FS Raue, S. 353.

492 *Unwin*, Das Berufsbild des Verlagsbuchhändlers, S. 1; *Müller-Laschet,* Das Copyright des Verlegers, S. 1.

493 *Unwin*, Das Berufsbild des Verlagsbuchhändlers, S. 1.

wäre die Tätigkeit als Verleger mangels des erforderlichen wirtschaftlichen Einkommens zeitlich nur sehr begrenzt durchführbar.[494]

2. *Verleger wird zum Verlag*

Der Begriff des „Verlegers“ wurde im Laufe der Zeit durch den Begriff „Verlag“ größtenteils ersetzt. Um dies zu bestätigen, muss nur die Firmierung der Akteure im Buchwesen herangezogen werden: der „Springer-Verlag“[495] oder der „Ernst-Klett-Verlag“[496]. Der „Verleger“ wurde vor allem aus dem Grund zum „Verlag“, da eine einzelne Person die gesamte Verlagsarbeit heute nicht mehr durchführen könnte und stattdessen durch ein umfassendes Team ersetzt wurde.[497] Mit dieser Erkenntnis kann der Begriff des „Verlegers“ dennoch im Rahmen dieser Untersuchung verwendet werden; wird dieser doch üblicherweise in den einschlägigen gesellschaftlichen und rechtswissenschaftlichen Diskussionen verwendet.[498]

III. Klein- und Großverleger

Eine Differenzierung in diesem Tätigkeitsfeld ließe sich nach der Größe des Unternehmens durchführen. Handelt es sich um einen Verleger, der seinen Schwerpunkt auf Regionalität oder eine geringe Zahl an Autoren legt, kann dieser als sog. Kleinverleger bezeichnet werden, bei dem in der Regel die Arbeit im Bereich der Produktion, dem Verkauf sowie dem Rechnungswesen überwiegt.[499] Dem gegenüber steht der Großverleger, der sich durch eine arbeitsteilige Organisation vielmehr ausschließlich um die Programmatik und Ausrichtung seines Betriebes kümmert.[500]

---

494 Einen Überblick zur verlegerischen Leistung siehe unter B.

495 Verlagswebseite abrufbar unter: https://www.springernature.com/de/ (letzter Zugriff am 13.11.2020).

496 Verlagswebseite abrufbar unter: https://www.klett.de (letzter Zugriff am 13.11.2020).

497 *Unwin*, Das Berufsbild des Verlagsbuchhändlers, S. 2.

498 „*Leistungsschutzrecht des Presseverlegers*“ vgl. § 87f UrhG oder den Beitrag im rechtswissenschaftlichen Diskurs *Obergfell* GRUR 2019, 992ff. mit dem Titel „*Das originäre Verlegerrecht*“.

499 *Heinold*, Bücher und Büchermacher, S. 251.

500 *Heinold*, Bücher und Büchermacher, S. 251. Umfassend zur Organisation im Buchverlag siehe bei *Schönstedt/Breyer-Mayländer*, Der Buchverlag, S. 97–140.

IV. Fach- und Publikumsverleger

Des Weiteren kann ein Verleger entsprechend der jeweiligen Ausrichtung seiner verlegten Werke eingeordnet werden. Diese Unterscheidung darf nicht den Eindruck erwecken, als wäre eine schematische Differenzierung möglich: Oft oder sogar in der Regel weisen Verlage mittlerweile ein derart umfangreiches Verlagskonzept auf, sodass beinahe alle Bereiche des Buchwesens erfasst werden.[501] Zum einen gibt es den sog. Fachverleger, der für eine konkrete Disziplin oder Branche spezialisierte, oft wissenschaftliche, Literatur publiziert und bei dem dessen Erfolg durch die Art und Weise der Vermittlerfunktion bestimmt wird.[502]Auf der anderen Seite gibt es den sog. Publikumsverleger, der sich den allgemeinen, oft alltäglichen Vorlieben und Problemen der Gesellschaft verschrieben hat und bei dem vielmehr eine Vielfalt an Werken für den Erfolg der Tätigkeit maßgeblich ist.[503]

Allen Bereichen des Verlagswesens ist im Gegensatz zum Kulturbereich des Theaters oder der Oper eines gemein: die fehlende Subventionierung durch den Staat und die daraus resultierende Abhängigkeit von den wirtschaftlichen Einnahmen auf dem freien Markt.[504]

1. Publikumsverlag

Der Publikumsverleger ist in seinem Verlagsprogramm auf die schlichte Unterhaltung von Menschen gerichtet.[505] Sowohl der Bereich der Belletristik als auch der des erzählenden Sachbuchs lassen sich hierunter fassen. Erlöse erzielt der Publikumsverleger überwiegend aus dem Verkauf von Büchern.[506]

---

501 *Schönstedt/Breyer-Mayländer,* Der Buchverlag, S. 4.

502 *Heinold,* Bücher und Büchermacher, S. 252.

503 *Heinold,* Bücher und Büchermacher, S. 251f.

504 *Heinold,* Bücher und Büchermacher, S. 32.

505 *Clement/Blömeke/Sambeth,* Einleitung: Herausforderungen in der Buchbranche, in: Ökonomie der Buchindustrie, S. 16.

506 *Börsenverein des Deutschen Buchhandels,* Mediendossier, Verlage in Deutschland 2018, S. 7, abrufbar unter: https://www.boersenverein.de/presse/mediendossiers/mediendossier-verlage/ (letzter Zugriff am 18.11.2020).

2. *Fachverlag*

Im Fachverlag (in Deutschland sind dies rund 600 Verlagshäuser)[507] steht die Informationsverschaffung und Aufbereitung der Wissensvermittlung an erster Stelle. Anders als bei einem Publikumsverlag, wird hier neben dem Verkauf von Büchern, beispielsweise durch die Angebote wissenschaftlicher Datenbanken und gänzlich werbebasierter Zeitschriften, eine vielseitige Erlösstruktur geschaffen.[508]

V. Besonderheiten des Musikverlegers

1. *Allgemeines Tätigkeitsfeld*

Der Musikverleger lässt sich allgemein zunächst derart definieren, dass dieser die Verwertung von Musikwerken übernimmt und solche Aufgaben tätigt, die entsprechend dem jeweiligen Musikgenre notwendig sind.[509] Dies lässt zunächst noch einen vermeintlichen Gleichlauf zum allgemeinen Buchverleger erkennen. Im Vordergrund der ursprünglichen Tätigkeit steht hier der Notensatz als zu vertreibendes Werk des Musikverlegers. Dabei lässt sich dieses Tätigkeitsfeld des Musikverlegers danach unterscheiden, ob es sich um sog. Ernste-Musik (E-Musik) oder um sog. Unterhaltungs-Musik (U-Musik) handelt.

Schwerpunkt der Tätigkeit des Musikverlegers ist also die Verbreitung der ihm überlassenen Werke. Dabei kommt der Betreuungsarbeit für den Komponisten eine große Bedeutung zu.[510] Hierzu zählt, dass der Verlag sein umfassendes Netzwerk anbietet und dazu nutzt, den Absatz des Werkes des Komponisten voranzutreiben.[511] Jedoch ist das heutige Tätigkeitsfeld des Musikverlegers weiter zu verstehen als das eines Buchverlegers.

---

507 *Börsenverein des Deutschen Buchhandels*, Mediendossier, Verlage in Deutschland 2018, S. 7, abrufbar unter: https://www.boersenverein.de/presse/mediendossiers/medien dossier-verlage/ (letzter Zugriff am 18.11.2020).

508 *Börsenverein des Deutschen Buchhandels*, Mediendossier, Verlage in Deutschland 2018, S. 7, abrufbar unter: https://www.boersenverein.de/presse/mediendossiers/medien dossier-verlage/ (letzter Zugriff am 18.11.2020).

509 *Mayser*, Die Privilegierung von Musikverlegern durch Sonderreglungen für Musiknoten im Urheberrecht, S. 19. Vgl. auch BGH GRUR 1975, 377 (378f.) – Verleger von Tonträgern. Siehe auch eingehend hierzu *Budde*, Die Leistungen des Musikverlegers, in: INTERGU-Tagung, S. 31ff.

510 *Mayser*, Die Privilegierung von Musikverlegern durch Sonderreglungen für Musiknoten im Urheberrecht, S. 17; *Pfaffenheuser* NMZ 4/2001, 7.

511 *Mayser*, Die Privilegierung von Musikverlegern durch Sonderreglungen für Musiknoten im Urheberrecht, S. 17, 18.

2. *Der Musikverleger im Wandel der Zeit*

Das Tätigkeitsfeld des Musikverlegers ist keinesfalls ein starres Gebiet, welches unbeeinflusst vom Wandel der Zeit ist. Ganz im Gegenteil hat sich die Tätigkeit des Musikverlegers bis zum jetzigen Zeitpunkt teilweise schon erheblich geändert: vom ursprünglichen sog. Notenstich, dem Herstellungsprozess der Noten, und dem Notendruck hat sich die Tätigkeit größtenteils auf das Netzwerken und das umfassende Vertreiben des Werkes verlagert.[512] Durch die technischen Entwicklungen ist der Komponist heute in der Lage, dem Verlag einen in der Regel endgültigen und vertriebsfertigen Notensatz zu liefern, dies meist in einer digitalen Form, welche oft ohne nennenswerte Tätigkeiten seitens des Verlages zum Vertrieb genutzt werden kann.[513] Im Bereich der U-Musik ist der Vertrieb von Notensätzen beinahe gänzlich versiegt, mit der Folge, dass das Medium des Notensatzes zugunsten des Tonträgers weitestgehend ersetzt wurde.[514]

Der Bereich der E-Musik ist der klassische Bereich des Musikverlegers, bei dem das Geschäft mit dem Druck und Vertrieb von Notensätzen im Vordergrund steht.[515] Dabei ist die Digitalisierung von Notensätzen nicht in demselben Maße wie bei anderen Werken möglich. Notensätze werden in den meisten Anwendungsfällen noch immer in gedruckter Papierversion genutzt, da sich digitale Lösungen auf diesem Gebiet noch nicht umfassend durchgesetzt haben.[516]

Die Besonderheit im Bereich des Musikverlages wird deutlich, wenn die Bedeutung von Aufführungen näher betrachtet wird. Insbesondere durch die Salonorchester und das Aufführungsrecht sahen sich anfangs Musikverleger auf ihrem Hauptgeschäftsfeld, dem Notenverkauf, erheblich gefährdet.[517] Eine solche Bedeutung von Aufführungen hat es im Bereich des Buchverlages nie gegeben. Darüber hinaus ist der Musikverleger heute ebenfalls in Bereichen tätig, die auch der Tonträgerindustrie zuzurechnen sind: u.a. im Bereich der Musikproduktion, dem Künstlermanagement und der Überwachung der GEMA-Abrechnungen.[518]

---

512 *Pfaffenheuser* NMZ 4/2001, 7.

513 *Pfaffenheuser* NMZ 4/2001.

514 *Ahlberg*, Ist der Musikverleger noch Verleger?, in: FS Raue, S. 354.

515 *Tietze* NMZ 2/2004.

516 *Mayser*, Die Privilegierung von Musikverlegern durch Sonderreglungen für Musiknoten im Urheberrecht, S. 24.

517 *Melichar* UFITA 117 (1991), 5 (6).

518 *Ahlberg*, Ist der Musikverleger noch Verleger?, in: FS Raue, S. 354; *Mayser*, Die Privilegierung von Musikverlegern durch Sonderreglungen für Musiknoten im Urheberrecht, S. 25.

Im Unterschied zur Tätigkeit eines Tonträgerherstellers, ist die Tätigkeit des Musikverlegers nach Rechtsprechung des BGH umfassender zu verstehen: statt der Verwertung und Verbreitung eines konkreten Werkes, ist der Musikverleger für die allgemeine Betreuung des Musikers zuständig.[519]

Aus diesem weiten Tätigkeitsfeld des Musikverlegers ergibt sich die grundsätzliche Unterscheidung zum Buchverleger, auch wenn letzterer in Anbetracht der technischen Entwicklung ebenfalls zu neuen Tätigkeitsfeldern gelangt, auf die im Folgenden eingegangen wird.

VI. Zwischenergebnis

Das klassische Verständnis des Verlegers erfordert es zunächst zu beachten, dass die Herkunft dieser Tätigkeit nicht allein dem Buchwesen zugeschrieben ist. Im Bereich des Buchwesens ist eine allgemeingültige und detaillierte Definition eines Verlegers kaum möglich. Vielmehr muss angesichts der individuellen Schwerpunktsetzung eines jeden Verlegers ein Blick auf die Kernelemente geworfen werden. Hierbei ist die Organisation und Verantwortung für ein gesamtes Verlagsprojekt zu nennen, welches beinhaltet, dass sämtliche finanzielle Investitionen in Vorleistung erbracht und dadurch das wirtschaftliche Risiko des Verlagsprojektes übernommen werden. Da eine Person als „Verleger" im engeren Wortsinn diese umfassenden Arbeiten, auf die im Folgenden näher eingegangen wird, nicht erbringen kann, ist der „Verleger" zum „Verlag" geworden. Innerhalb der Verlage lässt sich anhand der Größe und anhand der inhaltlichen Ausrichtung eine Unterscheidung zwischen Groß- und Kleinverlagen sowie zwischen Fach- und Publikumsverlagen treffen. Diese getroffene Unterscheidung darf nicht als „starr" verstanden werden, da der Trend zu einem umfassenden Buchverlag geht, der viele Bereiche, somit u.a. fachliche wie auch belletristische Werke, in sein Verlagsprogramm mit aufnimmt. Der Musikverleger lässt sich auf den ersten Blick mit dem Buchverleger weitestgehend vergleichen. Dennoch

519 BGH GRUR 1975, 377 (379) – Verleger von Tonträgern: „*Während sich der Tonträgerhersteller in der Regel darauf beschränken wird, eine bestimmte, von ihm veranlaßte Interpretation des Werks unter Ausnutzung des ihm in bezug auf die eigene Leistung nach § 85 UrhG zustehenden ausschließlichen Rechts zu vervielfältigen und zu verbreiten, hat der herkömmliche Musikverleger eine weit umfassendere Aufgabe; er hat das ihm anvertraute ' Werk ganz allgemein zu betreuen, wozu außer der Verlegung der Noten durchaus auch die Aufnahme des Werks auf Schallplatten und andere Tonträger, gegebenenfalls in verschiedenen Interpretationen und nicht nur durch einen Tonträgerhersteller, gehören kann.*".

dürfen nicht die branchentypischen Besonderheiten eines Musikverlegers verkannt werden. Im Vordergrund dieser Untersuchung wird der Schwerpunkt auf dem Buchverleger liegen.

B. Die verlegerische Leistung

Die Beurteilung der Defizite des aktuellen Rechtsschutzes des Verlegers setzt voraus, sich mit den jeweiligen Verlagsbereichen auseinanderzusetzen und die Aufgaben und Tätigkeiten dieser Verleger darzustellen. Im Folgenden soll daher die Leistung des Verlegers beschrieben und ein Verständnis für die Besonderheiten dieser Branche geschaffen werden.

I. Die Tätigkeit eines Verlegers

1. Überblick über die Arbeitsbereiche

Wie bereits im Rahmen der vorangehenden Ausführungen deutlich wurde, ist die Kernaufgabe des Verlegers darin zu sehen, das Werk eines Autors bestmöglich an die Leserschaft „zu vermitteln". Hieraus resultiert auch der oft verwendete Begriff des „Vermittlers" oder „Mittlers", wenn der Verleger und seine Tätigkeit beschrieben werden sollen. Um ein zu vermittelndes Werk zu finden, muss sich der Verlag mit einer der wichtigsten Entscheidungen befassen: der Auswahl der Verlagsobjekte.[520] An erster Stelle steht das Verlagsprogramm, welches die inhaltliche Ausrichtung des jeweiligen Verlages vorgibt.[521] Ist dieses erstellt, werden dafür passende Autoren gesucht, gefolgt von der Erstellung der Manuskripte und einer anschließenden umfassenden und detaillierten Manuskriptarbeit. Wenn diese abgeschlossen und eine wirtschaftliche Prognose für das konkrete Produkt erstellt wurde, beginnt die Vermittlungstätigkeit im engeren Sinne: das Verbreiten und der Vertrieb des Endproduktes.[522]

Diese umfassenden Arbeiten des Verlegers sind dem eigentlichen Druck vorgelagert. Dennoch wird die verlegerische Tätigkeit mit der eines Druckers oft verwechselt.[523]

520 *Unwin*, Das Berufsbild des Verlagsbuchhändlers, S. 3; *Prostka/Schmidt-Stölting*, Management und Erweiterung des Produktportfolios bei Verlagen, S. 110.

521 *v. Bernhard*, Die Leistungen des Buchverlegers, in: INTERGU-Tagung, S. 22.

522 *Heinold*, Bücher und Büchermacher, S. 13.

523 *Ladd*, The Utility of a Publisher´s Right, S. 91. Siehe auch die Darstellung der verlegerischen Arbeit bei *Krevelen*, The Information Society and the Right of a Publisher,

a) Die Auftragsarbeiten

Aus Verlegerkreisen wird berichtet, dass eine kaum zweistellige Prozentzahl der auf Initiative der Autoren eingesendeten Manuskripte im Bereich der Belletristik, des Kinderbuchbereiches sowie des Fachverlages vom Verleger letztendlich verwendet werden. Es ist nicht unüblich, dass der Verleger explizit nach Autoren sucht, diese schließlich um die Anfertigung konkreter Werke bittet und aus diesem Grund im jeweiligen Fall einen Bestellervertrag abschließt.[524]

b) Die weiteren Erfolgsfaktoren des Verlagsprojektes

Allein die Auswahl eines passenden Manuskriptes und dessen Umsetzung können den wirtschaftlichen Erfolg der Verlagsunternehmung nicht garantieren. Hierbei sind noch weitere Faktoren, wie u.a. das Image des Verlages, die Popularität des jeweiligen Autors, die Wahl des Titels sowie die grafische Gestaltung des Buchcovers erfolgsbeeinflussend.[525]

c) Publikumsverlag: Der Aufbau eines „Bestseller"-Autors

Insbesondere im Bereich des Publikumsverlages sind für Verlage Veröffentlichungen von bekannten Autoren, den sog. Beststeller-Autoren, wirtschaftlich von primärem Interesse. Bis ein Status als „Beststeller-Autor" gelingt, der die Vorlieben und Interessen einer Vielzahl von Menschen trifft, erfordert der Aufbau eines solchen Autors erhebliche organisatorische wie finanzielle Investitionen des Verlegers.[526] Die Planung eines solchen Buchprojektes erfordert nicht nur die programmatische Ausrichtung, sondern setzt neben der Selektion passender Autoren auch finanzielle Investitionen voraus, bei denen die jedenfalls anvisierte Amortisierung keinesfalls feststeht.

d) Fachverlag: Konzeption und Peer-Review-Verfahren

Zur Anfertigung derartiger Fach-Publikationen sind besondere verlegerische Leistungen erforderlich. Im Schulbuchbereich ist es die Aufgabe des Verlages zu überprüfen, welche Anforderungen das jeweilige Kultusministerium an die

---

S. 97ff. sowie *v. Bernhard*, Die Leistungen des Buchverlegers, in: INTERGU-Tagung, S. 19ff.

524 *Obergfell* GRUR 2019, 992 (995); *Elster* UFITA 114 (1990), 89 (90).

525 *Prostka/Schmidt-Stölting*, Management und Erweiterung des Produktportfolios bei Verlagen, S. 109f.

526 *Clement/Blömeke/Sambeth,* Einleitung: Herausforderungen in der Buchbranche, in: Ökonomie der Buchindustrie, S. 20; *Obergfell* GRUR 2019, 992 (995).

Schuldbildung stellt. Für jedes Bundesland ist ein eigenes Konzept zu erarbeiten,[527] wobei sich der Nutzer darauf verlassen können muss, alle für das jeweilige Bundesland notwendigen Wissensinhalte für das einschlägige Fach vermittelt zu bekommen. Um alle relevanten Anforderungen aus dem Schulalltag qualifiziert erfassen zu können, wird intensiv sowie regelmäßig der Austausch mit Lehrkräften gesucht.[528] Dass für diese Arbeit des Verlages erhebliche personelle wie finanzielle Investitionen erforderlich sind, ist offensichtlich.

Um den Lesern ein entsprechend hohes Qualitätsniveau der Inhalte garantieren zu können, wird in diesem Bereich mit dem sog. Peer-Review-Verfahren die wissenschaftliche Qualität der Publikationen durch den Verleger organisiert und sichergestellt.[529]

e) Koordination der Arbeiten

Im Rahmen dieses gesamten Tätigkeitsbereiches obliegt es dabei dem Verleger, die zahlreichen hierbei tätigen, in der Regel selbstständigen und nicht beim Verleger angestellten,[530] Beschäftigten – vom Grafiker bis zum IT-Techniker und Drucker – zu koordinieren und anzuleiten. Der Aufbau und die Arbeitsweise eines Verlages können daher zu Recht als komplex eingestuft werden.[531]

2. Zwei Grundfunktionen des Verlegers

Die Funktionen des Verlegers lassen sich in zwei Bereiche unterteilen: Zum einen setzt der Verlag durch sein jeweils eigenes Verlagsprogramm eine inhaltliche Ausrichtung, der die zu verbreitenden Werkinhalte vorgibt und zum anderen finanziert der Verlag in Teilbereichen wie der Belletristik durch einen in der Regel gewährten Vorschuss an den Autor und der Übernahme der für die Anfertigung des Verlagswerkes erforderlichen Kosten das gesamte Verlagswerk vor.[532] Einem Autor steht es andererseits frei, sein Werk im Direktdruck herauszugeben; er müsste dann selbst Druck und Vertrieb vorfinanzieren. Die dabei entstehenden Aufwendungen wären für einen Teil der Autoren jedoch kaum

527 *Obergfell* GRUR 2019, 992 (995).
528 *Obergfell* GRUR 2019, 992 (995).
529 *Obergfell* GRUR 2019, 992 (995).
530 *Heinold,* Bücher und Büchermacher, S. 22.
531 *Heinold,* Bücher und Büchermacher, S. 21.
532 *Heinold,* Bücher und Büchermacher, S. 22; *Unwin*, Das Berufsbild des Verlagsbuchhändlers, S. 2.

tragbar.[533] Die Funktion des Verlegers als Investor führt dabei zu dem größten Risiko dieser Tätigkeit: er allein hat grundsätzlich im Falle einer Fehlprognose den daraus resultierenden Schaden zu tragen.[534]

II. Vom Papierwerk zum digitalen Produkt

1. *Der Einfluss der Technik*

„Verlage sind die Verlierer der Digitalisierung. Inhalte sind überall kostenlos zu bekommen, warum also dafür zahlen?“[535] Die über das Internet gegebene Möglichkeit des Zugriffs auf eine Vielzahl von Informationen, könnte dem ersten Anschein nach auf eine Verliererstellung der Verlage hindeuten. Ob dem auch nach einer eingehenden Untersuchung der Anstrengungen und Angebote der Verlage im 21. Jahrhundert dieser Aussage zuzustimmen ist, wird die folgende Darstellung ergeben.[536]

Zum Ende des 20. Jahrhundert wurde der Einfluss des technischen Wandels auf das Verlagswesen überwiegend unter *„electronic publishing“* diskutiert.[537] In sämtlichen Bereichen, von der Erstellung des Verlagsprogramms, der Bearbeitung des Manuskripts bis zum Verbreiten wurden die Möglichkeiten eines maschinellen, technischen Systems genutzt.[538] Dies kann mittlerweile als Standard der Verlagsarbeit aufgefasst werden.

Der technische Fortschritt hat die verlegerische Tätigkeit zum Anfang des 21. Jahrhunderts bereits weitgehend sowie grundlegend verändert, gar von einer *„Disruption des Verlagswesens und des Buchmarktes“* wird gesprochen.[539] Ging es in früheren Jahrhunderten noch um das vollständige, gedruckte Werk, welches der interessierte Leser vor sich liegen hatte, steht es im Interesse der heutigen Leserschaft, online abrufbaren Zusatzcontent – möglichst über jedes mobile

533 *Unwin*, Das Berufsbild des Verlagsbuchhändlers, S. 2.

534 *Unwin*, Das Berufsbild des Verlagsbuchhändlers, S. 2.

535 *Kadauke*, Warum Verlage im Zugzwang sind, abrufbar unter: https://www.arocom.de/blog/zukunft-der-verlage-die-besten-erloesmodelle-fuer-ihre-digitalisierung (letzter Zugriff am 18.11.2020).

536 Empfehlenswert ist dazu eine Untersuchung der Unternehmensberater *Henschel/Friedrich*, Verlagshäuser 2020, abrufbar unter: https://www.goetzpartners.com/uploads/tx_gp/2010_goetzpartners_Verlagshaeuser_2020.pdf (letzter Zugriff am 19.11.2020).

537 *Heker* ZUM 1995, 97 (97).

538 *Heker* ZUM 1995, 97 (97).

539 *Herweg* ZUM 2020, 95 (99).

Endgerät – zu erhalten.[540] Um diesem Wunsch des Konsumenten nachzukommen, musste der Verleger seine ursprünglich gänzlich nach anderen Kriterien ausgerichteten Geschäftsabläufe anpassen und dabei erhebliche Investitionen vornehmen.[541]

a) *E-Book*

Das Medium des physischen Buches wurde zum einen durch das E-Book in das digitale Zeitalter gebracht. Um die Kontrolle darüber zu haben, dass nur diejenigen Leser Zugriff auf ein E-Book haben, die hierzu die Berechtigung haben mussten Verlage über das sog. Digital Rights Management (DRM) dafür Sorge tragen, dass die technischen Voraussetzungen hierfür geschaffen werden.[542] Es wird dabei technisch verhindert, dass ein einmal erworbenes E-Book unrechtmäßig an Dritte weitergegeben werden kann.

Im Publikumsverlag nimmt der Umsatzanteil des E-Books bereits 79 % ein, für den Fachverlag sind es nur insgesamt 21 %.[543] Dabei wurde eine der Erwartungen zu Beginn der aufstrebenden E-Book-Verbreitung widerlegt: neue Leser konnten Verlage nicht mit diesem Medium dazugewinnen.[544]

b) *Physisches Buch und digitale Erweiterungen*

Darüber hinaus wurde das physische Buch um digitale Zusatzprodukte erweitert. Die Westermann-Gruppe hat beispielsweise die Möglichkeit ergriffen, um über eine eigens entwickelte Applikation („*Zoom*“, nicht zu verwechseln mit dem gleichlautenden, in Zeiten der Corona-Pandemie populär gewordenen Videokonferenzsystem „*Zoom*“[545]) Lerninhalte auf dem Smartphone durch

540 *Ulmer-Eilfort/Druschel* in: Ulmer-Eilfort/Obergfell, VerlG, § 1 Rn. 41a; *Heinold,* Bücher und Büchermacher, S. 257; *Hey* ZUM 2020, 107 (108ff.).

541 *Ulmer-Eilfort/Druschel* in: Ulmer-Eilfort/Obergfell, VerlG, § 1 Rn. 41a.

542 *Ulmer* in: Ulmer-Eilfort/Obergfell, VerlG, F, Rn. 530ff.

543 *Börsenverein des Deutschen Buchhandels*, Mediendossier, Verlage in Deutschland 2018, S. 4, abrufbar unter: https://www.boersenverein.de/presse/mediendossiers/medien dossier-verlage/ (letzter Zugriff am 18.11.2020).

544 *Gerk*, Interview mit der Ullstein-Verlegerin *Siv Bublitz*, Verlage im Digitalzeitalter, Wie werden wir in Zukunft lesen?, abrufbar unter: https://www.deutschlandfunkkultur.de/verlage-im-digitalzeitalter-wie-werden-wir-in-zukunft-lesen.1270.de.html?dram:art icle_id=320085 (letzter Zugriff am 18.11.2020).

545 Unternehmenswebseite von Zoom abrufbar unter: https://zoom.us (letzter Zugriff am 18.11.2020).

Augmented-Reality zu ergänzen.[546] Den Nutzern der Schulbücher des Verlages ist es damit möglich, ein mobiles Endgerät bei geöffneter Applikation direkt über der Schulbuchseite zu platzieren, um passende audio-visuelle Medieninhalte, einschließlich sonstiger erläuternder Animationen, erhalten zu können. Eine ähnliche Applikation hat auch Haufe mit der App „*smARt Haufe*" (und speziell hierauf angepasste Bücher) entwickelt, nach der „*digitale Zusatzinhalte wie Videos, Hörbeispiele, Bildergalerien u.v.n. zu ihrem Buch*" abgerufen werden können.[547]

c) Sharing und Flatrate-Angebote

Der Zeitgeist im 21. Jahrhundert lässt in vielen Bereichen des täglichen Lebens auch das Bedürfnis erkennen, von eigentumsähnlichen Positionen Abstand zu nehmen und stattdessen mit anderen Menschen ein Produkt zu teilen. Neben Autos (sog. Car-Sharing) können Fahrräder (sog. Bike-Sharing) und sogar Wohnungen mit Anderen geteilt werden – um nur einen Auszug der Sharing-Möglichkeiten zu nennen. Diesem Trend kann sich auch das Buchwesen nicht entziehen. Amazon ermöglicht beispielsweise über verschiedene Mitgliedschaften seinen Nutzern gegen Entrichtung eines monatlichen Betrages einen unbegrenzten Zugriff auf eine Auswahl an E-Books, die je nach gewählter Mitgliedschaft eine unterschiedliche Anzahl an Büchern beinhaltet („*Kindle unlimited*"[548] für monatlich 9,99 € oder das eine geringere Büchermenge umfassende Modul „*Prime Reading*"[549] für 7,99 €, wobei weitere Vorzüge bei der Nutzung von Amazon enthalten sind). Solange die Mitgliedschaft besteht, kann auf die E-Books zugegriffen werden, eine Eigentumsposition erlangt der Leser jedoch nicht.

Nicht nur Amazon, sondern auch die Verlage beginnen, mit entsprechenden Angeboten auf dieses Nutzerbedürfnis zu reagieren und die Möglichkeit zu schaffen, über einen Online-Zugang den Zugriff auf eine Vielzahl von

---

546 *Westermann Gruppe*, Das ist die Zoom App, abrufbar unter: https://www.westermann.de/landing/zoom-app/das-ist-zoom (letzter Zugriff am 18.11.2020).

547 *Haufe*, smART Haufe: Mehr als nur ein Buch, abrufbar unter: https://shop.haufe.de/smart (letzter Zugriff am 19.11.2020).

548 Kindle Unlimited abrufbar unter: https://www.amazon.de/kindle-dbs/hz/subscribe/ku?ref_=sv_ref_1&_encoding=UTF8&shoppingPortalEnabled=true (letzter Zugriff am 18.11.2020).

549 Prime Reading abrufbar unter: https://www.amazon.de/kindle-dbs/hz/bookshelf/prime (letzter Zugriff am 18.11.2020).

Veröffentlichungen zu gestatten.[550] Fachverlage in Form der Wissenschaftsverlage tragen dieser Entwicklung zum Teil bereits Rechnung. Springer Nature hat z.B. Mitte Mai 2020 die „*eBookFlat*“ für deutschsprachige Sachbücher eingeführt, die Nutzern für 8,99 € pro Monat Zugriff auf monatlich wechselnde Bücherbestände ermöglicht, darin eingeschlossen, jährlich bis zu 24 Bücher beanspruchen zu können.[551]

2. Vom Zeitpunkt zur Modalität der Veröffentlichung

Die ursprüngliche Aufgabe des Verlegers bestand bis zur überwiegenden Verlagerung des Kommunikationsgeschehens auf die Onlineplattformen darin, das passende Buch zum geeigneten Zeitpunkt zu verbreiten.[552] Im Vordergrund stand demnach die zeitliche Planung der Veröffentlichung. Hier lässt sich heute ein Wandel erblicken. Der Zeitpunkt einer Veröffentlichung tritt im 21. Jahrhundert grundsätzlich deutlich in den Hintergrund, zugunsten einer zielführenden Vermarktungsstrategie, einschließlich der Wahl von Ort und Medium der Veröffentlichung, der damit entscheidende Bedeutung für den Absatzerfolg eines Buches zukommt. Die Abnahme des räumlichen Vertriebes führt für den Verleger dazu, dass die Gewinnung der Aufmerksamkeit auf die eigenen Verlagsprodukte an Bedeutung gewinnt.[553]

a) Transparente Kommunikation

Dabei gilt es zunächst, dem interessierten Nutzer Aufschluss darüber zu geben, welche (digitalen) Angebote zur Verfügung stehen. Der Endkonsument muss in die Lage versetzt werden, die digitalen (Zusatz-)Angebote des Verlages überblicken und die konkrete Nutzung intuitiv durchführen zu können.[554] Die richtige Kommunikation eines umfassenden Verlagsangebots gehört mit zu den

---

550 *Börsenverein des Deutschen Buchhandels*, Mediendossier, Verlage in Deutschland 2018, S. 4, abrufbar unter: https://www.boersenverein.de/presse/mediendossiers/medien dossier-verlage/ (letzter Zugriff am 18.11.2020).

551 Mitteilung auf der Webseite von Springer Nature abrufbar unter: https://www.springer.com/gp/about-springer/media/press-releases/corporateg/ebookflat-fuer-deutschsp rachige-springer-sachbuecher-/17982338 (letzter Zugriff am 18.11.2020).

552 *Heinold*, Bücher und Büchermacher, S. 34.

553 *Ulmer* in: Ulmer-Eilfort/Obergfell, VerlG, F, Rn. 454.

554 *Henschel/Friedrich*, Verlagshäuser 2020, S. 7, abrufbar unter: https://www.goetzpartn ers.com/uploads/tx_gp/2010_goetzpartners_Verlagshaeuser_2020.pdf (letzter Zugriff am 19.11.2020).

entscheidenden Marketingmaßnahmen, die der Verlag leisten muss. Hier stellen Marketingberater bei einer branchenspezifischen Untersuchung im April 2019 noch erheblichen Handlungsbedarf bei den Verlagen fest.[555] Als Kommunikationsmöglichkeiten zwischen Verlagen und Lesern stellen Bücherforen und Blogbeiträge eine wichtige Maßnahme dar, um verlegerische Angebote in persönlicher Atmosphäre, insbesondere in Zeiten unpersönlicher, allgemeiner Online-Kommunikation, zu vermitteln.[556]

b) Neue Kommunikationsplattformen

Die fortschreitende Technik bringt in rasantem Tempo gänzlich neue, bis dahin unbekannte Erscheinungsformen der virtuellen Kommunikation hervor. Die Möglichkeiten für den Verleger, mit dem Leser in Kontakt treten zu können, haben sich exponentiell vergrößert.

Die primär zur Verbreitung von Fotos ins Leben gerufene Social-Media-Plattform „*Instagram*“[557] entstand erst 2010 und wies im ersten Jahr eine Nutzerzahl von 1 Million auf. Innerhalb von nur einem Jahr verzehnfachte sich diese Zahl, ein weiteres Jahr später, 2012, konnten bereits rund 100 Millionen und im Oktober 2020 eine Milliarde Nutzer verzeichnet werden.[558] „Instagram“ wird von einem Großteil der Verlage bereits benutzt, so beispielsweise von Random House.[559]

Inzwischen entstehen neue Kommunikationsformen, diesmal zur Erstellung und Verbreitung kurzer Videosequenzen. Die aus China stammende und erst im September 2018 auf dem Markt erschienene Plattform „*TikTok*“[560] zählt Ende 2020 zu den weltweit am schnellsten wachsenden mobilen Apps mit einer

555 *Jäger/Gansel*, Verlage suchen das Erfolgsrezept, abrufbar unter: https://www.wuv.de/medien/verlage_suchen_das_erfolgsrezept (letzter Zugriff am 18.11.2020).

556 *Gerk*, Interview mit der Ullstein-Verlegerin *Siv Bublitz*, Verlage im Digitalzeitalter, Wie werden wir in Zukunft lesen?, abrufbar unter: https://www.deutschlandfunkkultur.de/verlage-im-digitalzeitalter-wie-werden-wir-in-zukunft-lesen.1270.de.html?dram:article_id=320085 (letzter Zugriff am 18.11.2020).

557 Instagram ist abrufbar unter: https://www.instagram.com (letzter Zugriff am 13.11.2020).

558 *Roth*, Offizielle Nutzerzahlen: Instagram in Deutschland und Weltweit, 6.10.2020, abrufbar unter: https://allfacebook.de/instagram/instagram-nutzer-deutschland (letzter Zugriff am 13.11.2020).

559 Instagram-Profil von Random House, abrufbar unter https://www.instagram.com/randomhouse/?hl=de (letzter Zugriff am 19.11.2020).

560 TikTok ist abrufbar unter: https://www.tiktok.com (letzter Zugriff am 13.11.2020).

Nutzerzahl von über 800 Millionen, zu denen zu knapp 70 Prozent unter 25jährige Nutzer zählen.[561] Auf dieser Plattform sind Verlage derzeit noch unterrepräsentiert. Als eine der wenigen Ausnahmen kann der Loewe-Verlag für Kinder- und Schulbücher angesehen werden, dessen Auftritt auf "*TikTok*" aber nur wenige Beiträge enthält.[562]

Je nach fokussierter Zielgruppe des jeweiligen Verlagswerkes ist das passende Online-Kommunikationsmittel zu wählen und entsprechend den dortigen Gepflogenheiten ein Beitrag zu erstellen. Sofern ein Verlag mit seinem Verlagskonzept oder auch nur einzelnen Werken eine jüngere Leserschaft ansprechen möchte, sollte die Kommunikation über „*TikTok*" ausgebaut und genutzt werden. Über „*Instagram*" ließe sich aktuell ein etwas älteres Publikum erreichen. Hierbei kommt der verlegerischen Leistung entscheidende Bedeutung dadurch zu, dass der Verleger nach Erstellung einer individuellen Konzeption für das Verlagswerk die Verantwortung für die Auswahl des passenden Kommunikationsmediums übernimmt.[563]

III. Die Bedeutung der Leistungen des Verlegers im 21. Jahrhundert

In Diskussionen zur Thematik dieser Untersuchung wurde oft bezweifelt, dass die Leistung eines Verlages in Zeiten des 21. Jahrhunderts noch erforderlich sei: Jeder Autor könne über die eigene Webseite seine Publikation verbreiten und somit der Allgemeinheit zugänglich machen, so dass ein Verlag entbehrlich sei.

1. Content as a service – vom Verleger zum Dienstleister

Zu Beginn dieses Kapitels erfolgte eine Darstellung zum klassischen Verlegerbegriff. Dieses klassische Verständnis repräsentiert die Tätigkeit des Verlegers im 21. Jahrhundert nicht mehr treffend. Insbesondere im Bereich des Fachverlages spricht der Börsenverein des Deutschen Buchhandels bereits unter beispielhafter Nennung von „*Haufe, Wolters Kluwe und dem Würzburger Fachverlag Vogel*" von der „*Auflösung des klassischen Verlagsbegriffs*", da Fortbildungs- und

---

561 *Firsching*, TikTok Statistiken 2020: 100 Mio. Nutzer in Europa & über 800 Mio. weltweit, abrufbar unter: https://www.futurebiz.de/artikel/tiktok-statistiken-2019/ (letzter Zugriff am 13.11.2020).

562 TikTok-Profil des Loewe-Verlags abrufbar unter: https://www.tiktok.com/@loewe.verlag (letzter Zugriff am 19.11.2020).

563 *Heinold*, Bücher und Büchermacher, S. 34.

Seminarangebote vermehrt die Leistungen im B2B-Bereich erweitern und sich die Verlage als eine Art Dienstleister verstehen.[564] Beispiele hierfür sind das Seminar- und Fortbildungsangebot des Otto-Schmidt-Verlages[565], der Haufe Akademie[566] oder der Beck Akademie[567]. Immer weiter in den Vordergrund wird somit für Verlage das sog. Modell des *„content as a service"* treten. Durch Lösung vom Medium Buch steht dabei der *„content"*, ergo der Inhalt, ohne eine starre Bindung an ein konkretes Medium im Vordergrund der Vermarktung. Dieser Wandel der *„Entmaterialisierung"* führt dazu, dass der Verleger sich zusätzlich um eine technische Zugriffseinschränkung bemühen muss.[568] Nur diejenigen, die das Entgelt entrichtet haben, sollen die Inhalte abrufen dürfen.

Dieser Umstand führt dazu, dass Konkurrenten eines Verlages nicht mehr nur in Mitbewerbern gesehen werden, sondern in Gestalt von Internet-Anbietern mit (kostenlosen) Medien- und Mehrwert-Inhalten. Dessen ungeachtet wird das Medium Buch daneben weiterhin maßgebliche Bedeutung behalten, insbesondere außerhalb des B2B-Verhältnisses und im Fachverlag.

2. Vertrauen und Verlässlichkeit

Insbesondere in heutigen Zeiten, in denen Fake-News alltäglich sind, ist es für den Nutzer wichtig, bestimmten Quellen vertrauen zu können. Solch ein Vertrauens-Stellenwert ist gerade durch die über Jahrhunderte etablierten Verlage gegeben, die ein Garant für Qualität sowie geprüfte Informationen sind und wissenschaftlich fundiert eine verlässliche Grundlage für die Willensbildung des Nutzers darstellen können.[569]

---

564 *Börsenverein des Deutschen Buchhandels*, Mediendossier, Verlage in Deutschland 2018, S. 5, abrufbar unter: https://www.boersenverein.de/presse/mediendossiers/mediendossier-verlage/ (letzter Zugriff am 18.11.2020); *Henschel/Friedrich*, Verlagshäuser 2020, S. 12, abrufbar unter: https://www.goetzpartners.com/uploads/tx_gp/2010_goetzpartners_Verlagshaeuser_2020.pdf (letzter Zugriff am 19.11.2020).

565 Abrufbar auf der Unternehmenswebseite unter: https://www.otto-schmidt.de/seminare (letzter Zugriff am 14.9.2021).

566 Abrufbar auf der Unternehmenswebseite unter: https://www.haufe-akademie.de (letzter Zugriff am 14.9.2021).

567 Abrufbar auf der Unternehmenswebseite unter https://www.beck-seminare.de (letzter Zugriff am 14.9.2021).

568 *Ulmer* in: Ulmer-Eilfort/Obergfell, VerlG, F, Rn. 507.

569 *Krevelen*, The Information Society and the Right of a Publisher, S. 97ff. So auch *Ulmer-Eilfort/Druschel* in: Ulmer-Eilfort/Obergfell, VerlG, § 1 Rn. 41b; *Heinold*, Bücher und Büchermacher, S. 19; *Obergfell* GRUR 2019, 992 (994).

Entscheidende Bedeutung zur Beurteilung der Verlässlichkeit einer Quelle kommt jedoch im 21. Jahrhundert nicht mehr allein einem gewachsenen Verlagshaus zu. Durch die Möglichkeit von Bewertungen durch die Leser auf sozialen Netzwerken und den Onlineshops haben diese Rezensionen eine entscheidende Rolle eingenommen.[570] Im Vordergrund steht dabei die Qualität und die Zufriedenheit mit den Leistungen des Autors, sodass die Selektionsleistung des Verlages in den Vordergrund tritt.[571]

3. Keine Unerheblichkeit der Verlegerleistung durch Self-Publishing

Wie bereits zu Beginn dieses Abschnitts angeführt, wird im Rahmen der Diskussion zur verlegerischen Leistung, seit der Möglichkeit des Selbstpublizierens, dem sog. Self-Publishing, der voranschreitende Untergang des Verlagswesens prognostiziert. Zwar werden sicherlich die Bedeutung und der Umfang dieser Publikationsart zunehmen; die Verlagsbranche gänzlich ihrer Notwendigkeit zu berauben vermag diese jedoch nicht. Um eine Abgrenzung des Verlages zum Self-Publishing zu erreichen, wird der Verlag eine intensivere Arbeit am eigenen Verlagsprofil und den qualitativen Anforderungen an die Verlagswerke vornehmen müssen, wodurch das Lektorat stetig mehr an Bedeutung gewinnen wird.[572]

In Zusammenhang mit dem vorangehenden Vertrauensgesichtspunkt führt auch der Börsenverein des Deutschen Buchhandels „*die qualitative Kuratierung von hochwertigen Inhalten*“ in diesem Zusammenhang an, weswegen ein Nebeneinander des Selbst- und Verlags-Publizierens prognostiziert werden kann. Ob und in welcher Ausprägung sich konkret das Self-Publishing auf das zukünftige Verlagsgeschäft tatsächlich auswirken wird, kann zum jetzigen Zeitpunkt nicht vorhergesagt werden.[573] Dies wird allein die Zukunft zeigen.

4. Keine generelle Verdrängung des physischen Buches

Ebenso wenig darf die Verdrängung des Mediums „*Buch*“ durch die zahlreichen digitalen Angebote vorschnell angenommen werden. Dies wird dadurch deutlich, dass Bücher häufig als Primärquelle für digital aufbereitete Informationen

---

570 *Ulmer* in: Ulmer-Eilfort/Obergfell, VerlG, F, Rn. 478.

571 *Ulmer* in: Ulmer-Eilfort/Obergfell, VerlG, F, Rn. 476.

572 *Ulmer* in: Ulmer-Eilfort/Obergfell, VerlG, F, Rn. 524.

573 *Börsenverein des Deutschen Buchhandels*, Mediendossier, Verlage in Deutschland 2018, S. 6, abrufbar unter: https://www.boersenverein.de/presse/mediendossiers/medien dossier-verlage/ (letzter Zugriff am 18.11.2020).

dienen.[574] Nicht selten schafft es zudem ein buchbasierter Film bzw. eine buchbasierte Serie, den Konsumenten in die Buchhandlung – digital wie analog – zu führen, um das dem Filmwerk zugrundeliegende Buch zu erwerben.[575]

Entscheidend für die zukünftige Bedeutung des physischen Buches ist die Differenzierung zwischen den Verlagstypen. Im Fachverlag sind physische Werke zwar noch vorhanden, jedoch nehmen die elektronischen Publikationen deutlich zu und stellen bereits einen erheblichen Anteil am Umsatz dar; beim Publikumsverlag sind elektronische Publikationen demgegenüber noch seltener zu finden, da das physische Buch hier noch im Vordergrund steht.[576] Hinzukommt, dass Abstand von dem Szenario eines generell das physische Buch substituierten Zustandes genommen und vielmehr ein grundsätzliches Nebeneinander von Buch und digitalem Verlagswerk in den Blick werden muss. Mitunter führt dieser Umstand dazu, dass Verlage eine parallele Produktion von physischem und digitalem Werk vornehmen müssen, wodurch die erforderlichen Verlagsleistungen sowie die Produktionskosten eines Werkes erheblich steigen können.[577]

IV. Zwischenergebnis

1. Umfangreiche Verlagsleistungen

Die vorangehenden Ausführungen haben gezeigt, dass die organisatorischen, wirtschaftlichen und technischen Leistungen der Verlage vielfältig sind. Allein ein passendes Werk zu finden und dieses sodann in einer der Zielgruppe angemessenen Art und Weise aufzubereiten, erfordert ein geschultes Marktverständnis. Zudem muss bei der Betrachtung der verlegerischen Leistung stets danach differenziert werden, welcher Bereich des Verlagswesens beurteilt werden soll: die Leistungen im Belletristik-Bereich unterscheiden sich mitunter deutlich von denen im Fachbuchbereich.

Die zweiteilige Funktion des Verlages in der Erstellung und der Finanzierung des Verlagsprojektes hat vor allem in der ersten Funktion durch die technischen Neuerungen grundlegende Änderungen erfahren. Durch das Bedürfnis der Nutzer nach digitalen (Zusatz-) Inhalten musste sich das Verlagswesen neu aufstellen

574 So auch zum Ende des 20. Jahrhunderts *Heker* ZUM 1995, 97 (97).

575 *Unwin*, Das Berufsbild des Verlagsbuchhändlers, S. 5.

576 *Henschel/Friedrich*, Verlagshäuser 2020, S. 4, abrufbar unter: https://www.goetzpartners.com/uploads/tx_gp/2010_goetzpartners_Verlagshaeuser_2020.pdf (letzter Zugriff am 19.11.2020).

577 *Ulmer* in: Ulmer-Eilfort/Obergfell, VerlG, F, Rn. 519.

und diesen Bedürfnissen der Nutzer gerecht werden. Bei einer solchen digitalen Transformation hat der Verleger erhebliche organisatorische, wirtschaftliche und technische Leistungen zu erbringen.[578] Der technische und zeitgeistige Wandel der Gesellschaft hat auch bewirkt, dass andere Maßstäbe über den Erfolg eines Verlagswerkes entscheiden. Statt des Zeitpunktes der Veröffentlichung treten die Wahl des Veröffentlichungsmediums und die Interaktion mit dem (potenziellen) Leser in den Vordergrund.

2. *Auswirkungen der Digitalisierung auf die verlegerische Leistung*

Dass sich Verleger als Verlierer der Digitalisierung kennzeichnen lassen, kann nicht bestätigt werden. Zwar stehen einige der digitalen Angebote sowie die Modalitäten der damit verbundenen Vermarktung noch am Anfang, angesichts der zahlreichen digitalen Leistungsangebote hat der Verleger des 21. Jahrhunderts grundsätzlich seine neue, moderne Ausrichtung gefunden. Als Beispiel hierfür ließe sich anführen, dass sich bei einem britischen Unternehmen z.B. personalisierte Kinderbücher bereits online erstellen lassen.[579]

Die Nutzung neuer, digitaler Kommunikationsplattformen ist eine Chance für Verlage, mit den Lesern in Kontakt zu treten und über das Produktangebot direkt in einer persönlichen Atmosphäre zu informieren. Die Möglichkeit, den Leser sogar direkt durch Interaktionen mit einzubeziehen, kann zur Kundenbindung beitragen. Der schmale Grat zwischen gelungener und peinlicher, zwanghaft modern wirkender Interaktion sollte dabei beachtet werden. Damit interessierte Nutzer das umfängliche Verlagsangebot überblicken können und auf die zahlreichen digitalen Zusatzangebote aufmerksam gemacht werden, sollte der Verlag auf eine transparente, übersichtliche und leicht verständliche Aufbereitung der Verlagsprodukte setzen. Neue digitale Kommunikationsmedien sollten durch den Verlag für eine persönliche Interaktion wie Kommunikation mit dem Leser im Zusammenhang mit dem jeweiligen Verlagswerk angemessen genutzt werden.

3. *Demokratiebedeutsame Verlegerleistung*

Angesichts der gesellschaftlichen Skepsis, welchen Informationsquellen vertraut werden kann, kommt den Verlagen eine maßgebliche Rolle zu. Als Garant für

578 So auch *Hey* ZUM 2020, 107 (108).

579 Webseite des Anbieters „Wonderbly" abrufbar unter: https://www.wonderbly.com/de (letzter Zugriff am 18.11.2020).

Vertrauen und Verlässlichkeit, auf Basis eines über Jahrhunderte etablierten Verlagswesen, liefern sie die Grundlage dafür, den Nutzern eine als vertrauensvoll eingestufte Quelle zur Seite zu stellen. Die Bedeutung der verlegerischen Leistung für die Demokratie, eine Grundlage für die Meinungsbildung im Sinne des Art. 5 Abs. 1 GG darzustellen, ist für eine demokratische Gesellschaftsordnung schlechthin unverzichtbar. Die Verbreitung von Verlagswerken ist ein gewichtiger Beitrag zum gesellschaftlichen Diskurs. Dadurch erhält die in dem Verlagswerk verkörperte Meinungsäußerung die Möglichkeit, neue Sichtweisen oder Argumentationen in die Debatte einzuführen. Auf der anderen Seite werden interessierten Leser weitere Informationsquellen zur Verfügung gestellt und in die Lage versetzt, auf verschiedenen Aspekten basierend sich eine Meinung bilden zu können.

Abschließen lässt sich dieser Überblick mit folgendem, die Verlagsleistung treffend charakterisierenden Zitat *Heinolds*: *„Sie bleibt, was sie immer war: die Kunst kreativer und effektiver Kommunikation, die für eine demokratische Gesellschaft grundlegend ist“*.[580]

C. Zukunftsvisionen zum Verleger

I. Der Verleger der Zukunft

In Zeiten, in denen jeder Interessierte bereits heute bereits mit geringem Aufwand seine eigene Webseite, seinen eigenen Server und seine eigene Werbekampagne durch targeted Social-Media-Werbung betreiben kann,[581] stellt sich die Frage, ob es überhaupt noch eine schützenswerte Leistung des Verlegers gibt. Ausgelöst durch weitere zukünftige technische Neuerungen könnte die Notwendigkeit für einen Verleger versiegen. Wäre dieser Entbehrlichkeit des Verlegers zuzustimmen, wäre eine Diskussion zur Einführung eines originären Verlegerrechtes weitestgehend unnötig und würde lediglich eine ehemals als schutzwürdig erachtete Leistung ohne Beachtung der aktuellen Entwicklungen sowie ohne eine sachliche Rechtfertigung stoisch zu schützen versuchen.

Für die Einführung eines originären Rechtes in Form eines Leistungsschutzrechtes würde dies bedeuten, dass im Falle kaum ins Gewicht fallender

---

580 *Heinold*, Bücher und Büchermacher, S. 5.

581 Instruktiv zum Social-Media-Advertising auf Facebook und Instagram siehe *Jakob*, Hier könnte Ihre Werbung stehen, abrufbar unter: https://www.kulturmanagement.net/Themen/Social-Media-Advertising-auf-Facebook-und-Instagram-Hier-koennte-Ihre-Werbung-stehen,4152 (letzter Zugriff am 18.11.2020).

organisatorischer, technischer und wirtschaftlicher Investitionen, die rechtliche Schutzwürdigkeit entfallen würde.[582] Zu Recht führt *Kauert* diesen Gedanken an und stellt eine Herangehensweise in Frage, die eine aktuelle Bewertung der erbrachten Leistungen außer Acht lässt.[583] Für das Jahr 2008 resümiert *Kauert* (leider ohne eine tiefgehende Begründung), dass „*kein begründeter Zweifel an den insgesamt hohen Aufwendungen der Werkmittler*" bestehen.[584] Wie die Situation durch den Einfluss künstlicher Intelligenz aussieht, ist damit keinesfalls beantwortet.

II. Künstliche Intelligenz (KI) und das Verlagswesen

Eine eingehende Auseinandersetzung mit den Rechtsfragen, die der Einsatz künstlicher Intelligenz (KI) insbesondere auf das Urheberrecht haben wird, würde den Rahmen der vorliegenden Untersuchung übersteigen.[585] Der nachfolgende Abschnitt soll für die Forschungsfrage dieser Arbeit im Überblick nur Aufschluss darüber geben, ob der Einsatz der KI an der vorangehend festgestellten Notwendigkeit einer verlegerischen Leistung grundlegend etwas ändert.

1. Die Eigenschaften künstlicher Intelligenz

Waren im bisherigen Verlauf der Diskussion über ein eigenes Verlegerrecht insbesondere die neuen Vervielfältigungsmöglichkeiten durch die fortschreitende technische Entwicklung ausschlaggebend, bringt die Zukunft, bzw. eigentlich schon die Gegenwart,[586] gänzlich neuartige und kaum vollständig absehbare Dimensionen technischer Einsatzmöglichkeiten mit sich. KI und das damit voranschreitende selbstständige Agieren softwaregesteuerter Maschinen wird nicht nur die Technik in ein neues Zeitalter bringen, sondern das gesamte Zusammenleben einer Gesellschaft prägen.[587] Im Weber-Rechtswörterbuch wird KI „*als automatisiertes intelligentes Verhalten sowie die Fähigkeit von Maschinen, menschliches Entscheidungsverhalten durch komplexe Algorithmen zu imitieren,*"

582 *Kauert,* Das Leistungsschutzrecht des Verlegers, S. 79.

583 *Kauert,* Das Leistungsschutzrecht des Verlegers, S. 79.

584 *Kauert,* Das Leistungsschutzrecht des Verlegers, S. 80.

585 Siehe hierzu eingehend *Scheufen* in: Leupold/Wiebe/Glossner, IT-Recht, Teil 9.6.2 sowie *Heinze/Wendorf* in: Ebers/Heinze/Krügel/Steinrötter, Künstliche Intelligenz und Robotik, § 9.

586 Zu den rechtlichen Berührungspunkten einer KI bzgl. des Zivilrechts siehe beispielhaft *Jakl* MMR 2019, 771.

587 Siehe beispielsweise *Herberger* NJW 2018, 2858.

definiert.[588] Einen großen Nutzen birgt die Nutzung einer KI für die Analyse der Leserinteressen und der daraus gewonnenen Möglichkeit, individuell angepasste Angebote an den Kunden zu stellen.[589]

2. *Erforderlichkeit des Verlegers*

Wenn nun die Notwendigkeit eines originären Verlegerrechts erörtert wird, könnten Kritiker anführen, dass durch künstliche Intelligenz und deren Einsatzmöglichkeiten erst recht der Verleger als solcher nicht mehr schützenswert ist. Organisatorische Vorfeldmaßnahmen einer Veröffentlichung, deren Lektorat, beispielsweise sogar die Überprüfung und Erarbeitung eines Bildungskonzeptes in Übereinstimmung mit den jeweiligen Bildungsvorgaben der Bundesländer ließen sich zukünftig höchst wahrscheinlich in Zusammenarbeit mit einer KI durchführen. Bereits seit 2018 führt der Börsenverein des deutschen Buchhandels an, dass KI im Rahmen der Analyse von Texten sowie dem Lektorat Anwendung findet, jedoch die Einbindung der KI in die Verlagsarbeit noch in den Startlöchern stehe.[590] Die im vorangehenden Kapitel dargelegten verlegerischen Leistungen sind auch weiterhin erforderlich und können durch den Einsatz einer künstlichen Intelligenz nach aktuellem Stand der Wissenschaft lediglich unterstützt werden.

a) *Anlernen der KI*

Dass durch eine KI ein originäres Verlegerrecht seine Notwendigkeit einbüßen sollte, ist aber nicht zu erkennen. Sogar das Gegenteil ist der Fall: Um eine KI in die Lage zu versetzen, die aufgezeigten Leistungen eines Verlegers übernehmen zu können, erfordert dies das Anlernen dieser Intelligenz. Da dies neben der erforderlichen technischen Grundstruktur, dem Know-how von spezialisierten Informatikern auch gerade einen erheblichen finanziellen Aufwand erfordert, kommen die besonders schutzwürdigen Maßnahmen des Verlegers wieder zum Tragen. Noch wichtiger ist, dass das Anlernen einer KI bestmöglich lediglich dann geschehen kann, wenn der Anlernende über einen entsprechenden

588 *Groh* in: Weber-Rechtswörterbuch, unter „Künstliche Intelligenz“.

589 *Börsenverein des Deutschen Buchhandels*, Mediendossier, Verlage in Deutschland 2018, S. 5, abrufbar unter: https://www.boersenverein.de/presse/mediendossiers/medien dossier-verlage/ (letzter Zugriff am 18.11.2020).

590 *Börsenverein des Deutschen Buchhandels*, Mediendossier, Verlage in Deutschland 2018, S. 5, abrufbar unter: https://www.boersenverein.de/presse/mediendossiers/medien dossier-verlage/ (letzter Zugriff am 18.11.2020).

Erfahrungsschatz verfügt. Einen solchen Erfahrungsschatz kann ein einzelner Mensch kaum aufweisen, wenn zum optimalen Anlernen einer KI Millionen Datensätze eingearbeitet werden müssen.[591] Diesen Erfahrungsschatz weisen etablierte, über lange Jahre tätige Verlage in herausragendem Maße auf.

b) Qualitätsgarant

Die im vorangehenden Abschnitt ausgeführte Funktion des Verlegers als Qualitätsgarant bleibt weiterhin bestehen. Insbesondere durch eine zunehmende Anzahl an Texten, die eine KI erschaffen kann, so wie aktuell bereits bezüglich einfach Wetter- oder Sportberichte, kommt der Verortung dieses Textes eine entscheidende Bedeutung zu.[592] Das Anlernen einer KI durch einen für Qualität bekannten Verleger, kann dem Nutzer eine Orientierung dafür sein, die Vertrauenswürdigkeit des Inhalts und der darin enthaltenen Fakten zu beurteilen. Nicht unwahrscheinlich erscheint aus diesem Grund mit *Ulmer* ein prognostizierter Bedeutungszuwachs der herkömmlichen Autorenschaft im Gegensatz zu durch KI geschaffener Texte.[593]

III. Zwischenergebnis

Auch die weiter voranschreitende Verbreitung und Implementierung einer künstlichen Intelligenz wird die Tätigkeit des Verlegers nicht entbehrlich werden lassen. Kundenbindung, Werkauswahl, Verlagsprogrammentwicklung sowie Erweiterung der Verlagsleistungen müssen auch unter Einsatz einer künstlichen Intelligenz vorgenommen werden. Um effektiv eine künstliche Intelligenz einsetzen zu können, sind die technische Infrastruktur, Kenntnisse und Datensätze des Verlegers zum Anlernen einer solchen, Voraussetzung für eine dem Verlagswesen dienenden, künstlichen Intelligenz. Sämtliche Schutzgründe für die verlegerische Leistung liegen auch bei dem stetig wachsenden Einfluss von KI vor. Unter diesem Gesichtspunkt eine ablehnende Haltung gegenüber einem originären Verlegerrecht einzunehmen, verfängt daher nicht. Eine künstliche Intelligenz wird nicht anstelle, sondern gemeinsam mit dem Verleger die verlegerische Leistung erbringen.

---

591 Vgl. hierzu *Socher*, Wie deutsche Firmen KI nutzen können, Frankfurter Allgemeine Zeitung vom 4.12.2018, abrufbar unter: https://www.faz.net/aktuell/wirtschaft/digitec/kuenstliche-intelligenz-kann-die-gesellschaft-von-grund-auf-veraendern-15923765.html?printPagedArticle=true#pageIndex_2 (letzter Zugriff am 30.1.2020).

592 *Ulmer* in: Ulmer-Eilfort/Obergfell, VerlG, F, Rn. 512, 513.

593 *Ulmer* in: Ulmer-Eilfort/Obergfell, VerlG, F, Rn. 516.

D. Die Interessensgemeinschaft von Urheber, Verleger, Leser und Allgemeinheit

Unter der Prämisse, dass das Urheberrecht die Leistungen des Urhebers schützen soll,[594] jedoch in Form der verwandten Schutzrechte originäre Rechte weiterer Beteiligter normiert sind, ist eine nähere Betrachtung dieser Leistungen notwendig. Dies erfordert, dass die maßgeblichen Interessen der beteiligten Akteure dargestellt und letztlich miteinander abgewogen werden, sodass nicht ein Interesse vordergründig beachtet wird.[595]

I. Die Verlagsleistung als demokratietheoretisches Erfordernis

Allein die Fertigstellung eines Werkes im Sinne des § 2 UrhG führt noch nicht dazu, dass die interessierten Kreise hiervon Kenntnis erlangen. Die Erstellung des Werkes ist lediglich der mögliche Beginn des kulturellen Einflusses eines Geisteswerkes. Vergleichbar mit Werken der Kunst, bei denen zwischen dem Werk- und Wirkbereich unterschieden wird und explizit beides unter den grundgesetzlichen Schutz der Kunstfreiheit nach Art. 5 Abs. 3 GG fällt,[596] ist die Verwertung und Vermittlung - der Wirkbereich - zwischen Schöpfer und interessierten Nutzern von entscheidender Bedeutung. Zum Wirkbereich zählt sowohl die Vermittlung wie auch die Vermarktung des Kunstwerkes als kommunikatives Element der Kunstfreiheit.[597] Im Buchwesen ist der sog. Leistungs(ver-)mittler des Buchwerkes der Verleger, der mitunter Literaturwerke verbreitet, die als Kunst gelten. Darüber hinaus ist es das Endergebnis der verlegerischen Leistung, welches aufgrund seiner qualitäts- sowie verlässlichkeitssichernden Funktion den einzelnen Menschen bei der Meinungsbildung erheblich unterstützt. Insbesondere Informationen aus Fachpublikationen und erzählende Sachbücher bilden die (fachliche) Grundlage der Ausübung von Meinungsfreiheit. Zusätzlich dazu kann auch der belletristischen Literatur eine Form der Meinungsäußerung zu entnehmen sein, wenn in fiktionaler Geschichtserzählung gesellschaftliche Themen aufgearbeitet werden.[598]

594 Siehe nur BT-Drs. IV/270, S. 98.
595 Vgl. ebenso *Hilty* GRUR 2005, 819 (826).
596 *Kempen* in: BeckOK Grundgesetz, Art. 5 Rn. 168.
597 *Kempen* in: BeckOK Grundgesetz, Art. 5 Rn. 170.
598 Beispielsweise ließe sich auf den Roman "Adler und Engel" von *Juli Zeh* Bezug nehmen, in dem das Völkerrecht und seine Wirkung geschichtsleitend ist.

Als schlechthin konstituierendes Grundrecht einer demokratischen Grundordnung kommt der Meinungsbildung und mittelbar damit dem Verleger eine unersetzbare demokratietheoretisch begründete Rolle zu.[599]

II. Die Interessen des Urhebers an der verlegerischen Leistung

Die rechtliche Stellung des Urhebers wird in § 11 S. 1 UrhG, als Ausdruck der sog. monistischen Theorie normiert: Hiernach sind Urheberpersönlichkeits- sowie Verwertungsrechte gleichermaßen der Kern eines einheitlichen Urheberrechtsschutzes.[600] Wenn es um den vermögensrechtlichen Aspekt des Urheberrechtsschutzes geht, hat dieser seine verfassungsrechtliche Grundlage in Art. 14 GG,[601] wohingegen das Urheberpersönlichkeitsrecht spezielle Ausprägung des allgemeinen Persönlichkeitsrechtes ist, Art. 1 Abs. 1 i.V.m. Art. 2 Abs. 1 GG.[602] Zu den urheberpersönlichkeitsrechten Ausprägungen zählen das Recht auf Veröffentlichung gemäß § 12 UrhG, das Recht auf Anerkennung der Urheberschaft gemäß § 13 UrhG sowie das Recht auf Verbot einer beeinträchtigenden Werkentstellung gemäß § 14 UrhG.

Die Tätigkeit einer vermittelnden Person wie die eines Verlegers hat für den Urheber damit sowohl ideelle wie auch finanzielle Zwecke. Grundlegend ist dabei, dass die Leistungsvermittler in erheblicher Art und Weise dafür verantwortlich sind, ob die Verwertung eines Werkes gelingt.[603]

1. Bestmögliche Verbreitung und Verwertung des Werkes

a) Ideelle Zwecke

Als Schöpfer eines Geisteswerkes kann es zwar mitunter vorkommen, dass das schlichte Verfassen des Werkes die alleinigen Interessen des Urhebers bereits erfüllt. In der Regel ist dem Urheber an einer möglichst umfassenden Verbreitung und daran anschließenden Kenntnisnahme gelegen. Erst dadurch ist der Einfluss auf einen Diskurs und das Entstehen einer gesellschaftlichen wie

599 Zur Bedeutung der Meinungsfreiheit für die Demokratie siehe BVerfG NJW 1958, 257 (258).

600 *Wandtke* in: Wandtke/Bullinger, UrhR, Einl. Rn. 15; *Nordemann/Nordemann/Czychowski/Fromm/Nordemann/Nordemann/Vinck/Hertin* in: Fromm/Nordemann, Urheberrecht, § 11 Rn. 1ff.

601 Vgl. BVerfG GRUR 2011, 223 – Rn. 14ff. – Drucker und Plotter.

602 *Götting* in: Loewenheim, Handbuch des Urheberrechts, § 3 Rn. 2.

603 *Windisch* GRUR 1980, 504 (505).

kulturellen Debatte möglich. Ideelle Zwecke, die sich auf eine Beteiligung und eine Mitwirkung im Rahmen eines Diskurses beziehen, kommen vor allem im Bereich der Wissenschaft vor. Wissenschaftliche Ausführungen sind für ein breites Publikum ausgelegt, um den eigenen Lösungsansatz und die veranschaulichte Problemstellung in eine Diskussion einzubringen; der finanzielle Aspekt einer Verbreitung tritt dabei stärker in den Hintergrund als in den sonstigen Bereichen.[604] Zu den weiteren Interessen des Urhebers zählen insbesondere die Nennung seines Namens bei Verbreitungshandlungen sowie die Möglichkeit, sich gegen entstellende sowie verändernde Maßnahmen zur Wehr setzen zu können.[605]

b) *Finanzielle Zwecke*

Nicht minderbedeutend ermöglicht die Verbreitung und Vermittlung durch einen hierauf spezialisierten Leistenden die bestmögliche Chance auf möglichst hohe Verkaufseinnahmen.[606] Vor diesem Hintergrund kommt der Vermittlertätigkeit entscheidende Bedeutung für den Urheber zu.[607]

Wenn es um die Verwertung eines Geisteswerkes geht, ist die (finanzielle) Bedeutung der Vermittlertätigkeit in erheblichem Maße auch davon abhängig, in welchem Staatssystem die Beurteilung stattfindet. Wird in einem insbesondere als Mäzensystem ausgestalteten Herrschaftsbereich der Urheber direkt durch einen Mäzen bzw. durch eine staatliche Stelle für seine Tätigkeit finanziell entlohnt, ist dies in einem kapitalistischen System nicht der Fall.[608]

In einem Mäzensystem tritt die finanzielle Bedeutung der Vermittlertätigkeit für den Urheber gänzlich in den Hintergrund, da die Entlohnung gesichert ist.

Der Urheber ist außerhalb eines solchen Herrschaftssystems, ergo in der Situation im 21. Jahrhundert, grundsätzlich selbst dafür verantwortlich, sein Werk derart anzubieten und zu verbreiten, dass es den Absatz erreicht, der eine zum Lebensunterhalt ausreichende finanzielle Entlohnung ermöglicht. Hierzu tritt nun eine als Vermittler tätige Institution oder Person, der Verleger, auf, der dem Urheber hierbei unterstützend beiseite steht und die Vermittlung und

---

604 *Herweg* ZUM 2020, 95 (99); *Szilágyi*, Leistungsschutzrecht für Verleger?, S. 32.
605 *Hubmann*, Urheber- und Verlagsrecht, S. 46.
606 *Szilágyi*, Leistungsschutzrecht für Verleger?, S. 32; *Hubmann*, Urheber- und Verlagsrecht, S. 44f.; *Loewenheim* in: Schricker/Loewenheim, Urheberrecht, Einl. Rn. 13.
607 *Hilty*, Verbotsrecht vs. Vergütungsanspruch, in: FS Schricker, S. 352.
608 *Hubmann*, Urheber- und Verlagsrecht, S. 44.

Verbreitung des Geisteswerkes übernimmt.[609] Um konkret zu beurteilen, welchen Stellenwert dieser finanzielle Aspekt für den Urheber einnimmt, darf auch dessen berufliche Stellung nicht außer Acht gelassen werden. Als angestellter Urheber mit einem Festgehalt wirken sich ausbleibende Verkaufserlöse nicht direkt auf das Gehalt aus, wobei im Fall einer Mehrung mangelnden Verkaufserlöses sicher mittelbar das Gehalt verringert wird. Ganz anders ist die Situation bei einem freischaffenden, selbstständigen Urheber, der ohne ein geregeltes monatliches Einkommen auf eine erfolgreiche, erlöserzielende Verbreitung und Vermittlung seines Werkes angewiesen ist.[610]

Für das Buchwesen sind die Verlage wesentlich an dem Aufkommen einer Vergütung für den Urheber beteiligt und für dessen wirtschaftliches Auskommen von entscheidender Bedeutung.[611]

2. *Unverfälschte Werkvermittlung*

Es ließe sich nun einwenden, dass es für den Urheber unerheblich sei, wer die Vermittlung vornimmt – ob rechtmäßiger oder unrechtmäßiger Verleger. Gerade für den Urheber ist es aber von entscheidender Bedeutung, dass sein Werk in der seiner Leistung angemessenen Art und Weise sowie insbesondere ohne Verfälschungen oder sonstige Qualitätsverluste verlegt wird.[612] Zu denken ist auch an eine Veröffentlichung in einem unseriösen, dem Ruf des Urhebers abträglichen Medium.

Der Schutz der Leistung durch den rechtmäßigen Verleger und der Untersagung hierin eingreifender Handlungen Dritter liegt somit in nicht unerheblichem Maße auch im Interesse des Urhebers.[613] An einem effektiven Vorgehen gegen Leistungsübernahmen, die möglicherweise die Ausführungen des Autors verfälschen bzw. aus dem Kontext reißen könnten und ihn in einem falschen Licht erscheinen ließen, mit der Folge eines Reputationsverlustes, ist dem Urheber sehr gelegen und dieser befürwortet einen solchen Schutz daher.

---

609 *Kreile/Becker* GRUR Int. 1994, 901 (901); *Hanewinkel*, Ausschluss der Abtretbarkeit gesetzlicher Vergütungssprüche, S. 178f.

610 So auch *Szilágyi*, Leistungsschutzrecht für Verleger?, S. 32.

611 *Rehbinder* UFITA 71 (1974), 53 (62); *Hanewinkel*, Ausschluss der Abtretbarkeit gesetzlicher Vergütungssprüche, S. 179.

612 Zu diesem bereits zu Beginn des Nachdruckzeitalters zum 16. Jahrhundert aufkommenden Bewusstsein siehe Kap. 3. C. I.

613 *Schorn* GRUR 1978, 230 (231).

III. Die Interessen der Allgemeinheit

1. Kulturelle Vielfalt

Das gemeinsame Fundament eines gesellschaftlichen Zusammenschlusses ist der kulturelle Besitz und die kulturelle Identität. Zu diesen Allgemeininteressen zählt demzufolge das möglichst umfassend auszulegende und bestenfalls grenzenlose Verlangen nach einem Zugang zu Geisteswerken.[614]

Werden nur wenige Werke angefertigt und verbreitet, entsteht eine dem angestrebten umfassenden, reichen Kulturleben abträgliche Situation, die negative Wirkungen auf das wissenschaftliche Fortkommen einer Gesellschaft haben kann.[615] Darüber hinaus vermag nur eine diverse kulturelle Vielfalt eine möglichst hohe Chance bieten, die Einzelinteressen der Menschen abzubilden und zu befriedigen.[616] Der Urheberrechtsschutz dient auch der Gewährleistung von kultureller Vielfalt.[617] Der Gesetzgeber ist dabei in Anbetracht der sich verfassungsrechtlich aus Art. 14 GG ergebenden Sozialbindung des Eigentums dazu verpflichtet, insbesondere die Gewährung einer ausschließlichen Rechtsposition mit den dabei tangierten, schutzwürdigen Allgemeininteressen abzuwägen.[618] Eine rechtliche Ausgestaltung darf nicht dazu führen, dass sich Monopole bilden und hierdurch die Inanspruchnahme der dabei angefertigten Leistung durch den Monopolisten erheblich beeinträchtigt wird.[619] Was genau ein im Allgemeinbelang liegendes Interesse darstellt, muss sorgfältig anhand des Schutzgrundes des Urheberrechts abgewogen und beurteilt werden.[620] Als Allgemeinbelang kann dabei nur die Förderung des geistigen und kulturellen Wertes angesehen werden, nicht aber Belange der öffentlichen Hand, wie beispielsweise in Gestalt rein fiskalischer Aspekte.[621]

---

614 So auch *Schröer,* Der unmittelbare Leistungsschutz, S. 189; *Rehbinder* UFITA 71 (1974), 53 (57).

615 *Szilágyi*, Leistungsschutzrecht für Verleger?, S. 32f.

616 *Schröer,* Der unmittelbare Leistungsschutz, S. 189; *Schneidinger,* Der Leistungsschutz, S. 81.

617 *Loewenheim* in: Schricker/Loewenheim, Urheberrecht, Einl. Rn. 17.

618 *Loewenheim* in: Schricker/Loewenheim, Urheberrecht, Einl. Rn. 17. Siehe auch BVerfG GRUR 1982, 45 – Pflichtexemplare.

619 *Rehbinder* UFITA 71 (1974), 53 (57).

620 *Reischl* UFITA 45 (1965), 1 (3), wobei es dort konkret um die Auslegung des Begriffs „*Belange der Allgemeinheit*" im Rahmen der urheberrechtlichen Schranken geht.

621 *Reischl* UFITA 45 (1965), 1 (3).

Durch die Verbreitung erlangt das Geisteswerk eine höhere Sichtbarkeit und gelangt durch die Vernetzung sowie umfassenden Verbreitungsmaßnahmen des Verlegers an einen größeren Personenkreis als dies der Urheber allein bewirken könnte. Dieser Beitrag des Verlegers hat entscheidenden Einfluss auf die „*Weiterentwicklung der Literatur, der Wissenschaft und der Kunst*".[622] Das Bundesverfassungsgericht bezeichnet die Wirkung der verlegerischen Publikation als „*Eigenleben*" des Druckwerkes: „*Es bleibt nicht nur vermögenswertes Ergebnis verlegerischer Bemühungen, sondern wirkt in das Gesellschaftsleben hinein. Damit wird es zu einem eigenständigen, das kulturelle und geistige Geschehen seiner Zeit mitbestimmenden Faktor.*"[623] Aufgrund dieser maßgeblichen Rolle für den Kulturbetrieb kann der Verleger als unerlässlich zum Erhalt einer Kulturbranche angesehen werden; würde es der Allgemeinheit andernfalls doch an kulturellen Werken fehlen.[624]

2. *Innovationsanreiz*

Darüber hinaus hat die Allgemeinheit ein Interesse an innovativen, neuartigen und nützlichen Leistungen. Dadurch, dass Leistungsergebnisse geschützt werden, werden andere leistungsbereite Akteure angespornt, ihrerseits neue Produkte zu entwickeln, um wirtschaftlich partizipieren zu können.[625]

3. *Wirtschaftliche Bedeutung für die Gesamtwirtschaft*

Neben der finanziellen Bedeutung für den einzelnen Nutzer darf die wirtschaftliche Bedeutung des Verlagswesens für die Gesellschaft insgesamt nicht außer Acht gelassen werden. Die rund 3000 deutschen Buchverlage mit ca. 25.000 Beschäftigten stellen nicht nur einen bedeutsamen Arbeitgeber dar, sie erwirtschafteten 2018 in Deutschland auch 5,14 Mrd. Euro Umsatz (rund 3,7 % am Gesamtumsatz der deutschen Unternehmen).[626]

---

622 *Kreile/Becker* GRUR Int. 1994, 901 (901), die die Verleger zu den „*schöpferischen Menschen*" zählen; *Allenstein,* Leistungsschutzrechte für Verleger unter besonderer Berücksichtigung der EU-Datenbankrichtlinie, S. 8; *Obergfell* GRUR 2019, 992 (993f.).

623 BVerfG GRUR 1982, 45 (48) – Pflichtexemplare.

624 BVerfG GRUR 1982, 45 (48) – Pflichtexemplare; *Szilágyi,* Leistungsschutzrecht für Verleger?, S. 31; *Kreile/Becker* GRUR Int. 1994, 901 (901).

625 *Schröer,* Der unmittelbare Leistungsschutz, S. 189.

626 *Börsenverein des Deutschen Buchhandels,* Mediendossier, Verlage in Deutschland 2018, abrufbar unter: https://www.boersenverein.de/presse/mediendossiers/mediendossier-verlage/ (letzter Zugriff am 12.11.2020).

IV. Die Interessen des einzelnen Lesers

Von dem soeben dargestellten Interesse der Allgemeinheit muss das Interesse des einzelnen Nutzers getrennt betrachtet werden. Zwar ist auch dem einzelnen Nutzer an einer im Allgemeininteresse liegenden, kulturellen sowie Innovation fördernden Vielfalt gelegen.[627] Jedoch sind für den Nutzer auch anderweitige Aspekte wichtig: bei der Entscheidung eines interessierten Nutzers, ein Werk zu erwerben, spielen die dabei anfallenden Kosten keine unerhebliche Rolle.[628] Je geringer der Preis, desto höher ist die Wahrscheinlichkeit des Erwerbes.[629] Eine pauschale Aussage darüber, dass Nutzer überwiegend nach inhaltlicher Qualität oder aber nach dem Preis des Werkes ihre Entscheidung fällen, kann nicht getroffen werden, sodass vielmehr je nach konkreter Situation eine einzelfallbezogene Interessenabwägung durchgeführt werden sollte.[630] Dem Nutzer ist somit an einem möglichst ungehinderten, günstigen Zugang zu Kulturgütern sowie der Möglichkeit, Verwertungshandlungen umfassend durchführen zu können, gelegen.[631]

V. Die Interessen des Verlegers

1. *Die allgemeinen Leistungen des Vermittlers „Verleger"*

Ein Vermittler erbringt in der Regel keine schöpferische Leistung im engeren Sinne, deswegen kommt es ihm auch nicht auf urheberspezifische Interessen an. Vielmehr hat der Vermittler erhebliche Leistungen unternommen, ein fremdes Werk aufzubereiten, zu verbreiten und zu vermarkten – schlicht ein gesamtes Verlagskonzept zu entwickeln. Dabei ist es erforderlich, dass er eine umfangreiche personelle, technische und räumliche Gegebenheit zur Verfügung stellt.[632] Technische Neuerungen haben dabei die Leistungen eines Vermittlers in

---

627 Von einer anzustrebenden „*optimalen subjektiven Bedürfnisbefriedigung*" spricht *Schneidinger,* Der Leistungsschutz, S. 81.

628 *Schröer,* Der unmittelbare Leistungsschutz, S. 189.

629 Vgl. hierzu beispielsweise die Studie aus dem Jahr 2012 bezüglich des Kaufverhaltens im Rahmen von Onlineangeboten: *Lischka/Hutter/Rademacher,* Was sind Online-Inhalte wert?: Determinanten der Kaufentscheidung für redaktionelle Paid Content-Produkte, abrufbar unter: https://www.zora.uzh.ch/id/eprint/96370/1/Lischka_Hutter_Rademacher_2012_Was_sind_Online-Inhalte_wert.pdf (letzter Zugriff am 11.11.2020), S. 18.

630 *Schröer,* Der unmittelbare Leistungsschutz, S. 189.

631 *Loewenheim* in: Schricker/Loewenheim, Urheberrecht, Einl. Rn. 16.

632 *Kauert,* Das Leistungsschutzrecht des Verlegers, S. 77.

sämtlichen Belangen nicht nur umfangreicher, sondern auch noch bedeutsamer werden lassen.[633] In Anbetracht dieser schnellen technischen Weiterentwicklung und dem damit verbundenen notwendigen ständigen Update von Hard- wie Software fallen allein für den technischen Bereich bereits erhebliche Investitionen im Vorfeld der eigentlichen Leistungserbringung an.[634] Die Bezahlung der Angestellten, vom organisatorischen bis zum redaktionellen sowie technischen Bereich sowie die Kosten für die Zurverfügungstellung einer Arbeitsstätte kommen noch hinzu. Daran schließt sich die eigentliche Arbeit des Vermittlers an, wozu erhebliche Werbe- und sonstige Kosten im Rahmen der Verbreitung eines Werkes anfallen.[635] Damit eine solche Verbreitung von Erfolg gekrönt ist, muss ein gut ausgebautes und auf dem aktuellen Stand gehaltenes Netzwerk vorhanden sein,[636] welches es zu pflegen und auszubauen gilt. Auch hierfür dürfen die finanziellen, wie personellen Aufwendungen nicht unbeachtet bleiben.

2. Die Gefahren für den Vermittler „Verleger“

a) Wirtschaftliche Prognose

Damit er diese Leistungen auch noch in der Zukunft vornehmen kann, muss der Verleger sichergehen können, nicht durch eine leistungsübernehmende Handlung Dritter in seinen prognostizierten Einnahmen erheblich beeinträchtigt zu werden. Die Interessen der Werkvermittler sind somit finanzieller Natur und auf Gewinnerzielung ausgerichtet.[637] Wenn nun dem Verleger für die Kosten, die im Vorfeld und bei der Vermittlungstätigkeit des Verlegers anfallen, die Möglichkeit einer regulären Einnahmengewinnung entzogen wird, ist die wirtschaftliche Prognose und damit die zumindest erforderliche Amortisierung der Kosten bedeutsam gefährdet.[638] Diese unternehmerischen Leistungen des Vermittlers müssen derart rechtlich gesichert werden, dass das Inverkehrbringen des

---

633 *Loewenheim* in: Schricker/Loewenheim, Urheberrecht, Einl. Rn. 15. Zu den umfangreichen Leistungen des Verlegers siehe die Darstellung in Kap. 4 B.

634 So auch *Kauert,* Das Leistungsschutzrecht des Verlegers, S. 77.

635 *Kauert,* Das Leistungsschutzrecht des Verlegers, S. 78.

636 *Kauert,* Das Leistungsschutzrecht des Verlegers, S. 78.

637 *Herweg* ZUM 2020, 95 (97); *Hubmann*, Urheber- und Verlagsrecht, S. 48, 50; *Szilágyi*, Leistungsschutzrecht für Verleger?, S. 32.

638 *Allenstein,* Leistungsschutzrechte für Verleger unter besonderer Berücksichtigung der EU-Datenbankrichtlinie, S. 11.

Leistungsergebnisses mit dem Zweck der Einnahme einer Vergütung gewährleistet wird.[639]

b) Technischer Fortschritt und die Möglichkeit der Leistungsübernahme

In Anbetracht der rasant voranschreitenden technischen Möglichkeiten und dem damit einhergehenden, grundsätzlich jedem Nutzer ohne erhebliche Schwierigkeiten möglichen Kopieren und Übernehmen der Leistungen des Verlegers, ist das Problem der Raubkopie bzw. allgemein der Leistungsübernahme proportional angestiegen.[640] Webseiten, bei denen unzählige E-Books illegal durch einen Download heruntergeladen werden können, existieren in einer Vielzahl.[641]Die sich hieraus ergebenden Probleme für das Verlagswesen lassen sich nach den verschiedenen Teilbereichen unterscheiden. Für den Bereich der Belletristik wurde Ende der 70er Jahre im 20. Jahrhundert nur ein geringer Schaden durch diese unberechtigten Leistungsübernahmen festgestellt.[642] Heutzutage haben zahlreiche weitreichenstarke illegale eBook Plattformen (bei mitunter 800.000 (!) monatlichen Downloads) dazu geführt, dass auch in diesem Bereich den Verlagen stark geschädigt wird.[643] Betroffen ist insbesondere der Sachbuch- und dabei vor allem der Schuldbuchbereich. In diesem Segment ist der Nutzerkreis bereits bei Produktion und Veröffentlichung begrenzt,[644] man denke nur an die einzelnen Bundesländer mit speziellen Lehrplänen sowie -inhalten.

Bereits durch die unzähligen Kopierversanddienste wird der Absatz der Verlagsprodukte weitgehend beeinträchtigt.[645] Über nahezu jede Bibliothek besteht

---

639 *Hubmann*, Urheber- und Verlagsrecht, S. 50; *Schulze*, Mehr Urheberrecht oder mehr Leistungsschutz?, in: FS Schricker, S. 534. Vgl. auch BVerfG GRUR 1982, 45 (48) – Pflichtexemplare.

640 So auch *Allenstein*, Leistungsschutzrechte für Verleger unter besonderer Berücksichtigung der EU-Datenbankrichtlinie, S. 13; *Oprecht* UFITA 75 (1986), 217ff.; *Schulze*, Mehr Urheberrecht oder mehr Leistungsschutz?, in: FS Schricker, S. 534.

641 Beispielhaft: http://www.ebook3000.com (letzter Zugriff am 25.11.2020), http://boerse.sx (letzter Zugriff am 25.11.2020).

642 *Kolle* GRUR Int 1975, 201 (202); *Allenstein*, Leistungsschutzrechte für Verleger unter besonderer Berücksichtigung der EU-Datenbankrichtlinie, S. 15.

643 *El-Heliebi*, llegale eBook-Plattform mit 800.000 Downloads im Monat, 8.9.2019, abrufbar unter: https://allesebook.de/news/illegale-ebook-plattform-mit-800-000-downloads-im-monat-94686/ (letzter Zugriff am 18.9.2021).

644 *Allenstein*, Leistungsschutzrechte für Verleger unter besonderer Berücksichtigung der EU-Datenbankrichtlinie, S. 15.

645 *Nippe* ZUM 1998, 382 (383), wo sich auch eine eingehende, wenn auch ältere, Untersuchung der Zulässigkeit der Vervielfältigung nach § 53 UrhG findet. Vgl. zum

für Nutzer ein Kopierbestellsystem, welches dazu führen kann, dass ein Nutzer schließlich alle erforderlichen Informationen komplettiert und ein Erwerb des Verlagswerkes, welches unter Einsatz von umfassenden Leitungen erbracht wurde, nicht mehr nötig erscheint und unterbleibt. Des Weiteren haben insbesondere die Schrankenregelungen infolge des Urheberrechts-Wissensgesellschaftsgesetzes (UrhWissG) in den §§ 60aff. UrhG zu einem erheblichen Rückgang des Umsatzes sowie Absatzes der Lehr- und Schuldbücher geführt.[646]

Gegenstand dieser Arbeit ist weder die Untersuchung der Kopiertätigkeit und deren dogmatische Einordnung sowie eine eingehende Problematisierung urheberrechtlicher Schrankenregelungen, jedoch soll verdeutlicht werden, dass die Leistung des Verlegers bereits an zahlreichen Stellen beeinträchtigt und der Absatz seiner Produkte geschmälert wird.

Bei näherer Betrachtung der Verlegertätigkeit wird darüber hinaus eine Besonderheit der verlegerischen Leistung angeführt, wodurch diese besonderen Gefahren ausgesetzt ist: Ein Verlagsprodukt ließe sich nur dann bewerten, wenn der Nutzer dieses gelesen hat, sodass sich der wirtschaftliche Wert eines Verlagsproduktes kaum prognostizieren lasse.[647] Zwar ist dem zuzustimmen, kann doch der wissenschaftliche Mehrwert einer wissenschaftlichen Veröffentlichung erst nach deren Lektüre beurteilt werden. Dabei handelt es sich aber nicht nur um eine Besonderheit der Leistungen des allgemeinen Verlegers. Auch der Tonträgerhersteller ist beispielsweise dem Risiko ausgesetzt, dass ein Musikwerk den Vorlieben der fokussierten Zielgruppe nicht entspricht und nach einem Probehören das Werk nicht erworben wird.

c) *Unkomplizierte gerichtliche Geltendmachung*

Um sich gegen beeinträchtigende Handlungen Dritter zur Wehr setzen zu können, sind Verleger nach aktueller Rechtslage darauf angewiesen, die Wirksamkeit der jeweiligen Rechtsübertragung durch den Urheber vor Gericht zu belegen. Darüber hinaus muss grundsätzlich ein konkreter Schaden umfassend

---

Kopienversand auf Einzelbestellung *v. Ungern-Sternberg* in: Schricker/Loewenheim, Urheberrecht, § 15 Rn. 299ff. sowie *Anton* in: Spindler/Schuster, Recht der elektronischen Medien, UrhG, § 60e Rn. 40ff. und *Allenstein,* Leistungsschutzrechte für Verleger unter besonderer Berücksichtigung der EU-Datenbankrichtlinie, S. 16f.

646 *Börsenverein des Deutschen Buchhandels*, Lehrbuchmarkt in Deutschland schrumpft drastisch, Pressemitteilung vom 2.9.2021, abrufbar unter: https://www.boersenverein.de/presse/pressemitteilungen/detailseite/lehrbuchmarkt-in-deutschland-schrumpft-drastisch/ (letzter Zugriff am 18.9.2021).

647 *Szilágyi*, Leistungsschutzrecht für Verleger?, S. 32.

nachgewiesen werden. Mit einem originären Recht sind solche Nachweise nicht mehr erforderlich und es greifen Vermutungen bzw. Pauschalierungen.

Insbesondere in der Praxis des Verlagswesens, in der Verlagsprojekte sehr umfangreich sind und unter Mitarbeit einer Vielzahl von Personen durchgeführt werden, kann somit ein jeweiliger Nachweis sehr zeitintensiv und stets risikobehaftet sein. Solche Verfahren in der Verlagsbranche beanspruchen deswegen mitunter eine lange Zeit und hindern den Verleger in der Erbringung seiner Leistungen nicht unerheblich.[648] Der Urheber wird durch diese Nichterforderlichkeit der Darlegung einer wirksamen Übertragung der Rechte nicht übergangen – vielmehr ist es auch weiterhin erforderlich, dass der Urheber eng mit dem Verleger zusammenarbeitet und diesem über den Verlagsvertrag entsprechende Nutzungsrechte überträgt.[649] Eine unkomplizierte Geltendmachung der legitimen Interessen vor Gericht ist somit von entscheidender Bedeutung für die Verlagspraxis.

VI. Ausgleich der Interessen von Urheber, Verleger, Leser und Allgemeinheit

1. Wesentlicher Gleichlauf der Interessen

Die betroffenen Interessen sind vermeintlich konträr, am Ende aber im Wesentlichen gleichlaufend: Ein umfassender Werkzugang wird aufgrund politischer Diskussionen um „*free access*" zu schnell mit einem „*unentgeltlichen Zugang*" verbunden. Würde eine solche Assoziation der Realität entsprechen, ließe sich in der Tat ein Widerspruch dieser Interessenslagen erblicken. Jedoch verkennt eine solche Sichtweise, dass die Allgemeinheit im Hinblick auf einen umfassenden kulturellen Bestand ein Interesse an möglichst zahlreichen und fundierten schöpferischen Ausarbeitungen hat. Aus diesem Grund ist *Loewenheim* zuzustimmen, wenn er zur Zielsetzung des Urheberrechts ausführt, „*dass das Urheberrecht so ausgestaltet wird, dass es optimal zum geistigen, kulturellen und kulturwirtschaftlichen Fortschritt beiträgt.*"[650]Hierzu ist erforderlich, dass Urheber weiterhin einen Anreiz für ihr schöpferisches Schaffen behalten und nicht zu erwarten haben, aufgrund eines umfassend normierten unentgeltlichen und

648 *Bäcker*, Rechtsanwältin bei Lausen Rechtsanwältin und spezialisiert auf das Urheber- und Verlagsrecht während eines Vortrages am 28.5.2020 im Rahmen einer Onlineveranstaltung der Initiative Verlegerrecht.

649 Vgl. bereits *Ulmer* GRUR Ausl 1953, 182 (194).

650 *Loewenheim* in: Schricker/Loewenheim, Urheberrecht, Einl. Rn. 19.

kompensationslosen Regelungskomplexes ihren Lebensunterhalt damit nicht verdienen zu können.[651]

Die angemessene Entlohnung der Urheber, die durch die bestmögliche Verbreitung und Vermittlung bewirkt werden kann, ist mit dem Interesse der Allgemeinheit an einem umfassenden kulturellen Bestand sowie dem Interesse des Verlegers nach einem effektiven Rechtsschutz in diesem Bezug gleichlaufend.[652] Ohne einen effektiven und verlässlichen Schutz des Verlegers wird dieser seine unternehmerischen Leistungen kaum mehr erbringen und hierauf vertrauen können, dass ihm die Einnahmen aus der Nutzung seiner Leistungen zugute kommen.[653]

2. Die Leistung des Verlegers und der Vorteil für den Urheber, Nutzer und die Allgemeinheit

Der Verleger ist das entscheidende Bindeglied zwischen dem Urheber auf der einen und der Allgemeinheit auf der anderen Seite. Wird der Verleger rechtlich effektiv und originär geschützt, ist dies im Interesse aller Beteiligten. Dies gilt selbst dann, wenn die Interessen der Beteiligten nicht in jeder Situation gleichlaufend sein werden: So kann bei einer erfolgsunabhängigen Vergütung und einem daraus resultierenden Bedürfnis nach einem umfassenden und auch freien Werkzugang des Urhebers dessen Interesse dem Interesse des Verlegers, möglichst viele Einnahmen zu erzielen, ohne einen umfassenden freien Werkzugang zu ermöglichen, entgegenlaufen.[654] Die Nichtamortisierung der Verlegerkosten ließe langfristig die Entlohnung und vor allem die Bereitschaft zur Leistung von Vorauszahlungen an den Autor sinken, würde doch kein Verleger ein unnötig hohes Risiko eingehen wollen – der Autor würde somit ebenfalls an einer unzureichenden Rechtsstellung des Verlegers leiden.[655]

Um zu veranschaulichen, weswegen die rechtliche Absicherung des Verlegers auch im Interesse der Allgemeinheit liegt, muss die Folge der Leistungsübernahme

651 *Szilágyi*, Leistungsschutzrecht für Verleger?, S. 33.

652 So im Ergebnis auch *Hubmann*, Urheber- und Verlagsrecht, S. 47. Die Unterschiede des Verhältnisses von Urhebern und Verlegern hervorhebend *Ehmann/Szilagyi* K&R 2009, 1 (3).

653 *Allenstein*, Leistungsschutzrechte für Verleger unter besonderer Berücksichtigung der EU-Datenbankrichtlinie, S. 19. Im Ergebnis auch *Schulze* ZUM 1989, 49 (63).

654 *Szilágyi*, Leistungsschutzrecht für Verleger?, S. 33f.

655 *Oprecht* UFITA 75 (1986), 217 (219); *Hilty*, Verbotsrecht vs. Vergütungsanspruch, in: FS Schricker, S. 338.

zu Ende gedacht werden: Wenn die Leistungen des Verlegers nicht derart gesichert werden, dass eine Leistungsübernahme effektiv unterbunden werden kann, ist die zwangsläufige Konsequenz die Verringerung der Auflagenhöhe, verbunden mit einem Preisanstieg für den Endverbraucher.[656] Beide möglichen Folgen, ein Preisanstieg aus diesem Grund sowie eine Verringerung der Auflagenhöhe schaden der Kulturvielfalt eines Landes. Nur noch den Vermögenden Zugang zu der wenig vorhandenen Literatur zu ermöglichen, hätte weitreichende kulturelle wie gesellschaftliche Folgen.

Selbst wenn die aufgeführten möglichen Folgen eines unzureichenden Rechtsschutzes des Verlegers in der aktuellen Situation noch nicht vollumfänglich eingetreten sind, sollte dies kein Grund für eine fehlangebrachte Zufriedenheit mit der jetzigen Rechtslage sein. Vielmehr sollte in Anbetracht der möglichen Folgen das Bestmögliche dafür getan werden, diese befürchteten Risiken nicht eintreten zu lassen.

„Denn Rechtssicherheit und wirtschaftliches Auskommen sind die besten Voraussetzungen für Kreativität und Schaffensfreude aller schöpferischen Menschen".[657]

656 *Oprecht* UFITA 75 (1986), 217 (219).
657 *Kreile/Becker* GRUR Int. 1994, 901 (911).

Kapitel 5: Der urheberrechtliche Leistungsschutz

Damit die Leistung des Verlegers und eine hierauf abzielende Rechtsposition in das Regelungsgefüge des Urheberrechtsgesetzes beurteilt werden können, ist es im ersten Schritt notwendig, die *de lege lata* Leistungsschutzrechtsberechtigten darzustellen (A.). Der Inhalt der bisher dort normierten Rechte muss bekannt sein, um diese Rechtsstellungen mit einem etwaig dort einzufügenden Recht des Verlegers vergleichen zu können. Daran schließt sich die Erörterung an, welche Charakteristika und Unterschiede die einzelnen durch ein Leistungsschutzrecht geschützten Leistungen aufweisen (B.), um anhand dieser Maßstäbe anknüpfend die Leistung des Verlegers einzuordnen (C.).

A. Die Entwicklung der Leistungsschutzrechte im UrhG

I. Die Leistungsschutzrechte im Urheberrechtsgesetz von 1965

Durch das Urheberrechtsgesetz 1965 wurde den folgenden Gruppen ein Leistungsschutzrecht zugesprochen: dem Tonträgerhersteller (§§ 85f. UrhG), dem Sendeunternehmen (§ 87 UrhG), dem ausübenden Künstler (§§ 73ff. UrhG), dem Veranstalter (§ 81 UrhG), dem Verfasser bzw. Herausgeber bestimmter Werke (§§ 70f. UrhG), dem Lichtbildner (§ 72 UrhG) sowie dem Filmproduzenten (§ 94 UrhG). Unter dem Titel „verwandte Schutzrechte" fanden sich diese zum damaligen Zeitpunkt erstmalig normierten Rechtspositionen. In der Gesetzesbegründung wird angeführt, dass hierdurch nicht das Urheberrecht, also eine schöpferische Leistung, sondern eine hierzu ähnliche oder im Zusammenhang dazu erbrachte Leistung geschützt werden soll.[658]

1. Schutz des Tonträgerherstellers gemäß § 85 UrhG

Ein originäres Recht zur Anerkennung der organisatorischen, wirtschaftlichen und technischen Leistungen des Tonträgerherstellers existiert in § 85 UrhG. Auf dieses Recht, seine Entstehungsgeschichte und den konkreten Schutzumfang wird in Rahmen eines eigenen Kapitels an späterer Stelle eingegangen.[659]

---

658 BT-Drs. IV/270, S. 33f.

659 Zu diesem Leistungsschutzrecht siehe die umfassende Darstellung in Kap 6.

2. *Schutz des Sendeunternehmens gemäß § 87 UrhG*

a) *Schutzumfang*

Nach § 87 Abs. 1 UrhG hat das Sendeunternehmen das ausschließliche Recht, seine Funksendung weiterzusenden und öffentlich zugänglich zu machen (Nr. 1), diese Sendung aufzunehmen sowie anschließend zu vervielfältigen und zu verbreiten (Nr. 2) und einer Öffentlichkeit gegen Entrichtung eines Eintrittsgeldes öffentlich wahrnehmbar zu machen (Nr. 3). Auf 50 Jahre nach der ersten Funksendung ist dieser Schutz beschränkt, § 87 Abs. 3 S. 1 UrhG.

b) *Schutzgrund*

Sendeunternehmen werden vor der Übernahme der unter erheblichen Investitionen erbrachten, eigenen organisatorischen, technischen und wirtschaftlichen Leistungen geschützt.[660] Bei der Beurteilung, ob der Schutz dieses Leistungsschutzrechtes gegeben ist, ist der Art und Umfang der konkret erbrachten Leistungen des Sendeunternehmens nicht maßgeblich.[661] Insbesondere dann, wenn sich das Sendeunternehmen nicht auf derivative Rechte (urheber- oder leistungsschutzrechtlicher Art) berufen kann, kommt dem originären Recht des Sendeunternehmens zum Rechtsschutz gegen beeinträchtigende Handlungen Dritter entscheidende Bedeutung zu.[662] Das Leistungsschutzrecht des Sendeunternehmens besteht dabei unabhängig von den Rechten am gesendeten Inhalt.[663]

c) *Schutzgegenstand*

Schutzgegenstand des Leistungsschutzrechtes des Sendeunternehmens ist das Immaterialgut der „Funksendung“ als Ergebnis der aufgebrachten Leistungen.[664] Dies ist somit das Sendegut in Verbindung mit einer konkreten Art der Ausstrahlung als Verkörperungsform.[665] Im Hinblick auf den bezweckten Schutz des Sendeunternehmens bezüglich Sendungen für die Öffentlichkeit, muss es sich um eine öffentliche Funksendung handeln.[666]

---

660 BT-Drs. IV/270, S. 97; *Dreier* in: Dreier/Schulze, UrhG, § 87 Rn. 1; *v. Ungern-Sternberg* in: Schricker/Loewenheim, Urheberrecht, § 87 Rn. 47; *Ehrhardt* in: Wandtke/Bullinger, UrhR, § 87 Rn. 7. Siehe auch dazu *Ulmer* UFITA 45 (1965), 18 (46f.).

661 *Hillig/Oster* in: BeckOK Urheberrecht, § 87 Rn. 26.

662 *v. Ungern-Sternberg* in: Schricker/Loewenheim, Urheberrecht, § 87 Rn. 47.

663 *Dreier* in: Dreier/Schulze, UrhG, § 87 Rn. 1.

664 *v. Ungern-Sternberg* in: Schricker/Loewenheim, Urheberrecht, § 87 Rn. 63.

665 *Dreier* in: Dreier/Schulze, UrhG, § 87 Rn. 9.

666 *v. Ungern-Sternberg* in: Schricker/Loewenheim, Urheberrecht, § 87 Rn. 65.

3. *Schutz des ausübenden Künstlers gemäß §§ 77f. UrhG*

a) Schutzumfang

Nach § 77 Abs. 1 UrhG hat der ausübende Künstler im Sinne des § 73 UrhG das ausschließliche Recht, seine Darbietung aufzunehmen und hieran anknüpfend diese Aufnahme zu vervielfältigen und zu verbreiten, § 77 Abs. 2 S. 1 UrhG. Darüber hinaus steht dem ausübenden Künstler nach § 78 Abs. 1 UrhG ausschließlich das Recht zu, seine Darbietung öffentlich zugänglich zu machen (Nr. 1), grundsätzlich diese zu senden (Nr. 2) und, außer an dem Ort seiner Darbietung, öffentlich wahrnehmbar zu machen (Nr. 3). Die Dauer dieser Verwertungsrechte ist in § 82 UrhG normiert und beträgt im Falle der Aufzeichnung auf einem Tonträger nach § 82 Abs. 1 S. 1 UrhG 70 Jahre grundsätzlich beginnend ab dem Erscheinen des Tonträgers, andernfalls nach § 82 Abs. 1 S. 2 UrhG 50 Jahre grundsätzlich beginnend mit der Erscheinung der Aufzeichnung.

b) Schutzgrund

Der Schutzgrund für ein solches Recht des ausübenden Künstlers ist dem urheberrechtlichen Schutz ähnlich: So soll zum einen die Persönlichkeit des ausübenden Künstlers und zum anderen die kommerzielle Verwertungsmöglichkeit (Abtretbarkeit der eigenen Rechte zur wirtschaftlichen Nutzung)[667] der Leistung rechtlich geschützt werden.[668] Um nicht mehr dem ausübenden Künstler über § 2 Abs. 2 LUG ein Urheberrecht zusprechen zu müssen und den seit Anfang des 20. Jahrhunderts aufkommenden Stimmen, zwischen Urheberrecht und Leistungsschutz zu trennen, gerecht zu werden, war die Notwendigkeit der Normierung einer neuen Rechtsposition in Form eines Leistungsschutzrechtes gegeben.[669]

Dem ausübenden Künstler sollen auch Ansprüche gegen Dritte zustehen, die in unbefugter Weise seine Darbietung verwerten.[670]

---

667 BT-Drs. IV/270, S. 89.

668 *Dreier* in: Dreier/Schulze, UrhG, § 73 Rn. 1; zu Gemeinsamkeiten wie auch den Unterschieden zwischen Urheber und ausübendem Künstler *Grünberger* in: Schricker/Loewenheim, Urheberrecht, Vor §§ 77ff. Rn. 74f.

669 *Ulmer* UFITA 45 (1965), 18 (46f.).

670 BT-Drs. IV/270, S. 89.

c) Schutzgegenstand

Gegenstand des Schutzes ist die Darbietung des ausübenden Künstlers, wobei der künstlerische Eigenwert der Interpretation schutzrechtsbegründend ist.[671] Eine Öffentlichkeit der Darbietung ist nach herrschender Meinung nicht gefordert; eine Selbstdarbietung reicht nicht aus.[672] Neben der Darbietung durch den ausübenden Künstler selbst ist auch die künstlerisch bestimmende Mitwirkung hieran von dem Schutz umfasst.[673]

4. Schutz des Theater- und Konzertveranstalters gemäß § 81 UrhG

a) Schutzumfang

Nach § 81 S. 1 UrhG wird dem Veranstalter – in diesem Fall einem Unternehmen – einer Darbietung des ausübenden Künstlers ebenfalls das Recht aus § 77 Abs. 1, 2 S. 1 und § 78 Abs. 1 UrhG eingeräumt. 25 Jahre nach dem Erscheinen einer Aufzeichnung der Darbietung eines ausübenden Künstlers erlischt grundsätzlich nach § 82 Abs. 2 S. 1 UrhG dieses Recht.

b) Schutzgrund

Begründet wurde die Einführung dieses Leistungsschutzechtes mit den wirtschaftlichen, unternehmerischen Interessen: die vom Unternehmer organisierte sowie arbeitsintensive Durchführung der Darbietung musste davor geschützt werden, dass Dritte ohne eine entsprechende Erlaubnis „*durch Bildschirm- oder Lautsprecherübertragung in Räume außerhalb der Veranstaltung, durch Aufnahme auf Bild- oder Tonträger und deren Vervielfältigung oder durch Funksendung*“ diese Leistung ausnutzen.[674]

Schutzgrund ist auch bei diesem Leistungsschutzrecht die geleistete organisatorische sowie wirtschaftliche Arbeit des erfassten Veranstalters.[675] Eine

---

671 *Stang* in: BeckOK Urheberrecht, § 73 Rn. 9.

672 *Büscher* in: Wandtke/Bullinger, UrhR, § 73 Rn. 6ff.; *Stang* in: BeckOK Urheberrecht, § 73 Rn. 11f.

673 *Stang* in: BeckOK Urheberrecht, § 73 Rn. 14; *Büscher* in: Wandtke/Bullinger, UrhR, § 73 Rn. 16ff.

674 BT-Drs. IV/270, S. 94.

675 *Wiebe* in: Spindler/Schuster, Recht der elektronischen Medien, UrhG, § 81 Rn. 1; *Vogel* in: Schricker/Loewenheim, Urheberrecht, § 81 Rn. 6. Siehe die Darlegung der typischen organisatorischen Veranstalterleistungen bei *Stang* in: BeckOK Urheberrecht, § 81 Rn. 13.

technische Leistung ist im Gegensatz zu den sonstigen unternehmensbezogenen Leistungsschutzrechten gerade nicht erforderlich.[676]

Insbesondere in den Fällen, in denen hierzu die Ausübung des Hausrechts (§§ 903, (858ff.), 1004 BGB)[677] mangels Kenntnisnahme während der rechtswidrigen Aufnahme nicht ausreicht, soll dieses originäre Recht einen hinreichenden Schutz gewährleisten.[678] Der grundsätzlich allein gegen Wettbewerber bestehende Rechtsschutz nach dem UWG gemäß § 3 iVm § 4 Nr. 3 lit. a, b, Nr. 4 UWG sowie die deliktsrechtlichen Rechtsschutzmöglichkeiten gemäß §§ 823ff. BGB wurden als nicht ausreichend angesehen.[679]

c) Schutzgegenstand

Schutzgegenstand des originären Rechtes des Veranstalters ist die Veranstaltung von Darbietungen im Sinne des § 73 UrhG, also nur Live-Darbietungen durch ausübende Künstler, wobei das jeweilige Werk einem Urheberrechtsschutz im Sinne des § 2 UrhG zugänglich sein muss.[680]

5. Schutz wissenschaftlicher Ausgaben und nachgelassener Werke gemäß §§ 70f. UrhG

a) Schutzumfang

aa) Wissenschaftliche Ausgaben gemäß § 70 UrhG

Des Weiteren spricht das Urheberrechtsgesetz bestimmten Ausgaben einen leistungsschutzrechtlichen Schutz zu. Dies betrifft zum einen wissenschaftliche Ausgaben nach § 70 Abs. 1 UrhG. Nach dieser Normierung werden im Falle der Darstellung von Ergebnissen wissenschaftlich sichtender Tätigkeit und einer wesentlichen Unterscheidbarkeit zu bisher bekannten Ausgaben, Ausgaben urheberrechtlich nicht geschützter Werke oder Texte geschützt. Inhaber dieses Rechtes ist nach § 70 Abs. 2 UrhG der Verfasser der Ausgabe und es besteht grundsätzlich 25 Jahre lang nach Erscheinen der Ausgabe, § 70 Abs. 3 UrhG.

---

676 *Vogel* in: Schricker/Loewenheim, Urheberrecht, § 81 Rn. 9.

677 Hierzu siehe beispielhaft *Brücker* in: MüKoBGB, § 903 Rn. 53ff. sowie *Raff* in: MüKoBGB, § 1004 Rn. 25ff.

678 BT-Drs. IV/270, S. 94.

679 *Vogel* in: Schricker/Loewenheim, Urheberrecht, § 81 Rn. 2ff.

680 *Wiebe* in: Spindler/Schuster, Recht der elektronischen Medien, UrhG, § 81 Rn. 1.

bb) Nachgelassene Werke gemäß § 71 UrhG

Nach § 71 Abs. 1 UrhG hat derjenige das ausschließliche Recht zur Verwertung des Werkes, der erlaubterweise ein nicht erschienenes Werk nach Erlöschen des Urheberrechtes (S. 1) oder ein nicht urheberrechtlich geschütztes Werk von einem seit über 70 Jahre gestorbenen Urheber (S. 2) erscheinen lässt oder öffentlich wiedergibt. Dieses Recht erlischt gemäß § 71 Abs. 3 S. 1 UrhG 25 Jahre grundsätzlich nach dem Erscheinen des Werkes. Geschützt ist das sog. *editio princeps*, das Recht der Erstausgabe.[681]

b) Schutzgrund

aa) Wissenschaftliche Ausgaben gemäß § 70 UrhG

Im Hinblick auf die in der Regel erhebliche Bedeutung einer Rekonstruktionsarbeit fremder Werke für die Wissenschaft, sollen diese wissenschaftliche Editionsarbeit und die hiermit verbundenen hohen Kosten zur Sicherung und Sichtung des Quellenmaterials geschützt werden.[682] Da es an einer eigenen, schöpferischen Leistung des Verfassers in weiten Teilen hierbei fehlt (abgesehen von Kommentierungen oder ähnlichen Ergänzungen des Verfassers),[683] ist eine solche Rechtsstellung erforderlich.[684]

bb) Nachgelassene Werke gemäß § 71 UrhG

In der Fassung des Urheberrechtsgesetzes von 1965 sollte allein der Arbeits- und Kostenaufwand des Herausgebers in Form des Rechtes der öffentlichen Wiedergabe unter Benutzung der konkreten Ausgabe geschützt werden; persönlichkeitsrechtliche Aspekte fanden keine Berücksichtigung im Rahmen dieses Schutzes.[685] Durch Art. 4 der Schutzfristen-RL 93/98/EWG fand sodann zum 1.7.1995 eine Gleichstellung des Herausgebers nach § 71 UrhG mit den vermögensrechtlichen Ausprägungen des Urheberschutzes statt.[686]

Als gesetzliche Ausnahme vom Grundsatz der Benutzungsfreiheit gemeinfreier Werke soll eine Belohnung dafür gesetzt werden, dass zur Erhaltung gesamtgesellschaftlich kulturell bedeutsamer, zuweilen allein öffentlich

---

681 *Lauber-Rönsberg* in: BeckOK Urheberrecht, § 71 Rn. 21.

682 BT-Drs. IV/270, S. 87; *Dreier* in: Dreier/Schulze, UrhG, § 70 Rn. 1; *Thum* in: Wandtke/Bullinger, UrhR, § 70 Rn. 1.

683 *Thum* in: Wandtke/Bullinger, UrhR, § 70 Rn. 1, 31ff.

684 BT-Drs. IV/270, S. 87; *Lauber-Rönsberg* in: BeckOK Urheberrecht, § 70 Rn. 1.

685 BT-Drs. IV/270, S. 87f.; *Dreier* in: Dreier/Schulze, UrhG, § 71 Rn. 1.

686 *Dreier* in: Dreier/Schulze, UrhG, § 71 Rn. 2.

wiedergegebener Märchen, Volkslieder oder Volkstänze eine Aufzeichnung sowie Erstausgabe entsteht.[687]

c) Schutzgegenstand

aa) Wissenschaftliche Ausgaben gemäß § 70 UrhG

Erforderlich für diesen leistungsschutzrechtlichen Schutz ist allein die wesentliche Unterscheidbarkeit der neuen Fassung von den bisher bekannten Werkfassungen.[688] Geschützt ist somit die konkrete Ausgabe des Verfassers, nicht das Werk als solches.[689]

bb) Nachgelassene Werke gemäß § 71 UrhG

Im Gegensatz zum Schutz des § 70 UrhG ist bei § 71 UrhG keine Wissenschaftlichkeit der Leistung erforderlich.[690] Zudem geht der Schutz nachgelassener Werke über denjenigen der wissenschaftlichen Ausgaben hinaus, da gerade auch das Werk als solches umfasst ist.[691]

6. Schutz des Lichtbildners gemäß § 72 UrhG

a) Schutzumfang

Nach § 72 Abs. 1 UrhG wird der Lichtbildner, § 72 Abs. 2 UrhG, dahingehend geschützt, dass für Lichtbilder und diesen ähnlich hergestellten Erzeugnissen die für Lichtbildwerke maßgeblichen urheberrechtlichen Regelungen entsprechende Anwendung finden.[692] Nach § 72 Abs. 3 S. 1 UrhG besteht dieses Recht 50 Jahre grundsätzlich ab Erscheinen des Lichtbildes.

b) Schutzgrund

Nicht alle Ergebnisse der Photographie erfüllen die urheberrechtlichen Schutzvoraussetzungen eines Werkes im Sinne des § 2 Abs. 1 Nr. 5 UrhG. Um dennoch

---

687 BT-Drs. IV/270, S. 88.

688 *Thum* in: Wandtke/Bullinger, UrhR, § 70 Rn. 1, 11ff.

689 *Dreier* in: Dreier/Schulze, UrhG, § 70 Rn. 2.

690 *Lauber-Rönsberg* in: BeckOK Urheberrecht, § 71 Rn. 20; *Dreier* in: Dreier/Schulze, UrhG, § 71 Rn. 3.

691 *Dreier* in: Dreier/Schulze, UrhG, § 71 Rn. 3.

692 Siehe hierzu jüngst BGH ZUM 2019, 335 – Rn. 15ff. – Museumsfotos. Zu den notwendigen Modifikationen bei der entsprechenden Anwendung *Lauber-Rönsberg* in: BeckOK Urheberrecht, § 72 Rn. 19ff.

die technische Leistung hierbei zu schützen und vor allem Rechtssicherheit dahingehend zu schaffen, dass eine Abgrenzung von Lichtbild und Lichtbildwerk nicht notwendig ist, wurde eine entsprechende Regelung als verwandtes Schutzrecht geschaffen.[693]

c) Schutzgegenstand

Schutzgegenstand sind Lichtbilder, also alle Fotos, die nicht Werkcharakter im Sinne des § 2 Abs. 2 UrhG aufweisen, grundsätzlich ohne spezielle Anforderungen an die dafür eingesetzte technische Fähigkeit.[694] Die als *„Erzeugnisse, die ähnlich wie Lichtbilder hergestellt werden"* im Normtext ebenfalls umfassten Schutzgegenstände sind weit zu verstehen, sodass es nur darauf ankommt, dass ein Bild unter Benutzung strahlender Energie erzeugt wird.[695] Als einzige Einschränkung wird gefordert, dass es sich um das sog. Urbild handelt, also nicht bloß eine Fotokopie eines Lichtbildes.[696]

7. Schutz des Filmherstellers gemäß § 94 UrhG

a) Schutzumfang

Dem Filmhersteller wird in § 94 Abs. 1 S. 1 UrhG das ausschließliche Recht zugesprochen, das auf einem entsprechenden Träger aufgenommene Filmwerk zu vervielfältigen, zu verbreiten, öffentlich vorzuführen oder als Funksendung sowie zur öffentlichen Zugänglichmachung zu nutzen. Um sich einer seine berechtigten Interessen beeinträchtigenden Handlung Dritter zu erwehren, ermöglicht es § 94 Abs. 1 S. 2 UrhG, jede diesen Interessen zuwiderlaufende Entstellung oder Kürzung zu unterbinden.

Dieses originäre Recht des Filmherstellers erlischt 50 Jahre grundsätzlich nach dem Erscheinen des jeweiligen Trägers, siehe § 94 Abs. 3 UrhG.

b) Schutzgrund

Neben den abgeleiteten Rechten der beteiligten Urheber, wofür es in den §§ 88ff. UrhG entsprechende Auslegungsregeln gibt, soll die eigene erhebliche Leistung des Filmherstellers geschützt werden.[697] Diese ist in der organisatorischen,

---

693 BT-Drs. IV/270, S. 88f.

694 *Schulze* in: Dreier/Schulze, UrhG, § 72 Rn. 3.

695 BGH GRUR 1990, 669 (673) – Bibelreproduktion.

696 BGH GRUR 1990, 669 (673) – Bibelreproduktion; *Schulze* in: Dreier/Schulze, UrhG, § 72 Rn. 9.

697 *Schulze* in: Dreier/Schulze, UrhG, § 94 Rn. 1.

technischen und wirtschaftlichen Leistung zu sehen, die im Rahmen der erstmaligen Fixierung eines zum Vertrieb geeigneten Filmträgers erbracht wird.[698] Ein urheberrechtlicher Schutz des Filmherstellers scheitert am fehlenden schöpferischen Beitrag.[699]

Darüber hinaus wird in der Gesetzesbegründung die Art und Weise des Zustandekommens eines Filmprojektes angeführt. Bei einer Filmproduktion finden sich eine Vielzahl von Personen, die schöpferische Leistungen zum einen im Rahmen der Filmproduktion – insbesondere Regisseure, Kameraleute, Cutter und auch Filmdarsteller – sowie auch bereits im Vorfeld der Filmproduktion erbringen, namentlich in Person des Drehbuchautors.[700] Hierzu treten noch die ausübenden Künstler, die durch ein eigenes Leistungsschutzrecht geschützt sind. Um trotz dieser Vielzahl an Rechteinhabern eine einheitliche Auswertung des Filmwerkes zu ermöglichen und die insbesondere wirtschaftlichen Interessen des Filmherstellers in Form einer weitestgehend ungehinderten Verwertungsmöglichkeit zu schützen, ist eine sicherere Rechtsgrundlage für den Filmhersteller notwendig – insbesondere zum Schutz vor einem Verbotsrecht durch Mitwirkende.[701]

c) Schutzgegenstand

Gegenstand des originären Rechtes des Filmherstellers ist allein ein Filmträger.[702] Dabei steht keineswegs der Schutz des Filmträgers als materielles Gut im Vordergrund, sondern durch das Leistungsschutzrecht wird das immaterielle Gut geschützt, die unternehmerische Leistung, die sich in dem Filmträger verkörpert.[703] Auch für die Art und Weise dieser Leistung wird kein Mindestmaß gefordert, selbst die Rechtmäßigkeit der Aufnahme ist unerheblich für das originäre Recht des Filmherstellers.[704]

---

698 BGH GRUR 1993, 472 (473) – Filmhersteller; *Manegold/Czernik* in: Wandtke/Bullinger, UrhR, § 94 Rn. 1.

699 *Schulze* in: Dreier/Schulze, UrhG, § 94 Rn. 1.

700 BT-Drs. IV/270, S. 98.

701 BT-Drs. IV/270, S. 98.

702 *Schulze* in: Dreier/Schulze, UrhG, § 94 Rn. 19.

703 BGH GRUR 1993, 472 (473) – Filmhersteller; BGH GRUR 2008, 693 – Rn. 16 – TV-Total; *Schulze* in: Dreier/Schulze, UrhG, § 94 Rn. 20.

704 *Schulze* in: Dreier/Schulze, UrhG, § 94 Rn. 24.

II. Das Leistungsschutzrecht des Datenbankherstellers gemäß § 87b UrhG

Zum 1.1.1998 wurde infolge der Umsetzung der europäischen Datenbankrichtlinie 96/9/EG (Datenbank-RL),[705] und hier basierend auf Art. 7 Abs. 1, ein originäres Recht des Datenbankherstellers in das Urheberrechtsgesetz aufgenommen, siehe §§ 87a-e UrhG.[706]

1. Schutzumfang

Nach § 87b Abs. 1 S. 1 UrhG steht dem Datenbankhersteller das ausschließliche Recht zu, die Datenbank insgesamt oder einen nach Art und Umfang wesentlichen Teil hiervon zu vervielfältigen, zu verbreiten und öffentlich wiederzugeben. In S. 2 finden sich sodann Maßgaben dafür, wenn in wiederholter und systematischer Weise unwesentliche Teile entsprechend verwertet werden, auch dann soll grundsätzlich das Datenbankherstellerrecht aus S. 1 eingreifen. Dieses Recht erlischt grundsätzlich 15 Jahre nach der Veröffentlichung der Datenbank, siehe § 87d S. 1 UrhG.

2. Schutzgrund

Bis zur Einführung des originären Rechtes des Datenbankherstellers, vermochte allein das Wettbewerbsrecht einen Schutz gegen Beeinträchtigungen zu bewirken. Um diese Schutzlücke angesichts der Unzulänglichkeit dieser wettbewerbsrechtlichen Rechtsschutzmöglichkeit zu schließen,[707] wurde im urheberrechtlichen Regelungsgefüge ein bis dato weltweit einzigartiges Schutzrecht geschaffen.[708] Da es sich bei diesem Recht um eine Umsetzung einer europäischen Richtlinienregelung handelt, muss das Richtlinienziel, ergo insbesondere die Erwägungsgründe der Richtlinie, bei der Auslegung der nationalen Norm beachtet werden.[709] Bei der Anfertigung einer Datenbank werden nach

705 Richtlinie 96/9/EG des Europäischen Parlaments und des Rates vom 11. März 1996 über den rechtlichen Schutz von Datenbanken.

706 Gesetz zur Regelung der Rahmenbedingungen für Informations- und Kommunikationsdienste (Informations- und Kommunikationsdienste-Gesetz – luKDG) vom 22. Juli 1997, BGBl. 1997 I S. 1870.

707 Vgl. hierzu auch Kap. 2 D. V.

708 *Hermes* in: Wandtke/Bullinger, UrhR, Vor §§ 87aff. Rn. 1.

709 *Vogel* in: Schricker/Loewenheim, Urheberrecht, Vor, §§ 87aff, Rn. 14; *Hermes* in: Wandtke/Bullinger, UrhR, § 87b Rn. 26f.

Erwägungsgrund 7 der Datenbank-RL erhebliche menschliche, technische und finanzielle Mittel aufgewendet, wohingegen das Kopieren oder Abfragen zu einem Bruchteil der Kosten möglich ist. Eine solche Leistungsübernahme bewirke schwerwiegende wirtschaftliche und technische Folgen, so Erwägungsgrund 8 der Datenbank-RL. Damit die Investitionen in ein modernes Datenspeicher- und Datenverarbeitungssystem auch noch in Zukunft erfolgen, erfordert dies *„ein solides, einheitliches System zum Schutz der Rechte der Hersteller von Datenbanken“* (Erwägungsgrund 12 der Datenbank-RL).

3. Schutzgegenstand

Gegenstände des originären Datenbankherstellerrechtes sind die Datenbank insgesamt sowie grundsätzlich nur wesentliche Teile von dieser (zum Schutz unwesentlicher Teile siehe § 87b Abs. 2 S. 2 UrhG). Ein Eingriff in dieses geschützte Leistungsergebnis erfordert keine Übernahme der systematischen oder methodischen Anordnung der Datenbank, sondern liegt bereits bei der Übernahme des Inhalts der Datenbank vor.[710]

Schutzgegenstand ist auch in diesem Fall nämlich das immaterielle Gut der erheblichen Investitionen, das als materielles Ergebnis am Ende der erbrachten Leistungen auf einem Trägermedium verkörpert ist.[711] Das originäre Datenbankherstellerrecht ist somit ebenfalls unternehmensbezogen.[712]

III. Das Leistungsschutzrecht des Presseverlegers gemäß § 87g UrhG

Das originäre Recht des Presseverlegers wurde nach äußerst kontroverser Diskussion in der Rechtswissenschaft wie auch der Politik unter Einschluss einer gesamtgesellschaftlichen Diskussion mit Wirkung zum 1.8.2013 in das Urheberrecht in den Vorschriften §§ 87f-h UrhG a.F. aufgenommen.[713] Bereits nach

---

710 EuGH GRUR 2005, 244 – Rn. 80f. – BHB-Pferdewetten; *Hermes* in: Wandtke/Bullinger, UrhR, § 87b Rn. 7.

711 *Vogel* in: Schricker/Loewenheim, Urheberrecht, Vor §§ 87aff. Rn. 29.

712 *Vogel* in: Schricker/Loewenheim, Urheberrecht, Vor §§ 87aff. Rn. 28.

713 Achtes Gesetz zur Änderung des Urheberrechtsgesetzes vom 7. Mai 2013, BGBl. I S. 1161. Vgl. statt vieler zur politischen Diskussion *Dotzauer*, Wer zitieren will, soll zahlen, Tagesspiegel vom 12.10.2013, abrufbar unter: https://www.tagesspiegel.de/kultur/leistungsschutzrecht-wer-zitieren-will-soll-zahlen/8922246.html (letzter Zugriff am 31.10.2020) und *Sixtus*, Revolutionen sind unangenehm, Spiegel vom 8.8.2013, abrufbar unter: https://www.spiegel.de/netzwelt/web/mario-sixtus-zur-zeitungsdebatte-revolutionen-sind-unangenehm-a-915281.html (letzter Zugriff am 31.10.2020).

wenigen Jahren wurde diese Regelung vom europäischen Gerichtshof kassiert. Mit Urteil vom 12.9.2019 untersagte der EuGH die Anwendbarkeit dieser nationalen Reglung (jedenfalls bis April 2019) mit der Begründung, die deutsche Bundesregierung habe das erforderliche Notifizierungsverfahren nach Art. 8 Abs. 1 UAbs. 1 RL 98/34/EG nicht eingehalten.[714]

Im Rahmen der Umsetzung der Urheberrechtsrichtlinie (RL 2019/790), welche ein Leistungsschutzrecht für Presseverleger nach Art. 15 ermöglicht,[715] trat am 1.8.2021 die Neufassung des Leistungsschutzrechts des Presseverlegers in den §§ 81g-j UrhG in Kraft.[716]

1. *Schutzumfang*

Nach § 87g Abs. 1 UrhG hat der Presseverleger das ausschließliche Recht, seine Presseveröffentlichungen im Ganzen oder in Teilen für die Online-Nutzung durch Anbieter von Diensten der Informationsgesellschaft öffentlich zugänglich zu machen und hierzu zu vervielfältigen. Ausgenommen sind nach § 87g Abs. 2 UrhG die Nutzung der in einer Presseveröffentlichung enthaltenen Tatsachen (Nr. 1), die private oder nicht kommerzielle Nutzung einer Presseveröffentlichung durch einzelne Nutzer (Nr. 2), das Setzen von Hyperlinks auf eine Presseveröffentlichung (Nr. 3) und die Nutzung einzelner Wörter oder sehr kurzer Auszüge aus einer Presseveröffentlichung (Nr. 4).

Nach § 87j UrhG erlischt dieses Recht zwei Jahre nach der erstmaligen Veröffentlichung der Presseveröffentlichung.

2. *Schutzgrund*

Durch die nach § 87h UrhG erforderliche angemessene Beteiligung des Urhebers an den durch Lizenzierung des Leistungsschutzrechtes des Presseverlegers generierten Vergütungen, ist die Einführung in der amtlichen Begründung als

---

Umfassend zu den hierbei kollidierenden Interessenslagen siehe *Rieger*, Ein Leistungsschutzrecht für Presseverleger, S. 65ff.

714 EuGH GRUR 2019, 1188 – Rn. 40 – VG Media/Google. *VG Media*, Pressemitteilung vom 12.9.2019, abrufbar unter: https://www.vg-media.de/de/presse/2019/473-deutscher-gesetzgeber-ist-jetzt-gefordert-europaeisches-presseleistungsschutzrecht-umgehend-umzusetzen.html (letzter Zugriff am 8.1.2020).

715 Hierzu siehe *Jani* ZUM 2019, 674.

716 BGBl. 2021 I S. 1204. Kritisch hierzu *Schack* ZUM 2020, 165.

„wirtschaftlich auch im Interesse der am Presseerzeugnis beteiligten Urheber" angesehen worden.[717]

Mit diesem originären Recht des Presseverlegers soll eine *„Reaktion auf die zunehmende Erosion der wirtschaftlichen Grundlagen der Presse"* geschehen.[718] Die Monetisierung der im Internet verwendeten Leistungen von Presseverlegern soll gerade deswegen auch erleichtert werden, da die digitalen Presseveröffentlichungen in vielen Fällen von Dritten dazu verwendet werden, sie in deren Geschäftsmodell zu integrieren, um damit erhebliche Werbeeinnahmen zu generieren.[719] Diese Leistung gelte es deswegen rechtlich zu schützen.[720] Die Ausrichtung zur bezweckten Beteiligung an den Einnahmen dieser Dritten, namentlich Google,[721] war Hauptgrund für dieses originäre Recht, nicht die Beendigung eines rechtssystematisch unzureichenden Gesetzeswerkes.[722] Mithilfe eines eigenen Leistungsschutzrechtes soll es den Presseverlegern möglich sein, ohne einen oftmals sehr komplexen Nachweis der ihnen eingeräumten Rechte *„einfacher und umfassender gegen Rechtsverletzungen im Internet"* vorzugehen sowie Unterlassungsansprüche geltend zu machen.[723]

3. *Schutzgegenstand*

Anknüpfungspunkt für den Schutzgegenstand des originären Rechtes des Presseverlegers ist das Presseerzeugnis, welches in § 87f Abs. 2 S. 1 UrhG legal definiert ist. Dieses Presseerzeugnis ist in seiner konkreten Festlegung Ausdruck der Verlegerleistung, sodass die zur Anfertigung dieses Presseerzeugnisses erforderliche wirtschaftliche, organisatorische und technische Leistung des Presseverlegers geschützt wird.[724]

---

717 BT-Drs. 17/11470, S. 6.

718 RefE, aaO, S. 49.

719 RefE, aaO, S. 50.

720 BT-Drs. 17/11470, S. 6.

721 Siehe dazu den Rechtsstreit der VG Media (seit 01.2021 Corint Media) gegen Google, der angesichts der Unanwendbarkeit der nationalen Regelung zum Leistungsschutzrecht des Presseverlegers seitens der VG Media in Form einer Klagerücknahme vorerst sein Ende gefunden hat, FAZ vom 4.6.2020, Google bleibt Prozess gegen VG Media erspart, abrufbar unter: https://www.faz.net/aktuell/wirtschaft/google-bleibt-prozess-gegen-vg-media-erspart-16800970.html (letzter Zugriff am 31.10.2020).

722 *Stieper* in: Schricker/Loewenheim, Urheberrecht, § 87f Rn. 3.

723 BT-Drs. 17/11470, S. 6.

724 BT-Drs. 17/11470, S. 8; *Stieper* in: Schricker/Loewenheim, Urheberrecht, § 87f Rn. 7.

B. Das unternehmensbezogene Leistungsschutzrecht

Anders als bei der urheberrechtlichen Schutzbedürftigkeit (Werke im Sinne des § 2 UrhG) findet sich keine allgemeingültige Voraussetzung für einen urheberrechtlichen Leistungsschutz; auch eine Definition dieser Leistung existiert nicht.[725] Es lässt sich nur auf die vorangehend dargelegten normierten Leistungsschutzberechtigungen Bezug nehmen, dabei Parallelen aufsuchen und hiernach Gruppierungen vornehmen.

Die vorangehend aufgeführten Leistungsschutzrechte lassen sich anhand ihrer Schutzzwecke in drei Gruppen aufteilen:

1. Zum einen schützen die Regelungen des ausübenden Künstlers nach §§ 73ff. UrhG, des Verfassers bestimmter Ausgaben nach §§ 70f. UrhG sowie des Lichtbildners nach § 72 UrhG vorrangig die jeweilige kulturelle, persönliche Leistung.[726]
2. Auf der anderen Seite werden nach § 87a UrhG im Falle des Datenbankherstellers getätigte Investitionen als Schutzgrund herangezogen.
3. Viel entscheidender für eine Vergleichbarkeit mit der verlegerischen Leistung sind hingegen diejenigen Leistungsschutzrechte, die auf dem Schutz einer besonderen wirtschaftlichen, technischen und organisatorischen Leistung – mithin dem Aspekt des Investitionsschutzes – beruhen, die sog. unternehmensbezogenen Leistungsschutzrechte.[727] Dies sind die Leistungsschutzrechte des Tonträgerherstellers, des Sendeunternehmens und des Presseverlegers.[728]

I. Schutzgegenstand und -umfang des unternehmensbezogenen Leistungsschutzrechtes

1. *Organisatorische, wirtschaftliche und technische Leistung*

Schutzgegenstand der unternehmensbezogenen Leistungsschutzrechte ist stets die in dem jeweiligen Medium verkörperte immaterielle Leistung: die

725 *Schulze,* Mehr Urheberrecht oder mehr Leistungsschutz?, in: FS Schricker, S. 527.

726 *Dreier* in: Dreier/Schulze, UrhG, Vor. §§ 70ff. Rn. 2; *Wiebe* in: Spindler/Schuster, Recht der elektronischen Medien, UrhG, Vor. §§ 70ff. Rn. 1; *Schulze,* Mehr Urheberrecht oder mehr Leistungsschutz?, in: FS Schricker, S. 527.

727 *Dreier* in: Dreier/Schulze, UrhG, Vor. §§ 70ff. Rn. 2.

728 *Ahlberg/Lauber-Rönsberg* in: BeckOK Urheberrecht, Einf. Rn. 73. Vgl. auch die Ausarbeitung zum Leistungsschutz bei *Purtschert,* Der Schutz des unmittelbaren Ergebnisses einer Arbeits- oder Unternehmensleistung, S. 52ff.

organisatorische, wirtschaftliche und technische Leistung des Leistungserbringers.[729] Hintergrund dieses Schutzes ist statt einer persönlichkeitsrechtlichen Ausrichtung somit allein die Wahrung vermögensrechtlicher Interessen.[730] Anstatt des Schutzes einer individuellen, geistigen Schöpfung, die für den urheberrechtlichen Schutz notwendig ist, handelt es sich bei einem unternehmensbezogenen Leistungsschutzrecht um eine der geistigen Schöpfung nachgelagerte, auf die Verwertung und Vermittlung abzielende Tätigkeit des Leistungserbringers.[731] Geschützt werden sollen die Investitionen, die im Rahmen dieses Leistungserbringens getätigt werden.[732] Die Gefahr, die sich hierbei nach Veröffentlichung ergibt, ist die Möglichkeit für Dritte, das Endergebnis der umfassenden finanziellen wie personellen Anstrengungen schlicht zu übernehmen, sich die Kosten der Vorarbeit zu sparen und hierbei ggf. das Werk zu günstigeren Konditionen anzubieten.[733] In Anbetracht dieser eigenen geschützten Leistung ist eine urheberrechtliche Schutzwürdigkeit des dabei verarbeiteten Werkes unerheblich und hat auf das Entstehen dieses Leistungsschutzrechtes keinen Einfluss.

2. *Nebeneinander der Urheber- und Leistungsschutzrechte*

Durch ein solches originäres Recht darf die Rechtsstellung des Urhebers und die Geltendmachung seiner originären Rechte nicht beeinträchtigt werden. Aus diesem Grund ist ein Nebeneinander dieser beiden Rechte sichergestellt, wobei diese Rechtewahrung des Urhebers auch europarechtlich in Form von Regelungen aus Richtlinien gesichert ist, vgl. Art. 12 RL 2006/115/EG (sog. Vermiet- und

---

729 So auch *Rieger*, Ein Leistungsschutzrecht für Presseverleger, S. 64. Leistungsschutzberechtigten sei nach *Schramm* gemein, dass sie als erster ein Leistungsergebnis auf den Markt bringen und der daraus resultierende „*zeitliche Vorsprung einen mindestens vorübergehenden geschäftlichen Vorteil verspricht*", *Schramm*, Grundlagenforschung auf dem Gebiete des gewerblichen Rechtsschutzes und Urheberrechtes, S. 225.

730 Ebenso *Rieger*, Ein Leistungsschutzrecht für Presseverleger, S. 51. Anders und insoweit unzutreffend verallgemeinernd die Definition im Glossar bei *Schulze*, Materialien zum Urheberrechtsgesetz, S. 580. Unter „verwandte Schutzrechte" wird Folgendes angeführt: „*Es werden persönliche geistige Leistungen ähnlich wie bei der Schaffung eines Werkes i.S.v. § 2 UrhG geschützt*".

731 *Hubmann*, Urheber- und Verlagsrecht, S. 44.

732 *Wandtke* in: Wandtke/Bullinger, UrhR, Einl. Rn. 24. Vgl. zum Filmhersteller BGH GRUR 2018, 400 – Rn. 19 – Konferenz der Tiere.

733 *Schorn* GRUR 1978, 230 (231).

Verleihrichtlinie), Art. 5 RL 93/83/EWG (sog. Satelliten- und Kabelrichtlinie) sowie Art. 12 RL 2001/29/EG (sog. InfoSoc-Richtlinie).

3. Inhaberschaft

Der Erwerb des Urheberrechtes im Sinne des Urheberrechtsgesetzes ist allein natürlichen Personen vorbehalten. Im Rahmen der Leistungsschutzrechte wird zur Inhaberschaft danach differenziert, ob diese eine persönliche Leistung oder eine unternehmerische Leistung schützen. Steht eine persönliche Leistung im Vordergrund, kann auch das Leistungsschutzrecht allein einer natürlichen Person zustehen; sofern aber die unternehmerische Leistung Schutzgrund ist, können neben natürlichen Personen auch juristische Personen Inhaber eines solchen Rechtes sein.[734]

4. Schutzdauer

Anknüpfungspunkt der Schutzdauer eines unternehmensbezogenen Leistungsschutzrechtes kann zwingend nicht die Lebenszeit einer natürlichen Person, sondern grundsätzlich nur der Erbringungszeitpunkt der unternehmerischen Leistung sein.[735]

5. Rechtsfolgen und Vorteile eines urheberrechtlichen Leistungsschutzrechtes

Derjenige, der Inhaber eines Leistungsschutzrechtes ist, hat das ausschließliche Recht, den Schutzgegenstand entsprechend den jeweiligen Normierungen zu verwerten.

a) Übertragbarkeit

Anders als bei einer urheberrechtlichen Rechtsstellung im engeren Sinne, kann das Leistungsschutzrecht als Ganzes auf eine andere Person übertragen werden, wobei die Regelungen der Abtretung nach dem allgemeinen Zivilrecht maßgeblich sind, §§ 398ff. BGB.[736]

---

734 *Dreier* in: Dreier/Schulze, UrhG, Vor. §§ 70ff. Rn. 3.

735 *Dreier* in: Dreier/Schulze, UrhG, Vor. §§ 70ff. Rn. 3.

736 *Ahlberg/Lauber-Rönsberg* in: BeckOK Urheberrecht, Einf. Rn. 76.

b) Effektive Rechtsschutzmöglichkeiten durch das UrhG

Darüber hinaus bietet das urheberrechtliche Leistungsschutzrecht weitere Vorteile, die es gegenüber einem wettbewerbsrechtlichen Schutz effektiver erscheinen lässt. Dem Inhaber eines Leistungsschutzrechtes ist es möglich, gegen beeinträchtigende Handlungen Dritter umfassend vorzugehen.[737] Anders als über einen wettbewerbsrechtlichen Leistungsschutz wird durch ein urheberrechtliches Leistungsschutzrecht gerade die Leistung als solche geschützt, sodass umfassend gegen alle beeinträchtigenden Handlungen, somit u.a. auch die Herstellung, vorgegangen werden kann. Über die §§ 97ff. UrhG kann neben dem Schadensersatz (§ 97 Abs. 2 UrhG) insbesondere auch die Beseitigung und Vernichtung (§ 98 Abs. 1 UrhG) der rechtsverletzenden Exemplare und nach § 101 Abs. 1, 2 UrhG Auskunft über die Herkunft und den Vertriebsweg der rechtsverletzenden Vervielfältigungsstücke verlangt werden.

Ein weiterer Vorteil des urheberrechtlichen Leistungsschutzrechtes ist die Entbehrlichkeit des Nachweises eines konkreten Schadens, wie nach § 9 S. 1 UWG erforderlich; vielmehr kann in den jeweiligen Konstellationen die pauschalierte Schadensberechnung herangezogen werden.[738]

Zudem sind die Regelungen der §§ 95aff. UrhG zum Schutz der Rechte durch technische Maßnahmen, die Sanktionsmaßnahmen nach §§ 106ff. UrhG sowie die zwangsvollstreckungsrechtlichen Maßnahmen nach §§ 112ff. UrhG anwendbar.[739]

c) Kein Nachweis einer wettbewerbsrechtlichen Eigenart

Schließlich ist durch die Gewährung eines urheberrechtlichen Leistungsschutzrechtes und der konkret geschützten Leistung keine einzelfallbezogene Darlegung der wettbewerbsrechtlichen Missbilligung erforderlich.[740] Vielmehr muss es sich lediglich um eine solche Leistung handeln, die durch die Norm erfasst wird und den Rechtsschutz greifen lässt, sobald diese Leistung als beeinträchtigt dargelegt wurde.

---

737 Bzgl. der Diskussion zur Einführung eines Leistungsschutzrechtes für Filmhersteller *Ulmer* GRUR Ausl 1953, 182 (194).

738 *Hilty*, „Leistungsschutz" – made in Switzerland?, in: FS Ullmann, S. 662.

739 *Ahlberg/Lauber-Rönsberg* in: BeckOK Urheberrecht, Einf. Rn. 76.

740 *Hilty*, „Leistungsschutz" – made in Switzerland?, in: FS Ullmann, S. 662.

II. Leistungsschutzrechte als Teil des Urheberrechtes

De lege lata finden sich die Leistungsschutzrechte unter dem mit „Teil 2: Verwandte Schutzrechte“ überschriebenen Abschnitt des Urheberrechtsgesetzes. Die dortige Normierung wird jedoch nicht einhellig als passend erachtet.

1. Das Verhältnis des Leistungsschutzes zum Urheberrecht

Teilweise wird die Normierung der als „verwandte Schutzrechte“ betitelten Leistungsschutzrechte als sachlich nicht gerechtfertigt angesehen.

Zum einen seien hierbei die Unterschiede der jeweils erfassten Interessen zu unterschiedlich, dass eine gemeinsame Normierung nicht gerechtfertigt sei.[741] Zum anderen wird die Nähe dieser normierten Rechte zum Urheberrecht abgelehnt. Geschützt werde *„nur eine als schutzwürdig erachtete Leistung und keine dem Urheberrecht mit dem eigenschöpferischen gestalteten eigenen Werk verwandte Leistung“*.[742]

Eine derartige Sichtweise würde die Bedeutung der erfassten Leistungserbringung verkennen und gleichzeitig den Regelungsgehalt des Urheberrechtsgesetzes zu restriktiv auslegen. Zutreffend ist bei den angeführten Erwägungen, dass eine schöpferische Leistung als solche nicht Gegenstand des Leistungsschutzrechtes ist. Dennoch sind die Vermittlungsleistungen des Verlegers – wie ausgeführt – von überragender Bedeutung für den Urheber, den Endabnehmer sowie einer an kultureller Diversität interessierten Allgemeinheit.[743]

2. Ein eigenes Gesetz für Leistungsschutzrechte

a) Die Diskussion zum Urheberrechtsgesetz ab 1965

Bereits im Rahmen der Einführung des Urheberrechtsgesetzes 1965 wurde teilweise befürwortet, den Schutz des ausübenden Künstlers, des Tonträgerherstellers, des Sendeunternehmens sowie des Filmherstellers in ein eigenes Gesetz zu fassen.[744] Allein der Umstand, dass bei der Leistungserbringung eine Nähe zu schöpferischen Werken gegeben sei, rechtfertige die Normierung der nicht schöpferischen Leistung im Urheberrecht nicht.[745]

---

741 *v. Gamm*, Urheberrechtsgesetz, S. 70.

742 *v. Gamm*, Urheberrechtsgesetz, S. 72.

743 Siehe Kap. 4 D.

744 *Ulmer* UFITA 45 (1965), 18 (45f.); *Troller* UFITA 45 (1965), 385 (397); *Reischl* UFITA 45 (1965), 1 (15) mwN.

745 *Troller*, Immaterialgüterrecht, II, S. 820.

Insbesondere die Interessenvertretung der Verleger, die Verlegerverbände sowie der Börsenverein des Deutschen Buchhandels traten hierfür ein. Befürchtet wurde durch die gemeinsame Normierung in einem Gesetzeswerk, dass bei Auslegung der verwandten Schutzrechte urheberrechtliche Grundsätze angewendet und die Verwertungsmaßnahmen die Rechte des Urhebers durch diese neuen Leistungsschutzrechte hemmen könnten.[746]

b) Die neuere Diskussion

Immer wieder kommen auch über ein halbes Jahrhundert später Stimmen in der Literatur auf, die die Normierung der Leistungsschutzrechte in einem eigenen Gesetz befürworten.[747] Es ließe sich unter Bezugnahme auf den primär investitionsschützenden Charakter insbesondere für die unternehmensbezogenen Leistungsschutzrechte vertreten, dass dies dem Urheberrecht im engeren Sinne fremd sei und deswegen in einem eigenen Rechtsrahmen geregelt werden sollten.

Grundlage für den Schutz im Rahmen des Urheberrechtsgesetzes ist die umfassende rechtliche Absicherung des Urhebers und seine Beziehung zu seinem künstlerischen, wissenschaftlichen sowie literarischen Werk im Sinne des § 2 UrhG.[748] Wenn es nun um bestimmte Kategorien, wie Datenbanken oder Computerprogramme geht, wird deren Schutz als „*Fremdkörper im UrhG*" angesehen und ein Verschwimmen der Grenzen zwischen einem urheberrechtlichen Werk und einer sonstigen Leistung im Sinne des verwandten Schutzrechtes befürchtet.[749]

3. Leistungsschutzrechte als Teil des Urheberrechtsgesetzes

Durch den Verweis auf allgemeine Regelungen, insbesondere bezüglich des Umfangs der Leistungsschutzrechte auf die Vorschriften zu den Verwertungsrechten in §§ 15ff. UrhG, sowie die Bezugnahme auf Begrifflichkeiten, die im vorangehenden Teil des Urheberrechtsgesetzes ausgeführt und begrifflich identisch im Rahmen der verwandten Schutzrechte verstanden werden,[750] ist

---

746 *Reischl* UFITA 45 (1965), 1 (15).

747 *Schulze* ZUM 1989, 49 (60f.). Zuletzt als Denkanstoß bei *Obergfell* GRUR 2019, 992 (1003).

748 Vgl. *Wandtke* in: Wandtke/Bullinger, UrhR, Einl. Rn. 13ff.

749 *Wandtke* in: Wandtke/Bullinger, UrhR, Einl. Rn. 24; *Dreier* in: Dreier/Schulze, UrhG, Einl. Rn. 17ff.

750 *Wiebe* in: Spindler/Schuster, Recht der elektronischen Medien, UrhG, Vor. §§ 70ff. Rn. 2. *Dreier* in: Dreier/Schulze, UrhG, Vor. §§ 70ff. Rn. 4; *Ahlberg/Lauber-Rönsberg* in: BeckOK Urheberrecht, Einf. Rn. 76.

die Normierung dieser Rechte im Rahmen des Urheberrechtsgesetzes durchaus naheliegend. Aus diesen Erwägungen entschied sich auch der Gesetzgeber bei Einführung des Urheberrechtsgesetzes 1965 für eine einheitliche Normierung: Andernfalls hätten sich Dopplungen dahingehend ergeben, dass im Rahmen eines eigenen Gesetzes für Leistungsschutzrechte zahlreiche urheberrechtliche Bestimmungen hätten erneut aufgeführt werden müssen mit der Folge, dass die aus der Auslegung zu § 2 Abs. 2 LUG sich im Wege der sog. leistungsschutzrechtlichen Urteile[751] des BGH ergebende Parallele des ausübenden Künstlers zum Urheber zu Wertungswidersprüchen geführt hätte.[752]

Diskutiert wurde, ob es nicht eine Kollisionsnorm zur Regelung des Verhältnisses von Urheber- und Leistungsschutzrechten erfordert hätte. Da bereits die einzelnen Leistungsschutzrechte durch die Modalitäten ihrer Ausgestaltung eine derartige Beeinträchtigung nicht ermöglichen und eine starre Kollisionsnorm im Einzelfall zu unbilligen Ergebnissen führen könnte, entschied man sich bewusst gegen eine Kollisionsnorm.[753]

Trotz der aufgeführten Ähnlichkeiten ist der Schutz durch ein Leistungsschutzrecht enger als im Vergleich zu einem umfassenden Urheberrecht zu verstehen.[754] Urheberpersönlichkeitsrechtliche Aspekte, wie das beispielsweise im Veröffentlichungsrecht nach § 12 UrhG, sind durch Leistungsschutzrechte nicht umfasst. Sowohl inhaltlich als auch zeitlich (urheberrechtliche Geltungsdauer: 70 Jahre; leistungsschutzrechtliche Geltungsdauer: zwischen einem bzw. geplant zwei [Presseverleger] und 70 Jahren [ausübende Künstler, Tonträgerhersteller]) bleibt das Leistungsschutzrecht hinter dem Urheberrecht zurück.[755]

Ein weiteres Argument für die einheitliche Normierung der Urheberrechte auf der einen und den Leistungsschutzrechten auf der anderen Seite ist der gemeinsame Zweck: wenn es um kulturelle Leistungen geht – sei es als Schöpfer, sei es als Vermittler – sollte dieser gesamte kulturelle Bereich passenderweise im Rahmen des Urheberrechtsgesetzes einheitlich aufgeführt werden.[756]

---

751 Zu diesen siehe Kap. 3 I. II.

752 *Reischl* UFITA 45 (1965), 1 (16), der eingehend die Wertungswidersprüche ausführt.

753 *Reischl* UFITA 45 (1965), 1 (17).

754 *Wiebe* in: Spindler/Schuster, Recht der elektronischen Medien, UrhG, Vor. §§ 70ff. Rn. 2.

755 *Ulmer* UFITA 45 (1965), 18 (46).

756 *Hubmann,* Das Recht des schöpferischen Geistes, S. 176.

C. Erwägungen zur Schaffung eines neuen Immaterialgüterrechtes

Bevor die Einführung eines neuen Immaterialgüterrechtes eingehend erörtert werden kann, sollte ein Problembewusstsein dafür geschaffen werden, welche Folgen ein solches Recht auf die Gesellschaft sowie die Rechtsordnung hat.

I. Folgen eines neuen Immaterialgüterrechtes für den Wettbewerb

Die Normierung eines originären Rechtes führt zugunsten des Berechtigten dazu, dass als Folge eines Ausschließlichkeitsrechtes, Dritte im Rahmen des festgeschriebenen Umfangs von der Nutzung sowie Verwertung ausgeschlossen werden. Aus diesem Grund bedarf die Befürwortung einer solchen neuen Ausschließlichkeitsposition einer umfassenden Bewertung der dabei betroffenen Interessen.

1. Hemmnis der Wirtschaft

Um das gesellschaftliche, wirtschaftliche Fortkommen nicht zu beeinträchtigen, dürfen neue Immaterialgüterrechte nur dann angedacht werden, wenn hierdurch ein fairer Wettbewerb gewährleistet werden soll und nicht nur allein ein Individualinteresse handlungsleitend ist.[757]

Folge der Gewährung eines neuen Ausschließlichkeitsrechtes ist es nämlich, dass dem Inhaber dieses Rechtes eine monopolartige Stellung bezüglich des Umfangs des eingeräumten Ausschließlichkeitsrechtes zukommt und dadurch zwangsläufig die Allgemeinheit, somit auch die Mitbewerber, von der Nutzung dieses Leistungsergebnisses eingeschränkt werden.[758] Diejenigen, die hierauf zugreifen möchten, müssten sich dies lizenzieren lassen und zur Nutzungsmöglichkeit ein Entgelt für den Erwerb einer Lizenz entrichten mit der Folge, dass der Zugang zu fremden Leistungen und somit die Freiheit des Marktes als Ganzes weiter eingeschränkt würde.[759]

Aus diesem Grund wird zur Rechtfertigung eines solchen Wettbewerbseingriffs teilweise eine eigenartige oder fortschrittliche Leistung des Leistungserbringers gefordert. Tragfähige Argumente, die die Übernahme einer „schlichten"

---

757 *Schramm*, Grundlagenforschung auf dem Gebiete des gewerblichen Rechtsschutzes und Urheberrechtes, S. 218f.

758 *Schulze* ZUM 1989, 49 (59).

759 *Schulze* ZUM 1989, 49 (59).

Leistung ohne Eigenartig- oder Fortschrittlichkeit rechtfertigen können, sind nicht ersichtlich.[760] Andererseits darf ein Immaterialgüterrecht nicht dazu führen, dass allein ein umfassender Leistungsaufwand für eine Schutzwürdigkeit ausreicht. Wäre dies der Fall, ließe sich allein durch die Vornahme überflüssiger sowie vermeidbarer, aber zeitintensiver Arbeitsmaßnahmen ein Immaterialgüterschutz erschleichen.[761] Wettbewerber haben allein schon wegen der immensen Kostenersparnis ein hohes Interesse daran, fremde Leistungen, ohne die dafür notwendige Forschungs- und Entwicklungsarbeit leisten zu müssen, in größtmöglichem Umfang zu übernehmen.[762]

2. *Zum Erfordernis eines Marktversagens*

Man könnte zur Einführung eines originären Rechtes im Urheberrechtsgesetz eventuell das Erfordernis eines ohne eine solche Rechtsstellung resultierenden Marktversagens anführen. Dabei könnte auf eine wettbewerbsrechtliche Argumentationsweise rekurriert werden.[763] Eine solche Sichtweise verkennt jedoch die Eigenarten eines immaterialgüterrechtlichen Schutzes und dessen sachliche Rechtfertigung. Bei der Erörterung eines wettbewerbsrechtlichen Rechtsschutzes geht es um einen daraus folgenden Eingriff in die freie Marktwirtschaft, in der der Grundsatz der Nachahmungsfreiheit umfassende Geltung beansprucht. Zur Herstellung eines wettbewerbsrechtlichen Gleichgewichts kann daher nach richtiger Sichtweise nur vor einer konkreten Handlung geschützt werden, die dieses Gleichgewicht erheblich stören würde.[764]

Anders ist dies im Rahmen des Immaterialgüterrechts. Hier geht es darum, eine als schutzwürdig erachtete Leistung deswegen durch eine originär, im Sinne eines Ausschließlichkeitsrechts, zu verstehende Rechtsposition zu schützen, da diese Leistungserbringung gewünscht ist und für jeden Leistungserbringer die prognostizierbare, ordnungsgemäße Erlangung von Einnahmen ermöglicht werden muss.[765] Es wird explizit ein Leistungsergebnis vor der schlichten

---

760 So auch *Purtschert*, Der Schutz des unmittelbaren Ergebnisses einer Arbeits- oder Unternehmensleistung, S. 70; *Schulze*, Mehr Urheberrecht oder mehr Leistungsschutz?, in: FS Schricker, S. 535; *Hilty*, „Leistungsschutz" – made in Switzerland?, in: FS Ullmann, S. 661, 666.

761 *Hubmann*, Das Recht des schöpferischen Geistes, S. 160.

762 *Schröer*, Der unmittelbare Leistungsschutz, S. 188.

763 Hierzu siehe bereits Kap. 2 D.

764 *Ehmann* GRUR Int. 2009, 659 (661).

765 *Ehmann* GRUR Int. 2009, 659 (661).

Übernahme geschützt, die im Wettbewerbsrecht für einen Rechtsschutz nicht genügt. Um die Wettbewerbsfreiheit nicht unverhältnismäßig einzuschränken, wird eine Schaffung eines neuen Immaterialgüterrechts nur unter der Voraussetzung vertreten, dass es sich um eine für die Allgemeinheit bedeutsame Leistung handelt, die ohne einen rechtlichen Schutz Gefahr liefe, nicht mehr erbracht zu werden.[766] Andernfalls fehle die gesetzgeberische Legitimation, da bei einem fehlerfreien Funktionieren des Marktes keine Rechtfertigung für eine derartige Beeinträchtigung des Marktes bestehe.[767]

Aufgrund der aufgezeigten Differenzen dieser beiden Rechtsgebiete, erscheint es nicht überzeugend, für einen immaterialgüterrechtlichen Schutz das Erfordernis eines Marktversagens zu verlangen. Auf der anderen Seite darf auch nicht jede in Betracht kommende Leistung durch ein eigenes Recht geschützt werden, da dies zu erheblichen Beeinträchtigungen für den Nutzer sowie das gesamte Wirtschaftsleben führen würde. Vielmehr muss eine besondere Schutzbedürftigkeit der Leistungen begründet werden und eine erhebliche Vergleichbarkeit zu den weiteren verwandten Schutzrechten bestehen. Wenn sich der Gesetzgeber für den Schutz gewisser organisatorischer, technischer und wirtschaftlicher Investitionen entschieden hat, muss bei umfassender Vergleichbarkeit der Tätigkeiten auch die bisher nicht geschützte Leistung unter diesen Schutz fallen. Es wäre ein Markteingriff durch Unterlassen, wenn bestimmte Gruppen durch ein originäres Recht geschützt werden und ohne sachliche Rechtfertigung eine hierzu vergleichbare Gruppe ausgeschlossen wird.

3. *Anreiz zur Leistungserbringung*

Im Unterschied zu materiellen Gütern kann die Inhaberschaft eines immateriellen Gutes zumindest nicht kraft besitzrechtlicher Schutzmöglichkeiten zur Abwehr beeinträchtigender Dritter befähigen.[768] Sobald das immaterielle Gut der Öffentlichkeit preisgegeben wird, ist die Möglichkeit der Übernahme der Leistung durch einen Dritten dem Leistungserbringer allein schon mangels Herrschaftsgewalt darüber entzogen.[769] Aus diesem Grund ergibt sich ein besonderes Schutzinteresse für denjenigen, der ein solches immaterielles Gut schafft.

---

766 *Ehmann/Szilagyi* K&R 2009, 1 (3) unter Verweis auf *Hilty* GRUR 2005, 819 (822).

767 *Hilty* GRUR 2005, 819 (822).

768 *Schröer*, Der unmittelbare Leistungsschutz, S. 186.

769 *Schröer*, Der unmittelbare Leistungsschutz, S. 186 mit Verweis auf eines der leistungsschutzrechtlichen Urteile des BGH: GRUR 1960, 614 (616) – Figaros Hochzeit.

Ein Vorteil der Normierung eines neuen Immaterialgüterrechtes ließe sich darin sehen, dass dadurch einem potenziellen Leistungserbringer bereits zu Beginn seiner Tätigkeit der Rechtsschutz seiner späteren Leistung bekannt ist. Hierdurch ist es für den Leistungserbringer möglich, mit der wirtschaftlichen Ertragslage zu rechnen bzw. eine Prognose hierüber anzustellen, die ihn abgesehen von ideellen Beweggründen zur Erbringung der Leistung antreiben könnte.[770] Das Interesse des Leistenden ist somit die möglichst lange und umfassende Möglichkeit, ausschließlich an der Verwertung dieser Leistung partizipieren zu können.[771]

II. Interessensausgleich: fairer, transparenter Wettbewerb

Das Ziel muss es dabei sein, einen zeitlich angemessenen begrenzten interessengerechten Ausgleich zu schaffen, der zum einen dem Unternehmer die Amortisierung seiner Kosten und Erfüllung der wirtschaftlichen Prognose ermöglicht und zum anderen Dritte nicht über Gebühr von einer eigenen Leistungserbringung ausschließt sowie Interessen der Allgemeinheit nicht vorschnell übergeht.[772]

1. Fairness des Wettbewerbes

Sobald eine Leistung der erheblichen Gefahr der Übernahme Dritter ausgesetzt ist, besteht die Gefahr einer Beeinträchtigung des Wettbewerbs. Derjenige, der eine Leistung geschaffen hat, würde nicht mehr die ihm zustehenden Einnahmen erhalten und Dritte, die diese Leistung nicht eigenständig erbracht haben und deswegen um einiges kostengünstiger anbieten können, käme dieser wirtschaftliche Vorteil zugute. Die Fairness des Wettbewerbes als eine der grundlegenden Prinzipien einer modernen, freien Marktwirtschaft wäre nicht mehr gewährleistet und vor allem ein Anreiz für potenziell leistungsbereite Unternehmer, dass sich die eigene Leistung auch wirtschaftlich rentiert, wäre verloren.

Sinn und Zweck bei der Schaffung eines neuen Leistungsschutzrechtes muss es daher richtigerweise sein, eine unternehmerische Leistung gegen eine nicht

770 So auch *Purtschert*, Der Schutz des unmittelbaren Ergebnisses einer Arbeits- oder Unternehmensleistung, S. 80.

771 *Schröer*, Der unmittelbare Leistungsschutz, S. 187.

772 *Purtschert*, Der Schutz des unmittelbaren Ergebnisses einer Arbeits- oder Unternehmensleistung, S. 64, 70. Vgl. als Beispiel für die Argumentationsweise im Rahmen der Diskussion bzgl. der Leistungsschutzrechte den Tagungsbericht *Mauhs* ZUM 1989, 66 (66).

gebilligte Leistungsübernahme so umfassend wie möglich zu schützen.[773] Es muss gerade der Leistungserbringer geschützt werden, nicht der leistungsübernehmende Dritte.[774] Viel zu oft wird in solchen Diskussionen der Eindruck erweckt, das Hauptaugenmerk einer Argumentationsweise liege auf den Folgen für Dritte. Im Vordergrund steht der Leistungserbringer und dessen Schutzwürdigkeit.

Letztendlich würde mittels eines neuen Leistungsschutzrechtes nur die Übernahme einer fremden Leistung rechtlich missbilligt, eine eigene Leistung könnte jeder Mitbewerber weiterhin erbringen. Interessenswidrig kann eine solche Rechtslage nicht sein.

2. *Transparente, originäre Rechte (auch) im Interesse der Mitbewerber*

Dabei steht eine transparente, direkt einsehbare originäre Rechtsstellung auch im Interesse der Mitbewerber: Diese können ohne weitere Umstände einschätzen, ob eine geplante Tätigkeit gegen geltendes Recht verstößt und zur Vermeidung von Rechtsstreitigkeiten daher unterlassen werden sollte.[775] Anders als bei einem Rechtsschutz über die Geltendmachung derivativer Rechte oder über das kaum sicher abschätzbare Wettbewerbsrecht, vermag allein eine originäre Rechtsstellung bestmöglich über bestehende Rechte Aufschluss zu geben. Es geht somit darum, die bereits normierten verwandten Schutzrechte für eine hiermit sehr gut vergleichbare Gruppe und den Rechtsschutz durch das Urheberrechtsgesetz allgemein zur Gewährleistung eines modernen, zukunftsfähigen Urheberrechtes in Form einer neuen Fallgruppe zu erweitern.[776]

3. *Dauer des Schutzrechts*

Wenn es darum geht, einen angemessenen Interessensausgleich zu schaffen, kann die Erörterung der Dauer eines ggf. zu schaffenden neuen Immaterialgüterrechtes nicht außer Betracht bleiben. Hängt es doch gerade erheblich von der Schutzdauer ab, inwieweit es Dritten untersagt ist, die geschützte Leistung

---

773 *Purtschert*, Der Schutz des unmittelbaren Ergebnisses einer Arbeits- oder Unternehmensleistung, S. 70.

774 *Schulze* ZUM 1989, 49 (60).

775 So auch *Schröer*, Der unmittelbare Leistungsschutz, S. 188 und *Ahrens* GRUR 2006, 617 (622), wobei *Ahrens* die Schaffung eines eigenen Gesetzes fordert, das die „*Sonderschutzrechte des Geistigen Eigentums*" beinhaltet.

776 *Schulze* ZUM 1989, 49 (59).

entsprechend den Maßgaben der jeweiligen Regelung zu verwerten. Hintergrund der Befristung eines Leistungsschutzrechtes, genau wie die des Urheberrechtes, ist die Gewährleistung eines freien Zugangs zum Werk.[777]

a) Hypothetische Dauer der eigenständigen Leistungserbringung

Man könnte nun wie *Purtschert* die Frage aufwerfen, ob als zeitliche Vorgabe diejenige Zeitspanne zu wählen ist, die für den Leistungsnachahmenden erforderlich wäre, eigenständig die nachzuahmende Leistung zu erbringen.[778] Auch *Schramm* geht in seinem Vorschlag 1958 in eine ähnliche Richtung und plädiert für den Schutz des zeitlichen Vorsprungs: ohne ein selbstständiges absolutes Recht zu schaffen, muss ein Wettbewerber einer eigenartigen und fortschrittlichen Leistung dahingehend geschützt werden, dass innerhalb eines angemessenen Zeitraums diese Leistung nicht nachgeahmt wird.[779]

Dass sich bei dem Vorschlag *Purtscherts* praktische Probleme ergeben, liegt auf der Hand: So ist kaum rechtssicher festzustellen, welcher Start- und Endzeitpunkt dieser Zeitspanne zu wählen ist. Bis aus einer Idee die letztendliche Umsetzung vollzogen wird, stellt einen nicht zu unterschätzenden und kaum zeitlich transparent belegbaren Zeitraum dar, der dabei von erheblicher Dauer gewesen sein kann. Andererseits ist bei Vorliegen eines Leistungsergebnisses eines anderen die Annahme, auch die eigene Schaffenskraft hätte einen hierzu bemächtigt, schnell getroffen. Obgleich dies bezweifelt werden könnte, da allein dieses Vorliegen und Wahrnehmen einer fremden Leistung einen erheblichen Einfluss auf das eigene Schaffen haben kann, müsste ermittelt werden, welchen Zeitraum der andere zur eigenen Leistung gebraucht hätte – ohne das vorliegende Ergebnis des Erstleistenden als Maßstab zu haben. Dass diese Berechnung keine transparente Berechnungsmethode darstellt, ist offensichtlich.

Auch allein den zeitlichen Vorsprung zu schützen, den der Wettbewerber durch seine Leistung erlangt hat, wie es *Schramm* anrät, kann nicht überzeugen. Hiergegen hat sich der Gesetzgeber zudem explizit entschieden, indem er die Ausgestaltung der urheberrechtlichen Leistungsschutzrechte als originäre Rechte normiert hat.

---

777 *Dünnwald* ZUM 1989, 47 (50).

778 *Purtschert*, Der Schutz des unmittelbaren Ergebnisses einer Arbeits- oder Unternehmensleistung, S. 76.

779 *Schramm*, Grundlagenforschung auf dem Gebiete des gewerblichen Rechtsschutzes und Urheberrechtes, S. 230.

b) Möglichkeit der Erlangung angemessener Einnahmen

Bei der Festlegung einer Schutzdauer muss daher vielmehr entscheidungsleitend sein, dass der die Leistung anfertigende Unternehmer die Möglichkeit bekommt, ausreichende und angemessene Einnahmen zu generieren.[780] Als ausreichend bzw. angemessen ist eine solche Vergütung anzusehen, die dem Unternehmer aufgrund der Nachfrage nach seinem Produkt und dem daraus resultierenden Absatz zugutekommt, ohne dass dieser Absatz durch unbefugt nachahmende und leistungsübernehmende Dritte geschmälert wird – ergo in Folge eines ordnungsgemäßen Wettbewerbes.

c) Keine Differenzierung innerhalb des Verlagswesens

Im Rahmen des Verlagswesens ist eine Differenzierung zwischen den einzelnen Bereichen, etwa der Belletristik oder Bildung, nicht anzustreben; hier ist eine einheitliche Schutzfrist angemessen.[781] Einen hinreichenden Grund zur Differenzierung gäbe es auch nur dann, wenn tatsächliche Gründe vorliegen würden, die eine Gleichbehandlung unrechtmäßig erscheinen ließen. Um diese Herangehensweise rechtlich zu begründen, lässt sich auf die Maßstäbe der Prüfung des Gleichheitsgrundsatzes nach Art. 3 Abs. 1 GG rekurrieren. Der allgemeine, verfassungsrechtliche Gleichheitssatz erfordert, dass Gleiches nicht ungleich und Ungleiches nicht gleichbehandelt werden darf – jeweils unter dem Vorbehalt, dass es für diese Gleichbehandlung keine sachliche Rechtfertigung gibt.[782]

Der Börsenverein des deutschen Buchhandels unterteilt zwar das Buchwesen im Rahmen seiner veröffentlichten Statistiken in neun Kategorien: (1) Belletristik, (2) Kinder- & Jugendbücher, (3) Reise, (4) Ratgeber, (5) Geisteswissenschaften, Kunst, Musik, (6) Naturwissenschaften, Medizin, Informatik, Technik, (7) Sozialwissenschaften, Recht, Wirtschaft, (8) Schule und Lernen sowie (9) Sachbuch.[783] Diese Unterteilung kann für die Schutzdauer eines Leistungsschutzrechtes nicht übernommen werden. Bei wissenschaftlichen Verlagen wird in der Regel von einer mehrjährigen Amortisationszeit ausgegangen.[784]

---

780 *Hubmann,* Das Recht des schöpferischen Geistes, S. 164; *Dünnwald* ZUM 1989, 47 (51).

781 So auch *Szilágyi*, Leistungsschutzrecht für Verleger?, S. 112.

782 *Kischel* in: BeckOK Grundgesetz, Art. 3 Rn. 14.

783 *Börsenverein des Deutschen Buchhandels*, Tabellenkompendium, 5.1.2021, abrufbar unter https://www.boersenverein.de/markt-daten/marktforschung/wirtschaftszahlen/ (letzter Zugriff am 19.9.2021).

784 *Ortelbach*, Controlling in wissenschaftlichen Verlagen, S. 50.

Aussagekräftige, konkrete branchenübliche Amortisationszyklen lassen sich nicht finden. Für jedes Verlagswerk ist eine eigene Amortisierungsprognose erforderlich. So lässt sich in Bereichen der Belletristik mitunter anhand einer Auflagenhöhe die Amortisierung messen, wohin gegen teilweise bei anderen Verlagswerken nur durch eine Querfinanzierung die Kosten decken kann. Bei einer differenzierenden Schutzdauer wäre die zu erwartende Rechtsunsicherheit angesichts der konkreten Einstufung eines Buches zu einer der Kategorien enorm. Darüber hinaus sind keine hinreichenden Gründe ersichtlich, die einer einheitlichen Schutzdauer entgegenstünden. Für den praktischen Nutzen einer solchen Regelung erscheint es sinnvoll, im Sinne einer rechtssicheren und bestimmten Norm von einer einheitlichen Schutzdauer auszugehen. Nach einer Erprobungszeit von beispielsweise zwei Jahren könnten etwaig erforderliche Anpassungen vorgenommen werden.

III. Zwischenergebnis

Unter welchen zeitlichen Maßgaben ein neues Immaterialgüterrecht normiert werden soll, muss anhand der konkreten Situation beurteilt werden. Allgemeingültige Vorgaben, die für jedes etwaige Immaterialgüterrecht zu gelten haben, sind nicht interessensgerecht. Inwiefern ein eigenes Immaterialgüterrecht des Verlegers zeitlich ausgestaltet werden soll, wird im weiteren Verlauf der Untersuchung dargelegt.[785]

Dass jede Leistung in den Schutz eines Leistungsschutzrechts gelangen soll, ist angesichts des dabei resultierenden erheblichen Eingriffs in das Wirtschaftsleben sowie den allgemeinen Leistungsprozess nicht bezweckt. Vielmehr darf nur eine besonders umfassende, investitionserhebliche Leistung durch ein Immaterialgüterrecht geschützt werden. *„Denn je höher die Leistung, je grösser der mit ihr verbundene Aufwand an Mühen und Kosten ist, umso härter scheint die Übernahme zu treffen“*.[786] Qualitative Anforderungen an eine solche Leistung sind dabei selbstverständlich nicht angemessen.

Der Verleger als Leistungsvermittler ist angesichts seiner erheblichen, für die Allgemeinheit und den Urheber ebenfalls bedeutsamen Investitionen vor einer Leistungsübernahme durch ein originäres Recht zu schützen.[787] Eine solche durch originäres Recht zu schützende Leistung erfordert es, dass nicht nur eine

---

785 Hierzu siehe Kap. 8.

786 *Purtschert*, Der Schutz des unmittelbaren Ergebnisses einer Arbeits- oder Unternehmensleistung, S. 85.

787 Ebenso *Hodik* ZUM 1989, 65 (65); *Schneidinger*, Der Leistungsschutz, S. 87.

im Sinne von § 826 BGB erfolgende Leistungsübernahme als unrechtmäßig oder nach den Vorschriften des UWG als wettbewerbswidrig erachtet wird; vielmehr gebührt eine derartige Leistung in den umfassenden und generellen Schutz durch ein originäres Immaterialgüterrecht zu gelangen.[788]

III. Die Verteilung der Einnahmen

Sofern ein urheberrechtlich geschütztes Werk verwertet wird und hieraus sich Vergütungen ergeben, stellt sich die umstrittene Frage, wie bei einem Nebeneinander von Urheber- und Leistungsschutzrechten die Verteilung erfolgen soll.[789] §§ 32ff. UrhG beinhalten Maßgaben, die im Rahmen der individuellen vertraglichen Ausgestaltung zu beachten sind.

Im Vordergrund der Streitigkeiten liegt die Verteilung der Einnahmen zwischen Urhebern und Leistungsberechtigten auf kollektiver Ebene durch die Verwertungsgesellschaften. Das leitende Prinzip ist dabei, dass die Einnahmen des Urhebers aus Verwertungshandlungen nicht durch ein hinzutretendes Schutzrecht geschmälert werden dürfen, sog. Kuchentheorie. Zu den Rechtsstreitigkeiten im Verlagsbereich und deren Folgen wird im Folgenden Abschnitt noch näher eingegangen.

An dieser Stelle soll das Bewusstsein dafür geschaffen werden, dass die Inhaberschaft eines Leistungsschutzrechtes dazu berechtigt, an den gesetzlichen Vergütungszahlungen kraft eigenen Rechtes beteiligt zu werden. Der Verleger wäre neben dem Urheber zu vergüten. Da die Vergütungen des Urhebers nicht gekürzt werden dürfen,[790] ist die Erhöhung der Preise für den Endabnehmer eine kaum zu vermeidende und von Gegnern neuer Leistungsschutzrechte oft angeführte Folge.[791]

IV. Zusammenfassung

Die normierten Leistungsschutzrechte lassen sich nach ihrem Schutzinhalt in zwei verschiedene Gruppen unterteilen: in Rechte mit persönlichkeitsrechtlichem und Rechte mit unternehmensbezogenem Charakter. Die unternehmensbezogenen Leistungsschutzrechte sind allein schon deswegen für diese Arbeit

---

788 *Hubmann,* Das Recht des schöpferischen Geistes, S. 159.

789 *Dreier* in: Dreier/Schulze, UrhG, Vor. §§ 70ff. Rn. 4.

790 EuGH GRUR 2016, 55 – Rn. 48 – Hewlett-Packard/Reprobel.

791 *Dreier* in: Dreier/Schulze, UrhG, Vor. §§ 70ff. Rn. 4. Zu der Diskussion konkret bezüglich der Einführung eines Leistungsschutzrechtes für Verleger siehe Kap. 5 D.

bedeutsam, da sich zu diesen Normierungen der Verleger hinzuzählen ließe. Geschützt wird eine organisatorisch, wirtschaftlich und technisch bedeutsame Leistung, die besonderen Gefahren der Verletzung und insbesondere der Übernahme ausgesetzt ist. Die Schutzgründe, die zur Normierung der bestehenden Leistungsschutzrechte ursächlich waren, sind auf den allgemeinen Verleger beinahe in Gänze übertragbar; so auch bei der entgegengewirkten Gefahr im Falle des Filmproduzenten, sich vor einem Verbotsrecht durch Mitwirkende zu schützen.

Im Falle eines neugeschaffenen Leistungsschutzrechtes stünde dieses neben, nicht anstelle des Urheberrechtes des Autors und würde auch dessen Vergütung nicht schmälern. Anders als die unzureichenden Rechtsfolgen eines wettbewerbsrechtlichen Leistungsschutzes, kann ein urheberrechtlicher Leistungsschutz umfangreiche Rechtsschutzmöglichkeiten zur Verfügung stellen, die eine effektive Beseitigung rechtsverletzender Handlungen ermöglicht.

Die Tätigkeit des Verlegers ist neben seinem Beitrag zur Meinungsbildung, einem für eine demokratische Grundordnung konstatierenden Recht, für die Verbreitung künstlerischen Schaffens verantwortlich. Kunst ist auf eine umfassende Zugänglichmachung des Werkes angewiesen. Ohne den Wirkbereich, ergo dem Stadium der Vermittlung eines Werkes an interessierte Leser, kann ein allein beim Künstler liegendes, die Allgemeinheit nicht erreichendes Literaturwerk nicht die ihm eigentlich gebührende Bedeutung erlangen. Was nützt doch die wunderbarste Kunst, wenn sie ungesehen bleibt?

Darüber hinaus ist die Tätigkeit des Verlegers für den Urheber aus zweierlei Sicht essenziell: Zum einen ist er aus ideellen Gesichtspunkten an einer weitgehenden und unverfälschten Werkvermittlung interessiert und zum anderen ist er auf die Erzielung von Einnahmen wirtschaftlich in aller Regel angewiesen. Auch der Gesamtwirtschaft ist an einer effektiven und beeinträchtigungsfreien Tätigkeit des Verlegers gelegen. Zunächst hat sie durch die hohen Umsätze des Verlagswesens einen wirtschaftlichen Nutzen aus der Verlegerleistung. Viel bedeutsamer aber ist die Gewährleistung und der Erhalt einer kulturellen Vielfalt, die der Gesamtgesellschaft eine notwendige kulturelle Identität und dem einzelnen Nutzer ermöglicht, getreu seiner Interessen und Vorlieben entsprechende Werkarten zu finden, um damit seine kulturelle Entwicklung zu fördern. Dieses gesamte Geschehen erfordert einen effektiven und umfassenden Schutz des Verlegers, der in einer Zeit geschaffen werden sollte, in der es hierfür noch nicht zu spät ist. Die technischen Möglichkeiten, Leistungen von Verlagen online illegaler Weise zur Verfügung zu stellen, steigen ins Unermessliche, während der Schutz des Verlegers nicht einmal durch ein originäres Recht gewährleistet wird. Gefahr besteht vor allem darin, dass sich Verleger auf die erheblichen Vorleistungen ab einem gewissen Zeitpunkt nicht oder nicht mehr derart umfangreich, wie es in der aktuellen Situation noch möglich ist, einlassen könnten.

Die Schaffung eines solchen Rechtes würde dazu führen, dass sämtliche hierbei berührten Interessen zu einem Ausgleich gebracht würden. Der Autor als Urheber und Mittelpunkt schöpferischen Schaffens bleibt als solcher unangerührt und wird in seiner Stellung sogar noch gestärkt. Auch die Allgemeininteressen an einer kulturellen Diversität stehen mit einer originären Rechtsstellung des Verlegers im Einklang.

Eine solche originäre Rechtsstellung des Verlegers in Form eines Leistungsschutzrechtes ist im Rahmen des Urheberrechtsgesetzes passend; ein eigenes Gesetz für Leistungsschutzrechte als langfristiges Ziel erscheint nicht notwendig. Dabei überzeugt es, diese als verwandte Schutzrechte im Urheberrechtsgesetz zu betiteln, da die geschützten Leistungen in erheblichem Maße für die schöpferische Leistung des Urhebers und die an dessen Leistung partizipierende Allgemeinheit von entscheidender Bedeutung sind.

Ökonomische Gesichtspunkte unterstützen eine derartige Rechtsnormierung: ein Marktversagen im engeren Sinn ist nicht notwendig; vielmehr erfordert ein fairer sowie transparenter Wettbewerb zur Planbarkeit des Leistungserbringers und der Konkurrenten eine eindeutige Rechtsnormierung. Rechtsverletzende Handlungen sollten direkt als solche erkennbar und abschätzbar sein, sodass diese bereits im Vorfeld vermieden werden können.

Besondere Bedeutung kommt einem Leistungsschutzrecht des Verlegers bei der Verteilung der Einnahmen zu: hier wäre eine Berücksichtigung des Verlegers ohne Verkürzung der dem Urheber zustehenden Erträge rechtssicher möglich.

D. Die Argumentationsweise zum Leistungsschutzrecht des Verlegers

I. Der bestehende Rechtsschutz des Verlegers

1. Schutz über das Wettbewerbsrecht

Einige Stimmen verweisen auf den Schutz des Wettbewerbsrechts,[792] welcher den Verlegern einen ausreichenden und flexibel anwendbaren Rechtsschutz gewähren soll.[793] Begründet wird dies dabei auch teilweise mit der Art und

792 Hierzu siehe Kap. 2 D.

793 *Becker* Börsenblatt 1990, 2317 (2320); *Sieger* ZUM 1989, 172 (173); *Heker* ZUM 1995, 97 (99); *v. Gamm*, Urheberrechtsgesetz, S. 72; *Hilty*, „Leistungsschutz" – made in

Weise der erbrachten Leistungen: diese betreffen „*Werkwiedergabe und -auswertung*", sodass dies keine durch eine urheberrechtliche Regelung zu beantwortende Frage, sondern sich „*im Verhältnis zum Werkschöpfer um eine Frage des Urheberrechts und im Verhältnis zu Dritten um eine Frage des Wettbewerbs- und Persönlichkeitsrechts sowie des Werk- und Dienstvertragsrechts*" handelt.[794] Andererseits wird der bestehende wettbewerbsrechtliche Schutz für den Verleger als teilweise (zu) schwach angesehen, wohingegen ein eigenes originäres Recht zu Rechtssicherheit verhelfen würde.[795]

2. *Schutz über das Urheber- und Verlagsrecht*

Den entstehenden Schäden beim Verleger durch die rechtswidrige Leistungsübernahme könne ein Leistungsschutzrecht allenfalls bei nicht-digitalen Werken entgegenwirken, bei digitalen Leistungsübernahmen digitaler Werke versage dies.[796] Hinreichende Ausführungen, die Aufschluss über die Tragweite dieser Behauptungen geben, finden sich nicht. *Allenstein* erachtet darüber hinaus bereits den Schutz des Datenbankherstellers nach §§ 87aff. UrhG für ausreichend, obwohl auch bei ihr angeführt wird, dass dieser Schutz nicht vollständig an eine mögliche rechtliche Ausgestaltung eines eigenen Verlegerrechtes herankommen kann.[797] Durch die umfassende rechtliche Ausgestaltung der derivativen Rechtsübertragung in Folge des Verlagsvertrages, sei die Rechtslage des Verlegers vollkommen ausreichend geschützt.[798] Außerdem wird in einer Einführung eines originären Verlegerrechtes keine Verbesserung der Rechtsposition des Verlegers im Vergleich zum Rechtsschutz durch den Verlagsvertrag

---

Switzerland?, in: FS Ullmann, S. 666f.; etwas zurückhaltender *Dietz* Börsenblatt 1989, 112 (115).

794 *v. Gamm*, Urheberrechtsgesetz, S. 72. Hierbei führt *v. Gamm* als Beleg für diese Aussage nicht nachvollziehbar BGH GRUR 1960, 614 – *Figaros Hochzeit* an, vgl. Kap. 3 I II. 1. *Troller*, Immaterialgüterrecht, II, S. 1067.

795 *Melichar* UFITA 117 (1991), 5 (9); *Allenstein*, Leistungsschutzrechte für Verleger unter besonderer Berücksichtigung der EU-Datenbankrichtlinie, S. 214, 215; *Schack* ZUM 1990, 59 (59). So wohl auch *Dietz* UFITA 112 (1990), 5 (114), der nur „*in gewissen Fällen*" einen Rückgriff auf das UWG für möglich erachtet.

796 *Allenstein*, Leistungsschutzrechte für Verleger unter besonderer Berücksichtigung der EU-Datenbankrichtlinie, S. 213f.

797 *Allenstein*, Leistungsschutzrechte für Verleger unter besonderer Berücksichtigung der EU-Datenbankrichtlinie, S. 222. Sie geht im Rahmen ihrer Untersuchung von einem möglichen Verlegerrecht nach dem Vorbild des britischen „Publisher´s Right" aus.

798 *Sieger* ZUM 1989, 172 (172).

gesehen.[799] Würde dieses abgeleitete Recht des Verlegers durch ein eigenes Recht in Form eines Leistungsschutzrechtes abgelöst, wäre eine Absenkung der Schutzdauer (§ 64 UrhG: 70 Jahre bisher, danach je nach Ausgestaltung des Leistungsschutzrechtes (mögliche) 50 Jahre nach Herstellung bzw. Erscheinen) das Resultat.[800]

3. *Stellungnahme: Kein ausreichender Rechtsschutz*

Dass der Rechtsschutz *de lege lata* für die Leistungen des Verlegers nur unzureichend ist, wurde bereits zu Beginn der Untersuchung, im Kapitel 2, festgestellt.

II. Der Investitionsschutz des Verlegers als Werkmittler

1. *Zur Schutzwürdigkeit der verlegerischen Leistung*

Um eine rechtliche Schutzwürdigkeit des Verlegers gänzlich in Abrede zu stellen, wird auf die verlegerische Tätigkeit als solche fokussiert und diese als derart geringwertig dargestellt, dass ein Schutz durch ein eigenes Recht nicht geboten sei. Von einer „*Propagandatätigkeit*" des Musikverlegers wurde um 1990 gesprochen, wenn dieser sich für einen originären Rechtsschutz einzusetzen versuchte.[801] Begründet wird diese von *Schulze* geäußerte Betitelung mit dem Umstand, dass ein Musikverleger statt einer früher häufig üblichen Subbearbeitung eines Titels nur noch das Original als solches vervielfältigt und verbreitet, wodurch ein Großteil der Verlagstätigkeit entfalle.[802] Die Kritik an der Schutzwürdigkeit der verlegerischen Leistung bezog sich nicht nur auf den Musikverleger, auch der allgemeine Verleger wurde hierbei umfasst. Dabei wurden der technische Fortschritt und die damit einhergehende Verdrängung eines materiellen Leistungsträgers sowie die kostengünstig durchführbare Herstellungsmöglichkeit angeführt, wodurch teure Produktionsanlagen und daraus resümierend auch der Schutz des Verlegers als Investorenschutz nicht mehr erforderlich seien.[803]

799 *Becker* Börsenblatt 1990, 2317 (2320).
800 *Kauert*, Das Leistungsschutzrecht des Verlegers, S. 266.
801 *Schulze* ZUM 1990, 47 (49).
802 *Schulze* ZUM 1990, 47 (49).
803 *Kauert*, Das Leistungsschutzrecht des Verlegers, S. 79.

Zuvörderst führen Befürworter eines Verlegerrechtes die besondere Bedeutung der verlegerischen Tätigkeit an. Auf der einen Seite stehen dabei die wirtschaftlichen und organisatorischen Aspekte.[804] Dem Verleger müssten sein Herstellungs- und Verwertungsmonopol unter diesem Gesichtspunkt durch ein ausschließliches, selbstständiges Recht gewahrt werden.[805] Die hohen Investitionen könne ein Verleger zukünftig auch dann nur vornehmen, wenn für ihn aufgrund eines gesicherten Rechtes die begründete Aussicht der Amortisierung bestehe.[806] Des Weiteren wird die Leistung des Verlegers in Relation zu der des Autors gestellt: im Vergleich mit der Leistung des Autors ließe sich im Bildungsbereich das Überwiegen der verlegerischen Leistung festhalten, so Stimmen in der Literatur.[807]

Zum anderen komme der leistungsvermittelnden Tätigkeit im Bereich der Kultur dadurch selbst kulturelle Bedeutung zu.[808] So wird dieser Beitrag des Verlegers gar als *„gewichtiger Beitrag im Rahmen der Meinungs- und Informationsfreiheit"* gewertet.[809] *„Without such publishers, authors do not speak"*; ohne einen risikobereiten, aktiven und mutigen Verleger könne die ihm gebührende Wirkung eines Literaturwerkes nicht erreicht werden.[810] Wenn nun die Amortisierung für Verlage stets nur sehr unsicher sei, begründe dies die Gefahr, dass nur noch Bestseller von Verlagen aufgegriffen würden.[811] In den sonstigen Bereichen könnte die Bereitschaft sinken, derartige Investitionen zu tätigen und zu einem daraus folgenden Rückgang an veröffentlichten Werken führen.[812]

---

804 *Ulmer-Eilfort/Druschel* in: Ulmer-Eilfort/Obergfell, VerlG, § 1 Rn. 39ff.; siehe hierzu genauer *Allenstein,* Leistungsschutzrechte für Verleger unter besonderer Berücksichtigung der EU-Datenbankrichtlinie, S. 8–10.

805 *Soetenhorst* GRUR Int. 1989, 760 (771); *Müller-Laschet,* Das Copyright des Verlegers, S. 65.

806 *Allenstein*, Leistungsschutzrechte für Verleger unter besonderer Berücksichtigung der EU-Datenbankrichtlinie, S. 11.

807 *Bernuth* GRUR 2005, 196 (198).

808 *Soetenhorst* GRUR Int. 1989, 760 (762).

809 *Allenstein*, Leistungsschutzrechte für Verleger unter besonderer Berücksichtigung der EU-Datenbankrichtlinie, S. 8.

810 *Ladd,* The Utility of a Publisher´s Right, S. 90; *Krevelen,* The Information Society and the Right of a Publisher, S. 97ff.

811 *Allenstein*, Leistungsschutzrechte für Verleger unter besonderer Berücksichtigung der EU-Datenbankrichtlinie, S. 19. Allgemein zu diesem Gedanken und in Bezug auf die Leistungsschutzberechtigten nach aktueller Rechtslage *Rehbinder/Peukert,* Urheberrecht und verwandte Schutzrechte, Rn. 64.

812 *Kauert*, Das Leistungsschutzrecht des Verlegers, S. 80.

Schließlich dürfe auch nicht übersehen werden, dass zwischen den Interessen des Verlegers und denen des jeweiligen Autors durchaus gravierende Unterschiede bestehen können.[813] Ein eigenes Recht könnte in einem solchen Fall der divergierenden Interessen einen angemessenen Schutz der beiden Beteiligten ermöglichen.

Es entfalle ein Investitionsschutzbedürfnis des Buchverlegers, da das Risiko einer fehlerhaften Aufnahme oder einer unnütz gewordenen Studiomiete bei der „*Herstellung des Buches*" – wie im Falle des Musikverlegers – nicht bestehe.[814]

2. *Zur Vergleichbarkeit des Verlegers mit anderen Leistungsschutzberechtigten*

Als weitere Argumentation wird der Vergleich zu den bestehenden Leistungsschutzberechtigten angeführt – sowohl aus ablehnender wie auch aus befürwortender Perspektive.[815]

Vereinzelt wird die Unterschiedlichkeit der Leistungen der Buchverleger im Vergleich zu Tonträgerherstellern als Grund für die Ablehnung eines verlegerischen Leistungsschutzrechtes angeführt: die Mitwirkung des Buchverlages sei „*nicht zwingend zur Entstehung des urheberrechtlich geschützten Werkes selbst erforderlich*".[816]

Weitaus überwiegend wird eine Parallele der verlegerischen Leistung zu den Gruppen gezogen, die Inhaber eines Leistungsschutzrechts sind. Insbesondere ein Vergleich zwischen Tonträger- und dem Filmhersteller ergäbe keine qualitativen Unterschiede.[817] Gleichfalls wie der Tonträgerhersteller ließe sich diese Arbeit als „*besonders qualifizierte, rein wettbewerbliche Herstellerleistung* [...] *umschreiben*".[818] Die gesetzgeberischen Parallelen der Konstellation des

---

813 So auch *Dietz* ZUM 1990, 54 (58).

814 *Döring* ZUM 2020, 109 (112).

815 Vgl. auch *Ohly*, Eigenes Leistungsschutzrecht oder gesetzlich geregelte Beteiligung des Verlegers?, in: INTERGU-Tagung, S 80f.

816 *Döring* ZUM 2020, 109 (111).

817 *Dietz* UFITA 112 (1990), 5 (114): Das UrhG enthalte „*...keine generelle Regelung über ein verwandtes Schutzrecht für Verleger, wie es ihnen als „Produzenten" von Werkverkörperungen in ähnlicher Weise wie Tonträgerherstellern und Filmherstellern eigentlich durchaus zukommen könnte*". So auch *Kauert*, Das Leistungsschutzrecht des Verlegers, S. 260; *Schulze* in: Dreier/Schulze, UrhG, § 63a Rn. 12; *Szilágyi*, Leistungsschutzrecht für Verleger?, S. 177. Im Ergebnis ebenso *Grünberger* GRUR 2006, 894 (900).

818 *Soetenhorst* GRUR Int. 1989, 760 (762); *Hodik* ZUM 1989, 65 (65); *Bernuth* GRUR 2005, 196 (199).

Verlegers zu dem Schutz anderer Produzenten sind nach *Dietz* „*offenkundig*".[819] Der Schutz durch ein Leistungsschutzrecht, also ein Produzentenschutz, lasse sich bei jeweils auf dieselben Gründe stützen.[820] Die verlegerische Leistung sei sogar bei der herstellenden sowie vertrieblichen Tätigkeit des Buchverlegers oftmals höher zu bewerten als die des Tonträgerherstellers, vom Hersteller von Licht- und Laufbildern sei „*ganz zu schweigen*".[821] *Hilty* bezeichnet das Fehlen des Leistungsschutzrechtes für den Verleger daher als „*im Grunde systemwidrig*".[822]

3. *Stellungnahme: Schutzwürdigkeit und Vergleichbarkeit zu bestehenden Leistungsschutzberechtigten*

Die bereits im vorangehenden Teil dieser Untersuchung enthaltene umfassende Darstellung der verlegerischen Leistung zeigt den Trugschluss auf, dass in der heutigen Zeit der Verleger entbehrlich sei und keine schützenswerte Leistung erbringe.[823] Aufgrund der mit der Digitalisierung sowie dem veränderten Nutzerverhalten und der damit einhergehenden fundamentalen Neuausrichtung des Verlagsgeschäftes, besteht eine Schutzwürdigkeit dieser verlegerischen Leistung sogar noch stärker als zu früheren Zeiten. Allein auf Aufsätze aus den Jahren des letzten Jahrtausends zu verweisen, die auf die günstige Herstellungsmöglichkeit eines literarischen Werkes unter Bezugnahme auf die neuen Reprographie-Techniken abzielen und eine eigene notwendige Leistung des Verlegers verneinen, kann daher nicht überzeugen. Ein Investitionsschutzbedürfnis unter Bezugnahme auf ein vermeintlich nicht bestehendes Risiko, wie es bei einem Tonträgerhersteller oder Filmproduzenten vorliegt, zu verneinen, verkennt die erheblichen Risiken und getätigten Investitionen vor Veröffentlichung eines Buchwerkes, digital wie analog.

---

819 *Dietz* ZUM 1990 54 (56).

820 *Soetenhorst* GRUR Int. 1989, 760 (762); *Schulze* ZUM 1989, 49 (56); auf die gesetzgeberischen Parallelen hinweisend *Dietz* Börsenblatt 1989, 112 (113).

821 *Schack* ZUM 1990, 59 (59).

822 *Hilty*, Verbotsrecht vs. Vergütungsanspruch, in: FS Schricker, S. 348. Ebenso *ders.* UFITA 116 (1991), 35 (40).

823 Siehe hierzu Kap. 4 B.

III. Gefährdung des Verhältnisses des Autors zum Verleger

1. *Die befürchtete Beeinträchtigung einer symbiotischen Personenverbindung*

Eines der gewichtigsten und zumeist angeführten Gegenargumente ist eine als möglich erachtete Störung des Verhältnisses von Autor und Verleger. Diese Beziehung, häufig sogar als „*Symbiose*“[824] bezeichnet, würde durch die Einführung eines Leistungsschutzrechtes „*empfindlich gestört*“;[825] zumal aufgrund dieses guten Verhältnisses bereits folge, dass ein solches neues Recht überhaupt nicht erforderlich sei.[826] Der Autor möchte sich auf die Entstehung seines Werkes, der Verleger hingegen auf die finanziellen Aspekte konzentrieren.[827] Das Urheberrecht des Autors und ein originäres Recht des Verlegers würden das unterschiedliche Wesen dieser beiden Leistungen zunächst vermischen und schließlich zu Konflikten zwischen diesen beiden, sich dann unter Umständen entgegenstehenden Rechtspositionen führen.[828] Im Fall, dass der Verleger mit einem originären Recht ausgestattet wäre, bestünde die Gefahr, dass die Verlage aus den abgeleiteten Rechten des Autors verdrängt werden würden, wodurch dem Verleger nicht mehr die 70 Jahre andauernden Rechte zuständen.[829] Die Normierung eines originären Rechtes für den Verleger wäre eine Abkehr von dem in der Person des Urhebers entstehenden Urheberrechtes, welches grundsätzlich nur eine derivative Rechtseinräumung ermöglicht.[830] Zusätzlich wird angeführt, dass die im Verlagsgesetz normierten Autorenrechte umgangen werden könnten, wobei das Recht des Autors, bei Neuauflagen Änderungen vorzunehmen (§ 12 VerlG), das Rücktrittsrecht bei nicht vertragsgemäßen Handlungen des Verlegers (§ 30

---

824 *Schulze* ZUM 1990, 47 (49); *Kreile/Becker* GRUR Int. 1994, 901 (901). Zu den gemeinsamen Interessenlagen vgl. auch *Obergfell,* Die Verbindung von Urheber und Verleger im Verlagsvertrag, in: INTERGU-Tagung, S. 4ff.

825 *Sieger* ZUM 1989, 172 (174); *de la Durantaye* ZUM 2020, 88 (91).

826 *Heker* ZUM 1995, 97 (99); *Kauert,* Das Leistungsschutzrecht des Verlegers, S. 256; *Sprang,* Brauchen Buchverlage ein eigenes Leistungsschutzrecht?, abrufbar unter: https://www.boersenblatt.net/2016-05-04-artikel-analyse_von_boersenverein sjustiziar_christian_sprang.1141624.html (letzter Zugriff am 27.11.2020).

827 *Becker* Börsenblatt 1990, 2317 (2317).

828 *Schulze* ZUM 1990, 47 (49), der die Thematik unter dem Titel „Copyright des Produzenten“ erörtert. *Becker* Börsenblatt 1990, 2317 (2320).

829 *Heker* ZUM 1995, 97 (99).

830 *Sieger* ZUM 1989, 172 (172). So im Ergebnis auch *v. Ungern-Sternberg* GRUR 2016, 38 (41).

VerlG) oder bei Nichtausübung der dem Verleger eingeräumten Rechte (§ 45 VerlG) angeführt werden.[831] Das Urheberrecht werde durch eine eigene Rechtsstellung des Verlegers „*denaturiert und suspekt. Man verstelle ihm den Weg.*“[832] Aufgrund sodann prognostizierter fehlender Überzeugung der Parteien zum gemeinsamen Zusammenarbeiten sei das Ende der bisherigen gemeinsamen Praxis in der VG Wort das Resultat.[833]

Auch aus leistungsschutzrechtlich befürwortender Perspektive wird das Verhältnis vom Autor zum Verleger angeführt, welches jedoch hiernach vielmehr gestärkt werden würde. Dabei wird zunächst klargestellt, dass ohne die verlegerische Leistung ein gesetzlicher Vergütungsanspruch, wie beispielsweise nach § 54 Abs. 1 UrhG, überhaupt nicht entstehen könnte.[834] Resultat eines originären Rechtes des Verlegers ist damit mittelbar die Stärkung des Urhebers.

2. *Stellungnahme: Herstellung von Gleichgewicht durch ein Verlegerrecht*

Dass die Gefahren eines Leistungsschutzrechtes des Verlegers für das Verhältnis des Autors zum Verleger nicht überzeugen, soll aus drei Perspektiven dieses Argument entkräftet werden.

a) *Das aktuelle rechtliche Ungleichgewicht*

Wenn in einem Zwei-Personen-Verhältnis nur eine der Parteien Inhaberin eines originären Rechtes ist, führt das zwangsläufig zu einem Missverhältnis. Neben einer Ungleichheit des zur Verfügung stehenden Rechtsschutzes und den Möglichkeiten, gegen rechtsverletzende Handlungen vorgehen zu können, ist aufgrund eines derartigen Schutzgefälles auch die Selbstwahrnehmung des nicht originär Berechtigten, ergo des Verlegers, getrübt. Wenn die Leistung des Autors als rechtlich schutzwürdig erkannt wird, liegt durch die Nichtgewährung eines solchen Rechtes für den Verleger die Vermutung nahe, dass dieser keine derart schutzwürdige Leistung erbringe.

---

831 *Heker* ZUM 1995, 97 (99); *Sieger* ZUM 1989, 172 (174).

832 *Sieger* ZUM 1989, 172 (175).

833 *Sprang*, Brauchen Buchverlage ein eigenes Leistungsschutzrecht?, abrufbar unter: https://www.boersenblatt.net/2016-05-04-artikel-analyse_von_boersenverein sjustiziar_christian_sprang.1141624.html (letzter Zugriff am 1.3.2019). Dies auch als Ursache für die bisher fehlende Anhängerschaft eines derartigen Leistungsschutzrechtes angeführt bei *Melichar* UFITA 117 (1991), 5 (9).

834 *Schulze* in: Dreier/Schulze, UrhG, § 63a Rn. 12.

Eine solche Situation ließe sich befürworten, wenn dies den Eigenarten des jeweiligen Personenverhältnisses entspräche. Dies ist jedoch in der vorliegenden Konstellation keineswegs der Fall. Eine solche läge dann vor, wenn eine der Parteien einen deutlich größeren Leistungsanteil erbringen würde als die andere Partei und sich eine sachliche Rechtfertigung für eine fehlende eigene Rechtsposition anführen ließe. Eine solche Leistungsdifferenz ist nicht festzustellen. Das Verhältnis von Autor und Verleger wird häufig richtigerweise als Symbiose bezeichnet.[835] Getreu der Wortbedeutung ist damit die wechselseitige Abhängigkeit zweier Individuen gemeint.[836] Ausgehend hiervon kann nur von einer symbiotischen Beziehung des Autors zum Verleger gesprochen werden. Denn ohne einen „aktiven" Verleger (gemeint ist das intensive und umfassende Tätigwerden des Verlegers für das Werk des Autors, bestenfalls in Form der Veröffentlichung) wird dem Ansinnen des Autors nicht gerecht (Veröffentlichung des Werkes als Beitrag zum gesellschaftlichen bzw. wissenschaftlichen Diskurs; entgeltliche Entlohnung durch die Verkäufe). Der Verleger ermöglicht dem Autor durch die erwirtschafteten Erträge seine weitere Arbeit.[837] Andererseits ist der Verleger darauf angewiesen, dass der Autor ein Werk abliefert, welches durch den Verleger verlegt werden kann. Es ist somit offensichtlich, dass beide Parteien auf den jeweils anderen angewiesen sind. Bezugnehmend auf die angeführte Bedeutung des Wortes Symbiose vermag dieses daher grundsätzlich treffend das Verhältnis Verleger-Autor bezeichnen.

Damit wird auch deutlich, dass keinesfalls von einem Missverhältnis der Leistungen, sondern vielmehr von einem Gleichlauf gesprochen werden kann. Das aufgezeigte Missverhältnis, das sich aus der fehlenden eigenen Rechtsposition einer der beiden Parteien ergibt, lässt sich somit nicht begründen und damit auch nicht das Ungleichgewicht des Rechtsschutzes. Die Praxis des Verlagswesens zeigt, dass Verleger dieses Ungleichgewicht als Ungerechtigkeit empfinden. Aus der Verlagspraxis wird geäußert, von ehemals starken zu schwachen Herausgebern degradiert worden zu sein: Bestand in früheren Zeiten noch

---

835 Ablehnend *Ehmann/Szilagyi* K&R 2009, 1 (2).

836 Siehe die Bedeutung von „Symbiose" im Duden: das Zusammenleben von Lebewesen verschiedener Art zu gegenseitigem Nutzen, abrufbar unter: https://www.duden.de/rechtschreibung/Symbiose (letzter Zugriff am 15.7.2020).

837 *Heinold,* Bücher und Büchermacher, S. 34; *Ladd,* The Utility of a Publisher´s Right, S. 92.

ein Gleichgewicht von Autor und Verleger, wird heute neben der konzeptionellen Planung auch an der Erstellung des Manuskriptes in erheblichem Maße mitgearbeitet.[838]

Die Folge der aktuellen rechtlichen Nichtgewährung eines originären Rechtes des Verlegers zwingt die Verlagsbranche zu den aufgeführten umfassenden Rechteeinräumungen durch den Autor. Der Verleger bekommt dadurch, abgesehen von den hinzukommenden Schwächen derivativer Rechte,[839] eine teilweise umfassendere Rechtsstellung, als es eigentlich notwendig wäre. Somit führt die aktuelle Situation dazu, dass das Fehlen einer notwendigen und angemessen Rechtsstellung sogar zu Lasten des Autors geht.

b) Der Profit des Autors durch ein originäres Verlegerrecht

Würde nun auch der Verleger durch ein originäres Recht geschützt, könnte davon auch der Autor profitieren.[840] Rechtsverletzende Handlungen, die in die Rechte des Verlegers eingreifen, betreffen zwangsläufig auch – jedenfalls mittelbar – den Autor und die Verbreitung seines Werkes. Eine eigene Rechtsstellung, die ein rechtliches Vorgehen aus eigenem Recht ermöglicht, kann somit die Rechtsstellung des Autors in keiner Weise schmälern; ein effektives Vorgehen gegen rechtswidrige Handlungen würde dem Autor ebenfalls (direkt) zugutekommen.

c) Die Zusammenarbeit des Autors mit dem Verleger

Auch die Annahme, es bestehe ein Risiko, dass durch ein originäres Recht des Verlegers das Verhältnis zwischen Autor und Verleger gestört werde, verfängt nicht. Wie bereits aufgeführt, würde ein solches Recht zunächst den Verleger auf Augenhöhe zum Autor bringen und auch dessen Position stärken.

Die Gefahr, dass der Verleger gänzlich ohne den Autor agieren könne, ist nicht realistisch. Ohne ein Werk des Autors, ohne sein künstlerisches Schaffen kann auch kein Verleger eine Leistung erbringen.

---

838 Äußerung im Rahmen eines Vortrages von Herrn *Christopher Schell*, C.C. Buchner Verlag, auf der Fachtagung „Leistungen der Verlage und ihre Absicherung", die am 28.05.2020 online über die Plattform „zoom" abgehalten wurde. So auch *Ladd*, The Utility of a Publisher´s Right, S. 91ff.

839 Siehe hierzu Kap. 2 B.

840 Für das Leistungsschutzrecht des Sendeunternehmers: *„Die Regelung kommt mittelbar Urhebern und Leistungsschutzberechtigten zugute, die dem Sender ihre Rechte für die Produktion übertragen haben."*, *Ehrhardt* in: Wandtke/Bullinger, UrhR, § 87 Rn. 7.

Mögliche Rechtsstreitigkeiten aufgrund der neuen Rechtsposition sind kein Hinderungsgrund. Wenn eine allgemein als schutzwürdig erachtete Leistung eine rechtliche Normierung und dadurch die ihr zustehende Anerkennung bekommt, darf nicht ein möglicherweise sich daran anknüpfender Rechtsstreit als Gegenargument angeführt werden. Selbst wenn es zu (Rechts-) Streitigkeiten zwischen den beiden Parteien kommen sollte, ist dies weder ein neues Phänomen[841] noch ein Hinderungsgrund. Befürchtete Rechtsstreitigkeiten, die aufgrund gebotener und erforderlicher rechtlicher Rahmenbedingungen ergehen, dürfen niemals einen Grund darstellen, eine solche Rechtsposition überhaupt erst gar nicht zu normieren.

Eine Symbiose kann somit trotz mitunter unterschiedlicher Einzelinteressen vorliegen, erfordert aber ein rechtliches Gleichgewicht der beiden symbiotisch verbundenen Parteien. Eine befürchtete Abkehr vom Urheber findet nicht statt. Dieses Gleichgewicht erfordert eine originäre Rechtsstellung des Autors sowie auch des Verlegers.

IV. Normierungsbedarf und -erfordernis

1. Normierungsbedarf

a) In der Diskussion 1990

Im Rahmen der Diskussion in den Jahren um 1990 wurde insbesondere der rechtliche Handlungsbedarf verneint: Zum einen sahen sich Verleger keinen zahlreichen Leistungsübernahmen dergestalt ausgesetzt, dass im Rahmen einer Anpassung der urheberrechtlichen Schutzmechanismen darauf hätte reagiert werden müssen.[842] Auf der anderen Seite wurde das damalige Vorgehen über die – derivativ ermöglichte – Beteiligung an den gesetzlichen Vergütungsansprüchen des Urhebers im Rahmen der VG Wort als üblich, gewohnt und annehmbar angesehen.

b) In der heutigen Diskussion

Im Rahmen der heutigen Diskussion wird oftmals ohne tiefergehende Begründung in zahlreichen Veröffentlichungen schlicht in einem Nebensatz ein Leistungsschutzrecht des Verlegers pauschal abgelehnt: dies sei aus *„guten Gründen"* bisher nicht geschehen;[843] denkbar wäre eine Einführung eines solchen Rechts

---

841 Siehe nur das *Reprobel* und *Verlegeranteil*-Verfahren, hierzu vorangehend Kap. 1 A. II.
842 *Becker* Börsenblatt 1990, 2317 (2320); *Schack* ZUM 1990, 59 (59).
843 *Schack*, JZ 2016, 693 (696).

in allen Mitgliedstaaten zwar, „*was wegen der negativen Erfahrungen mit dem Leistungsschutzrecht für Presseverleger jedoch nicht vorzugswürdig erscheint*“.[844]

Anknüpfend an die vorangehend aufgeführte Problematik der Erhöhung der gesetzlichen Vergütungsansprüche, wird auf eine Schwierigkeit zur Ermittlung des Wertes einer reinen Organisationsleistung von Inhalten verwiesen.[845] Darüber hinaus sei die schwere Durchsetzbarkeit aus rechtspolitischer Sicht zu beachten.[846]

Andererseits wird argumentiert, dass durch stetig voranschreitende technische Möglichkeiten die Gefahr einer unberechtigten Übernahme der verlegerischen Leistung steigt. So wurde hieran anknüpfend die Gefahr einer sinkenden Auflagenzahl der Printmedien in Verbindung mit einem dadurch steigenden Stückpreis gesehen.[847] Insbesondere für Verlage, deren Publikumskreis von Natur aus bereits begrenzt ist (als Beispiel wird insbesondere der wissenschaftliche Bereich und Schulbuchverleger angeführt), hätte dies existenzbedrohende Risiken.[848]

c) Stellungnahme: bestehender Normierungsbedarf

Angesichts der *Reprobel* und *Verlegeranteil*-Verfahren besteht aktueller als je zuvor ein Handlungsbedarf, die Beteiligung der Verleger an den gesetzlichen Vergütungsansprüchen über ein sicheres Rechtsfundament zu regulieren. Allein über ein originäres Recht des Verlegers ließe sich diese Beteiligung zukunftsfähig regeln. Von einem fehlenden Handlungsbedarf kann angesichts dessen keineswegs gesprochen werden.

Die Diskussion zur Einführung eines allgemeinen Leistungsschutzrechtes für Verleger darf nicht mit den etwaigen Unzulänglichkeiten und Erfahrungen mit dem Leistungsschutzrecht für Presseverleger vermischt werden. Es geht bei dem Presseleistungsschutzrecht um einen Spezialfall und dieser ist nicht sinnbildlich für einen allgemeinen Verlegerschutz.

---

844 *Heinemann*, Die Verteilungspraxis der Verwertungsgesellschaften, S. 230.

845 *Peifer* GRUR 2020, 14 (21).

846 *de la Durantaye* ZUM 2020, 88 (91).

847 *Allenstein*, Leistungsschutzrechte für Verleger unter besonderer Berücksichtigung der EU-Datenbankrichtlinie, S. 14, 15.

848 *Allenstein*, Leistungsschutzrechte für Verleger unter besonderer Berücksichtigung der EU-Datenbankrichtlinie, S. 15. So im Ergebnis auch *Müller-Laschet,* Das Copyright des Verlegers, S. 65.

2. *Der Wille des Gesetzgebers und der Schutzgegenstand des Leistungsschutzrechts*

Zunächst wird der gesetzgeberische Wille näher untersucht. Nur, wenn bewusst die Verleger nicht geschützt wurden, könne die Genese eines neuen Immaterialgüterrechts erfolgen. Da ein Blick in die aktuelle Fassung des Urheberrechtsgesetzes (sowie auch in die Begründungen der jeweiligen Gesetzesänderungen) ein eigenes Leistungsschutzrecht des Verlegers nicht offenbart und sich aber auch keine explizite Ablehnung durch die bisherige Nichtregelung finden lässt, habe der Gesetzgeber keine bewusste Entscheidung gegen einen derartigen Rechtsschutz getroffen.[849]

Aus rechtstechnischer Perspektive wird die als problematisch erachtete Ausgestaltung des Schutzgegenstandes eines eigenen Verlegerrechts (insbesondere auch in Abgrenzung zum Werk) angeführt.[850] *„Praktisch nicht möglich"* sei die Festlegung eines Anknüpfungspunktes für ein solches Recht sowie dessen Umfang festzulegen, der eine Unterscheidbarkeit zum Urheberrecht ohne einen Wertungswiderspruch ermöglicht.[851] Die Folge einer Normierung eines verlegerischen Leistungsschutzrechtes sei ein *„reines Investitionsschutzrecht"* und würde eine Differenzierung nach der tatsächlich getätigten Investition des jeweiligen Verlages beinahe unmöglich machen.[852]

Es besteht keine gesetzgeberische explizite Entscheidung, den Verleger nicht durch ein originäres Recht zu schützen, sodass das Fehlen dieses Rechtes als planwidrige Regelungslücke gewertet werden kann. Eine etwaig bestehende rechtstechnische Problematik einer Normierung des Schutzgegenstandes kann nicht dazu führen, dass ein solches Recht von vornherein nicht geschaffen wird, sondern erfordert eine genaue und gut durchdachte Normierung durch den Gesetzgeber. Bei einem bestehenden, dogmatisch angebrachten Schutzbedürfnis ist die Frage einer konkreten Ausgestaltung zweitrangig und nicht dazu geeignet, von einer Normierung eines solchen originären Rechtes gänzlich abzusehen.

---

849 *Hegemann/Heine* AfP 2009, 201 (205).

850 *de la Durantaye* ZUM 2020, 88 (91); *Döring* ZUM 2020, 109 (112); *Conrad/Berberich*, GRUR 2016, 648 (656); *Sprang*, Brauchen Buchverlage ein eigenes Leistungsschutzrecht?, abrufbar unter: https://www.boersenblatt.net/2016-05-04-artikel-analyse_von_boersenvereinsjustiziar_christian_sprang.1141624.html (letzter Zugriff am 1.3.2019).

851 *de la Durantaye* ZUM 2020, 88 (91).

852 *Döring* ZUM 2020, 109 (112).

3. *Die Auswirkungen auf die Verlegerbeteiligung*

Bezüglich der Beteiligung der Verleger an den gesetzlichen Vergütungsansprüchen, würde sich auch mit Einführung eines Leistungsschutzrechtes nichts im positiven Sinne für die Verleger ändern, ganz im Gegenteil wäre die Vergütung sogar erheblich geringer.[853] Anders verhielte es sich, wenn die Gebühren generell, also gegenüber dem Endnutzer, erhöht würden; dies sei aber *„politisch nur äußerst schwer durchsetzbar“*.[854]

Andererseits wird argumentiert, dass ein originäres Verlegerrecht die vergütungsrechtliche Verteilungsproblematik effektiv und eindeutig vermeiden könnte: Würde der Verleger kraft seines originären Rechtes an den Urheberrechtsabgaben beteiligt werden, wäre der umständliche Weg über eine europarechtskonforme Ausgestaltung der Beteiligungsmodalitäten zu den dem Urheber zustehenden Einnahmen vermeidbar, zugunsten einer jeweils eigenständigen Vergütungsberechtigung kraft eines originären Rechtes.[855] Rechtssicher und konsequent ließe sich über ein solches Recht die Beteiligung des Verlegers sicherstellen.[856] Zumindest wird dazu ein begrenztes Leistungsschutzrecht für den Verleger gefordert, bei dem der Schutzumfang klar normiert wird.[857] Eine Verkürzung der allein dem Urheber zustehenden Abgaben erfolge dabei nicht. Vielmehr stünde die Vergütung des Verlegers kraft originären Rechtes neben der Vergütung des Urhebers.[858]

Argumentationen, die eine Preiserhöhung für den Endnutzer als nicht durchsetzbar prognostizieren und aus diesem Blickwinkel eine originäre Rechtsstellung des Verlegers ablehnen, verkennen die Rangfolge der Schutzwürdigkeit

---

853 *Conrad/Berberich*, GRUR 2016, 648 (656). Vgl. auch *Döring* ZUM 2020, 109 (112).

854 *Sprang*, Brauchen Buchverlage ein eigenes Leistungsschutzrecht?, 4.5.2016, abrufbar unter: https://www.boersenblatt.net/2016-05-04-artikel-analyse_von_boersenverein sjustiziar_christian_sprang.1141624.html (letzter Zugriff am 1.3.2019).

855 *Ulmer-Eilfort/Druschel* in: Ulmer-Eilfort/Obergfell, VerlG, § 1 Rn. 41b. So auch bereits *Hanewinkel*, Ausschluss der Abtretbarkeit gesetzlicher Vergütungssprüche, S. 195. Zur sog. Beteiligungslösung im Rahmen der aktuellen Debatte zur Umsetzung der Urheberrechtsrichtlinie siehe Kap. 2 C.

856 *Flechsig* GRUR 2016, 1103 (1109); *Kauert,* Das Leistungsschutzrecht des Verlegers, S. 258; *Obergfell* GRUR 2019, 992 (999). So auch wieder kürzlich im Rahmen einer Diskussion zur Verlegerbeteiligung am 20.11.2019 von *Schulze* vorgebracht, *Skupin* ZUM 2020, 117 (118).

857 Ebenfalls *Schulze* auf der vorangehend aufgeführten Tagung, *Skupin* ZUM 2020, 117 (118).

858 *Hanewinkel*, Ausschluss der Abtretbarkeit gesetzlicher Vergütungssprüche, S. 196.

dieser Interessen. Wenn eine konkrete Leistung geschützt werden soll und diese einhellig besonderen Gefahren ausgesetzt ist, folgt auf erstem Rang deren rechtliche Ausgestaltung. Sich daraus mittelbar ergebende etwaige Preiserhöhungen für den Nutzer sind nachrangig die Folge und können nicht zu einer Ablehnung einer erforderlichen Rechtsstellung führen. Derartige Argumentationsweisen ließen sich gegen zahlreiche immaterialgüterrechtliche Rechtsstellungen anführen und würden eine weitgehende Unmöglichkeit der Rechtsgewährung bewirken. Eine tragfähige Argumentation ist dadurch nicht möglich.

4. Der Unterschied zwischen einem originären und abgeleiteten Recht

a) Die Stärkung der Verlegerposition

Durch eine eigene Rechtsposition wäre der Verleger unabhängig vom urheberrechtlichen Schutz des verlegten Werkes.[859] So verweist *Dietz* auf einen stärkeren Rechtsschutz bei *„nicht oder nicht mehr geschützten Werken (etwa Gesetzessammlungen oder Sammlungen anderer nicht geschützter amtlicher Werke oder wegen Ablaufs der Schutzfrist gemeinfrei gewordene Werke)“*.[860] *Schack* befürwortet ein eigenes Leistungsschutzrecht hieran anknüpfend sogar nur in diesen Fällen, da andernfalls ein Konflikt mit dem Autor drohe und der Rechtsschutz auch nicht verbessert würde.[861] Zudem könnte der fehlenden gesetzlichen Vermutung bei Auslegungsfragen, wie diese bei Filmherstellern besteht, abgeholfen werden.[862]

Des Weiteren könne im Falle widerstreitender Interessen von Urheber und Verleger ein eigenes Schutzrecht des Verlegers ein Ausweg sein: Geht es dem Verleger primär um die Rentabilität der wirtschaftlichen Tätigkeit, kann insbesondere im wissenschaftlichen Bereich dem Autor eher an einer möglichst weitläufigen Verbreitung seines Werkes gelegen sein, als gegen etwaige Rechtsverletzungen durch Dritte vorzugehen.[863] Der Verleger könnte sich in dem Fall auch auf ein eigenes Klagerecht stützen: Denn abgesehen von einstweiligen Verfahren oder Unterlassungsansprüchen nach § 10 Abs. 3 UrhG steht ihm ein

---

859 *Ulmer-Eilfort/Druschel* in: Ulmer-Eilfort/Obergfell, VerlG, § 1 Rn. 41b; im Hinblick auf die sodann bestehende Unabhängigkeit vom Autor auch *Allenstein,* Leistungsschutzrechte für Verleger unter besonderer Berücksichtigung der EU-Datenbankrichtlinie, S. 214; *Dietz* ZUM 1990, 54 (58).

860 *Dietz* Börsenblatt 1989, 112 (115); *ders.* ZUM 1990, 54 (58).

861 *Schack* ZUM 1990, 59 (60).

862 *Schack* ZUM 1990, 59 (59). Vgl. auch *Ohly*, Eigenes Leistungsschutzrecht oder gesetzlich geregelte Beteiligung des Verlegers?, in: INTERGU-Tagung, S 82.

863 *Dietz* Börsenblatt 1989, 112 (115); *ders.* ZUM 1990, 54 (58).

solches derzeit nicht zu.[864] Würde der Verleger ein originäres Recht zugesprochen bekommen, wäre ihm die Geltendmachung eines Schadensersatzanspruchs ohne den mitunter sehr umfangreichen Nachweis der wirksamen Rechteeinräumung seitens des Verfassers möglich.[865] Der über einen solchen Schadensersatzanspruch geltend gemachte Schaden würde aber geringer ausfallen, als über die Geltendmachung der abgeleiteten Rechte – für letztere müsste selbstverständlich ein entsprechender Nachweis erfolgen.[866]

In unmittelbarer zeitlicher Folge auf die Urteile *Reprobel* und *Verlegeranteil* wurde zudem das Erfordernis eines Leistungsschutzrechtes angeführt, um rechtssicher und konsequent die Verleger weiterhin an den gesetzlichen Vergütungsvorschriften beteiligen zu können.[867]

b) Die Schwächung der Verlegerposition

Mit Blick auf eine Schwächung der Verlage wird im Weiteren die Einführung eines solches originären Rechtes, so widersinnig diese Argumentationsweise auf den ersten Blick scheinen mag, befürwortet. Die aktuelle Situation der Geltendmachung derivativer Rechte des Urhebers durch den Verleger werde *„als zu weitreichend empfunden und insofern ein Ersatz über ein enger zugeschnittenes und eher wettbewerbs- orientiertes Leistungsschutzrecht für dogmatisch sachgerechter erachtet“*.[868] Durch Geltendmachung abgeleiteter Rechte des Urhebers stünden dem Verleger mehr Rechte zu, als es dessen Verwertungsbefugnisse rechtfertigen würden.[869] So wird von *Szilágyi* unter Bezugnahme in der Fußnote auf *„§ 2 Abs. 2 VerlG“* und den – nicht belegten – *„Willen des Gesetzgebers“* das Recht des Verlegers angeführt, *„Bearbeitungen [zu] untersagen, ohne dabei tatsächlich über ein Bearbeitungsrecht zu verfügen“* sowie das Recht, nicht seitens des Verlegers genehmigte Verwertungen grundsätzlich verbieten zu können.[870] Hieraus resümiert *Szilágyi* sodann, dass der Verleger somit *„mehr Handlungen verbieten darf, als er selbst vornehmen darf“*.[871]

---

864 *Ulmer-Eilfort/Druschel* in: Ulmer-Eilfort/Obergfell, VerlG, § 1 Rn. 39.
865 *Ulmer-Eilfort/Druschel* in: Ulmer-Eilfort/Obergfell, VerlG, § 1 Rn. 39.
866 *Ulmer-Eilfort/Druschel* in: Ulmer-Eilfort/Obergfell, VerlG, § 1 Rn. 39.
867 *Flechsig* GRUR 2016, 1103 (1109).
868 *Nolte* ZGE 2 (2010), 165 (169); *Szilágyi*, Leistungsschutzrecht für Verleger?, S. 113.
869 *Szilágyi*, Leistungsschutzrecht für Verleger?, S. 113.
870 *Szilágyi*, Leistungsschutzrecht für Verleger?, S. 91.
871 *Szilágyi*, Leistungsschutzrecht für Verleger?, S. 91.

Durch die Einführung eines originären Rechtes des Verlegers dürfe sich der Verleger nicht noch zusätzlich auf abgeleitete Rechte des Urhebers stützen, da sich dies „*keinesfalls … rechtfertigen*“ ließe.[872]

c) Stellungnahme: Stärkung der Verlegerposition

Sofern über die Einführung eines originären Rechtes des Verlegers diskutiert wird, darf in diesem Zusammenhang nicht der Fehler gemacht werden, *allein* unter Bezugnahme auf den Schutz des Autors einen Schutz des Verlegers zu fordern. Richtig ist, dass zwar der Schutz des Verlegers durch ein originäres Recht durchaus im Interesse des Autors und auch zu dessen Vorteil ausfällt. Im Vordergrund eines solchen originären Rechtes steht der Verleger selbst und dessen Schutzwürdigkeit.[873] Sich hierauf zu berufen kann nicht als kritisch, viel eher als transparent und ehrlich eingestuft werden.

5. Die Gefährdung der Monopolisierung gemeinfreier Werke

Als Gegenargument zur Einführung eines originären Rechtes des Verlegers findet sich auch die Befürchtung, dass dies zu einer Monopolisierung gemeinfreier Werke führen könnte. Wenn bedacht werde, dass sodann die Herausgabe eines kürzlich gemeinfrei gewordenen Werkes ohne eine eigene Arbeitsleistung bereits zur Inhaberschaft eines solchen Verlegerrechtes führen könnte, wird vertreten, eine solche „*Übernahme der Leistungen anderer*“ nicht noch durch ein eigenes Recht zu schützen.[874] Da bei einer solchen Herausgabe eine eigene Leistung des Verlegers nicht vorliege, entstünden nur „*sehr geringe Produktionskosten*“ und die hierbei geleistete Arbeit des Verlegers sei nicht als „*besonders*“ zu bezeichnen, auch ein schützenswertes Risiko werde nicht übernommen.[875] Für den Bereich der gemeinfreien, aber nicht nachgelassenen Werke würde somit ein originäres Recht des Verlegers auch der Schutzfrist des Urheberrechtes entgegenstehen und dazu führen, dass eine Monopolisierung in diesem Bereich im Hinblick auf das „*Freihaltebedürfnis der Allgemeinheit*“ unterbleiben soll.[876]

Dass durch ein Verlegerleistungsschutzrecht eine Monopolisierung gemeinfreier Werke eintreten soll, ist fernliegend. Bereits die Leistungsschutzrechte der

---

872 *Nolte* ZGE 2 (2010), 165 (193); *Hilty* GRUR Int. 2006, 179 (190).

873 So auch *Hilty* UFITA 116 (1991), 35 (51f.), der dies als rechtspolitischen „*Mißbrauch des Urheberrechts*“ betitelt.

874 *Langer*, Der Schutz nachgelassener Werke, S. 64.

875 *Langer*, Der Schutz nachgelassener Werke, S. 64.

876 *Langer*, Der Schutz nachgelassener Werke, S. 64.

§§ 70f. UrhG haben dies nicht bewirkt – erst recht kann eine solche Monopolisierung nicht in dem Leistungsschutz des Verlegers gesehen werden. Zumal der Bereich der gemeinfreien Werke, den der Verleger in seinem Verlagsprogramm im Vergleich zu den urheberrechtlich (noch) schutzfähigen Werken im Bestand hält, verschwindend gering ist.

6. *Die Gefahr eines Rückschritts in der urheberrechtlichen Geschichte*

Sofern es zu einem originären Verlegerrecht kommen sollte, sei dies aus rechtshistorischer Perspektive ein Rückschritt in der Geschichte des Urheberrechts: Durch die Einführung des Urheberrechtsgesetzes, welches auf dem Schöpfungsprinzip basiert und die Schutzwürdigkeit des Urhebers in den Mittelpunkt stellt, habe man sich ausdrücklich gegen die bis dato vorherrschende Fokussierung des Rechtsschutzes auf den Aufwand des Verlegers und damit auch gegen ein originäres Verlegerrecht entschieden.[877] In diese Richtung gehen auch Argumentationen, die auf eine mögliche Remonopolisierung hinweisen.[878]

Schließlich wird umfassend im rechtshistorischen Teil dieser Arbeit aufgezeigt, dass das heutige urheberrechtliche Verständnis nicht die Fortentwicklung des Privilegienwesens, sondern eher die Abkehr hiervon darstellt.[879] Dabei war nicht der Schutz des Verlegers, sondern das Rechtskonstrukt des Privilegs sowie das damalige fehlende moderne Urheberrechtsverständnis Ursache für die zahlreichen Unzulänglichkeiten des Privilegienwesens. Das moderne heutige Urheberrecht ist keine Entscheidung gegen den Schutz des Verlegers, sondern weist eine diesbezügliche Regelungslücke auf. Sollte ein solches, originäres Recht des Verlegers geregelt werden, kann aufgrund einer transparenten, rechtsstaatlichen und allgemein zugänglichen Norm zwangsläufig kein geschichtlicher Rückschritt in der Geschichte des Urheberrechts entstehen. Vielmehr wird durch die Behebung einer rechtshistorisch fehlerhaften Regelungslücke die Gewährleistung eines modernen und zukunftsfähigen Urheberrechts ermöglicht.

7. *Stellungnahme: bestehender Normierungsbedarf*

Dass mit einem fehlenden Normierungsbedarf das Erfordernis eines Leistungsschutzrechtes des Verlegers abgelehnt werden könnte, ist nach der vorangehenden

877 *Allenstein*, Leistungsschutzrechte für Verleger unter besonderer Berücksichtigung der EU-Datenbankrichtlinie, S. 213.

878 *Conrad/Berberich* GRUR 2016, 648 (656).

879 Siehe hierzu Kap. 3.

Untersuchung nicht überzeugend. Negative und beeinträchtigende Folgen eines Verlegerrechtes sind nicht ersichtlich.

V. Fazit

Eines ist grundlegend klarzustellen: Die Schutzwürdigkeit der Leistung des Autors, deren herausragende Bedeutung für die kulturelle Identität einer Gesellschaft, den wissenschaftlichen Fortschritt, den gesellschaftlichen Diskurs sowie deren rechtliche Schutzbedürftigkeit bleibt bei der Diskussion um ein originäres Verlegerrecht vollkommen unangetastet und unbestritten.[880]

Grundsätzliche Argumente, die gegen die Einführung eines allgemeinen Leistungsschutzrechtes für den Verleger sprechen, konnte aus rechtssystematischer Sicht selbst ein Google-Prozessvertreter nicht erkennen und betonte allein die dafür notwendige „*grundlegende Neuerung des geltenden Urheberrechts*".[881]

„*Es liegt an Autoren, Verlegern und Urheberrechtlern, diese Forderungen [nach einem Leistungsschutzrecht für den Verleger] deutlich zu machen.*"[882] Die vorliegende Untersuchung und Schlussfolgerung hat dazu bestenfalls einen wichtigen Beitrag geleistet.

---

880 So zu Recht auch *Becker* Börsenblatt 1990, 2317 (2320); *Dietz* Börsenblatt 1989, 112 (115).

881 *Nolte* ZGE 2 (2010), 165 (193).

882 *Heker* ZUM 1995, 97 (102).

Kapitel 6: Das Tonträgerleistungsschutzrecht

Dass mitunter „Vergleiche hinken", ist dem Grunde nach zutreffend. Dennoch erfordert eine umfassende Beurteilung der rechtlichen Schutzwürdigkeit einer Interessensgruppe den Vergleich zu bestehenden, vergleichbaren Rechtsinstrumentarien. Bei der in dieser Art vorzufindenden Erörterung der rechtlichen Schutzbedürftigkeit der verlegerischen Leistung bietet es sich an, den Schutz des Tonträgerherstellers im Urheberrechtsgesetznäher zu betrachten.

Ziel der Untersuchung ist es zu verstehen, weswegen dieser Leistungsvermittler durch ein originäres Recht geschützt wird, während hingegen der allgemeine Verleger ein solches Recht nicht innehat. Zur inhaltlichen Ausrichtung dieser Untersuchung sollen folgende Thesen leitend sein:

1) *Die Entstehungsgeschichte des Leistungsschutzrechtes für den Tonträgerhersteller ist vergleichbar mit der aktuellen Situation der Verleger.*
2) *Die Leistung des Tonträgerherstellers ist besonders schutzbedürftig und erfordert den Schutz durch eine eigene Rechtsposition.*
3) *Die Schutzbedürftigkeit des Tonträgerherstellers lässt sich mit der des Verlegers vergleichen.*

A. Das urheberrechtliche Leistungsschutzrecht des Tonträgerherstellers

I. Der Rechtsschutz der Tonträgerhersteller in Deutschland - ein Überblick

1. Schutz durch das Bearbeiterurheberrecht nach § 2 Abs. 2 LUG

Bevor sich Tonträgerhersteller auf ein eigenes Recht stützen konnten, waren sie grundsätzlich auf abgeleitete Rechte angewiesen. Ohne ein eigenes Recht bestand auch grundsätzlich keine effektive und umfassende Möglichkeit, gegen leistungsübernehmende Handlungen rechtlich vorgehen zu können. Ein Schutz nach den deliktsrechtlichen Normen der §§ 823ff. BGB, dabei insbesondere auch nach § 826 BGB, kommt zwar in Betracht,[883] kann jedoch allenfalls ergänzend einen Schutz bilden.[884]

Dieses Ergebnis konnte seitens der Tonträgerhersteller nicht gewünscht sein. Während der Zeit des Übergangs zum 20. Jahrhundert beliefen sich die Kosten der Herstellung von nur einer Schallplatte auf über 2,50 Mark – in Relation dazu lag das durchschnittliche Monatsgehalt in dieser Zeit bei gerade einmal 50 Mark.[885]

Den Interessen der Schallplattenindustrie wurde bereits damals intensiv Gehör verschafft, mit dem Ergebnis, dass 1910 explizit für diesen Industriezweig eine Erweiterung des Bearbeiterurheberrechts in § 2 Abs. 2 S. 1 LUG vorgenommen wurde.[886] Sofern ein Werk der Literatur oder der Tonkunst durch einen persönlichen Vortrag auf Vorrichtungen für Instrumente übertragen wurde, welche der mechanischen Wiedergabe für das Gehör dienten, so galt diese hergestellte Vorrichtung gleich einer Bearbeitung. Geschützt wurde der Tonträger, nicht die darauf enthaltene Vorführung des Künstlers.[887] Zwar erhielt im Falle des Vorliegens dieses Tatbestandes der jeweilige Künstler die sich daraus abzuleitenden Befugnisse, etwa der Inhaberschaft ausschließlicher Vervielfältigungs- und Verbreitungsrechte nach § 11 LUG. Der Hintergrund dieser Regelung galt jedoch zuvörderst dem Schutz der Tonträgerhersteller – gestützt auf Billigkeitserwägungen.[888] Dieses Bearbeiterurheberrecht konnte nämlich übertragen werden, wovon in aller Regel auch Gebrauch gemacht wurde.[889] Inhaber dieses Rechtes war somit in den meisten Fällen nicht der Künstler als solcher, sondern der jeweilige Tonträgerhersteller.[890] Zu beachten ist, dass dies nicht die

---

883 Vgl. RGZ 73, 294 – Schallplatten.

884 *Knies*, Die Rechte des Tonträgerherstellers in internationaler und rechtsvergleichender Sicht, S. 217. Siehe auch die Ausführungen in Kap. 2 zum Rechtsschutz des Verlegers *de lege lata*.

885 *Grevener*, Die Schallplatte, abrufbar unter: https://www.planet-wissen.de/kultur/musik/geschichte_der_tontraeger/pwiedieschallplatte100.html (letzter Zugriff am 30.9.2020).

886 Eingehend hierzu siehe *Büchen*, Leistungsschutz und Urheberrecht, S. 28ff.; *Grünberger* in: Schricker/Loewenheim, Urheberrecht, Vor § 73 Rn. 14.

887 *Grünberger* in: Schricker/Loewenheim, Urheberrecht, Vor § 73 Rn. 14.

888 *Knies*, Die Rechte des Tonträgerherstellers in internationaler und rechtsvergleichender Sicht, S. 179, 180.

889 *Grünberger* in: Schricker/Loewenheim, Urheberrecht, Vor § 73 Rn. 14.

890 Umfassend hierzu zu Diskussion um die konkrete Ausgestaltung des Schutzes des ausübenden Künstlers *Cahn-Speyer* UFITA 4 (1931), 368ff.; *ders.* UFITA 5 (1932), 342ff.

zwingende Folge sein musste; diese Übertragungsmöglichkeit war lediglich eine der – wenn auch primär fokussierten – Möglichkeiten; der Künstler hatte weiterhin die Möglichkeit, dieses Recht selbst auszuüben und nicht abzutreten.[891]

Eine überwiegend dem Charakter eines gewerblichen Rechtsschutzes gerecht werdende Leistung des Tonträgerherstellers, wurde somit durch eine urheberrechtliche Rechtsposition geschützt.[892] Konkurrenten, die die Leistung des Tonträgerherstellers rechtswidrig übernahmen, sollte seitens des Tonträgerherstellers effektiv entgegengewirkt werden können.[893] Diese mittelbare Schutzwirkung für den Tonträgerhersteller wurde durch die Gewährung einer urheberrechtlichen Schutzposition unmittelbar zugunsten des ausübenden Künstlers erreicht – diese Herangehensweise als „*bemerkenswert*"[894] zu bezeichnen, erscheint in diesem Zusammenhang als noch sehr zurückhaltend. Dass der Tonträgerhersteller durch eine derartige Konstruktion über ein Urheberrecht zugunsten des ausübenden Künstlers geschützt werden sollte, wurde insbesondere seit den 1920er Jahren intensiv (wohl durch die Verbreitung des Rundfunks)[895] überwiegend kritisch gesehen und abgelehnt.[896] Statt eines Urheberrechtes, welches an den Tonträgerhersteller übertragen wird, sollte nach überwiegender Auffassung eine eigene und vom Künstler getrennte Rechtsposition geschaffen werden: ein Leistungsschutzrecht.[897]

2. *Die Diskussion zum originären Recht des Tonträgerherstellers*

Ein originäres Recht wurde dem Tonträgerhersteller erstmalig durch das Urheberrechtsgesetz vom 9. September 1965 in Form eines Leistungsschutzrechtes zugesprochen, welches gemäß § 143 Abs. 2 UrhG 1965 am 1. Januar 1966 in

891 *Rauscher auf Weeg*, Das Aufführungsrecht der Interpreten und Schallplattenhersteller nach geltendem deutschen Recht, S. 36, 37.

892 *Knies*, Die Rechte des Tonträgerherstellers in internationaler und rechtsvergleichender Sicht, S. 180.

893 Vgl. insbesondere zu den begrenzten Rechtsschutzmöglichkeiten des Bearbeiterurheberrechts eingehend *Grünberger* in: Schricker/Loewenheim, Urheberrecht, Vor § 73 Rn. 14.

894 *Knies*, Die Rechte des Tonträgerherstellers in internationaler und rechtsvergleichender Sicht, S. 179.

895 So *Grünberger* in: Schricker/Loewenheim, Urheberrecht, Vor § 73 Rn. 15.

896 Zu dem Meinungsstand dazu siehe die umfassende Darstellung bei *Apel*, Der ausübende Musiker im Recht Deutschlands und der USA, S. 90–98.

897 *Cahn-Speyer* UFITA 4 (1931), 368ff.; *Grünberger* in: Schricker/Loewenheim, Urheberrecht, Vor § 73 Rn. 15.

Kraft trat.[898] Nach – heutiger Fassung in – § 85 Abs. 1 S. 1 UrhG hat der Tonträgerhersteller das ausschließliche Recht, den Tonträger zu vervielfältigen, zu verbreiten und öffentlich zugänglich zu machen. Für die weitere Bearbeitung und das angestrebte Resümee im Hinblick auf die Rechtsstellung des Verlegers ist die Diskussion zur Einführung eines originären Rechtes des Tonträgerherstellers bedeutsam.

a) Das Schutzbedürfnis des Tonträgerherstellers

Als Hintergrund eines originären Rechtes wurde die Schutzwürdigkeit der organisatorischen, technischen und wirtschaftlichen Leistung des Herstellungsprozesses eines Tonträgers angeführt.[899] Daher wird auch dieses Recht als unternehmensbezogenes Leistungsschutzrecht ohne persönlichkeitsrechtlichen Einschlag eingestuft.[900]

Die wirtschaftliche Bedeutung eines solchen Rechts und die mit einer unrechtmäßigen Leistungsübernahme verbundenen Auswirkungen sind erheblich.[901] Insbesondere durch die unkomplizierten und zahlreichen Verbreitungsmöglichkeiten von Musikwerken über Internetplattformen, sog. Filesharing, besteht ein diesbezügliches Rechtsschutzbedürfnis.[902]

b) Der unzureichende Rechtsschutz nach dem UWG

In der Gesetzesbegründung zum Entwurf eines Urheberrechtsgesetzes 1962 wird angeführt, dass zwar ein Schutz durch das UWG bzgl. einer sittenwidrigen Ausbeutung seitens eines Mitbewerbers besteht, dieser Schutz jedoch „*die wirtschaftlichen Interessen des Herstellers von Tonträgern nicht in ausreichendem Maße*" sichert.[903] Der Rechtsschutz nach dem UWG greife wegen „*der besonderen rein wettbewerblichen Voraussetzungen in § 1 UWG nicht immer [durch], zumal insoweit häufig Beweisschwierigkeiten bestehen werden*".[904]

---

898 Gesetz über das Urheberrecht und die verwandten Schutzrechte vom 9. September 1965, BGBl. I S. 1273.

899 BGH GRUR 2009, 403 – Rn. 8 – Metall auf Metall; BT-Drs. IV/270, S. 95; *Stang* in: BeckOK Urheberrecht, § 85 Rn. 6; *Knies,* Die Rechte des Tonträgerherstellers in internationaler und rechtsvergleichender Sicht, S. 183.

900 *Stang* in: BeckOK Urheberrecht, § 85 Rn. 1; *Knies,* Die Rechte des Tonträgerherstellers in internationaler und rechtsvergleichender Sicht, S. 186.

901 *Stang* in: BeckOK Urheberrecht, § 85 Rn. 2.

902 *Stang* in: BeckOK Urheberrecht, § 85 Rn. 2.

903 BT-Drs. IV/270, S. 95.

904 BT-Drs. IV/270, S. 95.

Die Regelung im Rahmen des Urheberrechtsgesetzes ist in der Lage, den *„unternehmerischen Aufwand stärker abzusichern, als das etwa über das UWG möglich wäre"*.[905]

Neben dem Rechtsschutz durch ein Leistungsschutzrecht könne der wettbewerbliche Rechtsschutz dann noch sinnvoll zur Anwendung gelangen, wenn eine nach der urheberrechtlichen Rechtslage als rechtmäßig einzustufende Handlung aus spezifisch wettbewerbsrechtlichen Aspekten wettbewerbswidrig erscheint.[906] Es erscheint zwar noch gut vertretbar, die erstmalige Übernahme einer Leistung als wettbewerbswidrige Handlung einzustufen, bei den darauf folgenden Vervielfältigungsmaßnahmen wäre es jeweils eine Einzelfallentscheidung, bei der ermittelt werden muss, ob entsprechende Handlungen wettbewerbswidrig sind.[907] So wurde hierzu damals angeführt, dass die eigenen aufgebrachten technischen wie finanziellen Mittel des jeweiligen Fabrikanten einer Einstufung als wettbewerbswidrig entgegenstehen könnten.[908]

c) *Der fehlende urheberrechtliche Schutz des Klangwerkes*

Auch in Konstellationen, in denen auf hergestellten Tonträgern keine urheberrechtlich schutzwürdigen Klangwerke zu hören seien (wie beispielsweise im Fall von Tierstimmen oder anderer Naturgeräusche), müsse der Tonträgerhersteller durch ein eigenes Recht geschützt sein – auf abgeleitete Rechte könne er sich in diesen Konstellationen gerade nicht stützen.[909]

d) *Die befürchtete Benachteiligung des Urhebers*

Als *„Schlachtruf des Leistungsschutzes"* wurden die damaligen Ausführungen gegen die Einführung eines originären Tonträgerherstellerrechtes betitelt.[910] Dabei wurde befürchtet, dass die Interessen der Urheber sowie Schallplattenhersteller einseitig allein zugunsten der Tonträgerindustrie beeinträchtigt

---

905 *Knies*, Die Rechte des Tonträgerherstellers in internationaler und rechtsvergleichender Sicht, S. 184.

906 *Knies*, Die Rechte des Tonträgerherstellers in internationaler und rechtsvergleichender Sicht, S. 216.

907 *Nordemann/Vinck/Hertin*, Internationales Urheberrecht und Leistungsschutzrecht, GTA Art. 3. Rn. 4.

908 *Nordemann/Vinck/Hertin*, Internationales Urheberrecht und Leistungsschutzrecht, GTA Art. 3. Rn. 4.

909 BT-Drs. IV/270, S. 95.

910 *Rauscher auf Weeg*, Das Aufführungsrecht der Interpreten und Schallplattenhersteller nach geltendem deutschen Recht, S. 9.

würden.[911] Die Urheberseite lässt sich rückblickend als federführende Protestpartei bezeichnen.[912] Hierbei wurde mit einer sog. „*Kuchentheorie*" argumentiert: wenn nun der Tonträgerhersteller neben den Komponisten und Textschreibern auch noch mit einer eigenen Rechtsposition ausgestattet werde, dann bleibe für die beiden letzteren von den wirtschaftlichen Erträgen – dem „*Kuchen*" – weniger übrig.[913] Dieser befürchteten Benachteiligung der Autoren widersprach der BGH deutlich.[914] Hierbei stützte sich der BGH auf die Tätigkeit der Tonträgerhersteller – die Vermittlertätigkeit: Von dieser Vermittlertätigkeit seien die darauf angewiesenen Urheber abhängig, sodass eine Aufteilung der daraus resultierenden Einnahmen zwischen den Urhebern und dem Mittler nicht als ungerechtfertigt erscheinen kann.[915] „*Ist der Genuß eines Geisteswerks von der Mittlertätigkeit Dritter abhängig, so ist es nur gerecht, wenn der Werkschöpfer sich mit den jeweiligen Werkmittlern in das wirtschaftliche Entgelt teilen muß, das der Werknutzer für die Auswertung des Werkes aufzuwenden bereit und in der Lage ist.*"[916]

II. Das Leistungsschutzrecht des Tonträgerherstellers nach § 85 UrhG

1. Internationale Abkommen

Die Rechtsschutzmöglichkeiten des Tonträgerherstellers wurden durch zwei internationale Abkommen maßgeblich beeinflusst: das Rom-Abkommen und das Genfer-Tonträgerabkommen.

Der erste internationale Vertrag zum Schutz der Leistungsschutzrechte wurde durch das sog. Rom-Abkommen gewährleistet.[917] Der Verabschiedung am 26.

---

911 *Rauscher auf Weeg*, Das Aufführungsrecht der Interpreten und Schallplattenhersteller nach geltendem deutschen Recht, S. 10; *Knies*, Die Rechte des Tonträgerherstellers in internationaler und rechtsvergleichender Sicht, S. 184.

912 *Knies*, Die Rechte des Tonträgerherstellers in internationaler und rechtsvergleichender Sicht, S. 184.

913 *Knies*, Die Rechte des Tonträgerherstellers in internationaler und rechtsvergleichender Sicht, S. 184; *Rauscher auf Weeg*, Das Aufführungsrecht der Interpreten und Schallplattenhersteller nach geltendem deutschen Recht, S. 10.

914 BGH GRUR 1960, 619 (623) – Künstlerlizenz Schallplatten.

915 BGH GRUR 1960, 619 (623) – Künstlerlizenz Schallplatten.

916 BGH GRUR 1960, 619 (623) – Künstlerlizenz Schallplatten.

917 Internationales Abkommen übe den Schutz der ausübenden Künstler, der Hersteller von Tonträgern und der Sendeunternehmen vom 26. Oktober 1961, BGBl. 1965 II

Oktober 1961 gingen 35 Jahre der Verhandlungen und Vorarbeiten voraus und beinhaltete letztlich in seiner Struktur ein Prinzip der Inländerbehandlung und einer Auflistung von Mindestrechten; erfasst waren von diesem Abkommen somit nur internationale Konstellationen, wobei mittelbar die nationale Rechtsordnung insoweit faktisch beeinflusst wurde, als dass in der Regel ein nationaler Gesetzgeber nicht hinter internationalen Abkommen zum Nachteil seiner Staatsbürger zurückzubleiben anstrebt.[918] Hierin normierte Art. 10 das Recht des Herstellers von Tonträgern, die unmittelbare oder mittelbare Vervielfältigung ihrer Tonträger erlauben oder verbieten zu können.

Die voranschreitende Tonträgerpiraterie, welche in den 70er Jahren des 20. Jahrhunderts einen jährlichen Umsatz von rund 100 Millionen US-Dollar erreichte,[919] führte zu einer Diskussion um eine Ergänzung des durch das Rom-Abkommen geschaffenen Rechtsrahmens. Im Jahr 1972 waren gerade einmal unter 20 Vertragsparteien[920] des Rom-Abkommens vorhanden – u.a. ohne die USA als wichtigem Land, in dem viele Tonträgerhersteller ihre Produktionsstätten hatten.[921] Allein in den USA soll jede vierte Tonbandaufnahme durch Tonträgerpiraterie entstanden sein.[922] Auf Betreiben einer Lobbyvereinigung der Tonträgerhersteller, der IFPI, gelang es nach nur 18 Monaten Beratung, einen neuen Rechtsrahmen mit Unterzeichnung durch 23 Vertragsparteien, zu denen auch die USA zählten, zu erwirken.[923] Durch dieses Abkommen wurden allein die Tonträgerhersteller, nicht auch Filmhersteller oder entsprechende Künstler, privilegiert.[924]

S. 1245; *Knies*, Die Rechte des Tonträgerherstellers in internationaler und rechtsvergleichender Sicht, S. 5.

918 *Knies*, Die Rechte des Tonträgerherstellers in internationaler und rechtsvergleichender Sicht, S. 6, 7.

919 *Stewart* UFITA 70 (1974), 1 (4).

920 *Nordemann/Vinck/Hertin*, Internationales Urheberrecht und Leistungsschutzrecht, Einl. Rn. 8.

921 *Knies*, Die Rechte des Tonträgerherstellers in internationaler und rechtsvergleichender Sicht, S. 20.

922 *Stewart* UFITA 70 (1974), 1 (4).

923 *Knies*, Die Rechte des Tonträgerherstellers in internationaler und rechtsvergleichender Sicht, S. 21; *Nordemann/Vinck/Hertin*, Internationales Urheberrecht und Leistungsschutzrecht, GTA Vorbem. Rn. 3.

924 *Nordemann/Vinck/Hertin*, Internationales Urheberrecht und Leistungsschutzrecht, GTA Vorbem. Rn. 4.

Nach Art. 2 des Genfer Tonträgerabkommens vom 29. Oktober 1971 muss jeder Vertragsstaat die Hersteller von Tonträgern gegen die Herstellung von Vervielfältigungsstücken ohne deren Zustimmung, gegen die Einfuhr solcher Vervielfältigungsstücke, sofern die Herstellung oder die Einfuhr zu Zwecken der Verbreitung an die Öffentlichkeit erfolgt, sowie gegen die Verbreitung solcher Vervielfältigungsstücke schützen.[925]

2. *Gesetzesbegründung zu §§ 95, 96 UrhG aF – 1965*

In der Gesetzesbegründung wird der fehlende selbstständige Schutz der „*mit der Herstellung von Schallplatten verbundenen technisch-organisatorischen Leistung*“ angeführt.[926] Die Abtretung der Rechte der ausübenden Künstler an die Tonträgerhersteller sei zwar aktuell die gängige Praxis der Schallplattenindustrie, um sich gegen eingreifende Handlungen Dritter zur Wehr setzen zu können; ein wirksamer Schutz werde dadurch jedoch nicht erreicht.[927] In §§ 95, 96 UrhG aF wurde den Tonträgerherstellern somit ein originäres Recht zugesprochen – heute findet sich dieses in §§ 85, 86 UrhG. Dieses neue Schutzrecht soll für das „*technische Können und die wirtschaftlichen Aufwendungen gewährt werden, die für die erstmalige Aufnahme einer Werkdarbietung oder einer sonstigen Tonfolge auf einen Tonträger erforderlich sind, nicht für das Kopieren einer bereits vorhandenen Aufnahme*“.[928] Um eine Schlechterstellung des Tonträgerherstellers im Vergleich zu der bisher geltenden Rechtslage zu verhindern, gilt der zeitlich unbefristete Schutz nach dem UWG unabhängig und neben der Regelung im UrhG.[929]

3. *Schutzgegenstand*

a) *Die Leistung des Tonträgerherstellers*

Das Leistungsschutzrecht des Tonträgerherstellers bezweckt nicht den Schutz des Gegenstandes Tonträger oder aber die darauf gespeicherte Tonfolge als solche. Vielmehr wird die im Tonträger verkörperte Leistung und der daraus resultierende wirtschaftliche Wert des Tonträgerherstellers als immaterielles

925 Übereinkommen zum Schutz der Hersteller von Tonträgern gegen die unerlaubte Vervielfältigung ihrer Tonträger vom 29. Oktober 1971, BGBl. 1973 II S. 1670; eingehend hierzu *Stewart* UFITA 70 (1974), 1ff.

926 UFITA 45 (1965), 248.

927 UFITA 45 (1965), 248.

928 UFITA 45 (1965), 314.

929 UFITA 45 (1965), 315.

Gut geschützt.[930] An dieser Stelle tritt der Hintergrund dieses Schutzrechtes, der Schutz der wirtschaftlichen und organisatorischen Leistung des Tonträgerherstellers, deutlich hervor.[931] Dem Tonträgerhersteller soll eine originäre Rechtsposition dafür geschaffen werden, dass er sich gegen eine direkte Übernahme seiner Leistung effektiv wehren kann.[932]

Ob derjenige, dessen Aufnahme auf dem jeweiligen Tonträger gespeichert ist, für sein Werk selbst einen urheberrechtlichen Schutz innehat, ist für das Leistungsschutzrecht des Tonträgerherstellers unerheblich.[933]

b) Eigentumsrechtliche Gewährleistung

Als vermögensrechtliche Ausprägung wird dieses Schutzrecht durch die Eigentumsgarantie auf nationaler Ebene aus Art. 14 Abs. 1 GG und auf europäischer Ebene aus Art. 17 Abs. 2 GRCh geschützt.[934] Dadurch kann der Tonträgerhersteller in eigener Verantwortung frei über dieses Recht verfügen – „*das macht den grundgesetzlich geschützten Kern dieses Leistungsschutzrechtes aus*".[935] Die eigentumsrechtliche Verankerung dieses Rechtes des Tonträgerherstellers darf dabei aber nicht so verstanden werden, dass eine derart umfängliche Rechtsposition erforderlich ist, die sämtliche Verwertungsmöglichkeiten abdeckt; vielmehr wird den eigentumsrechtlichen Erfordernissen durch die Gewährleistung des Erstverwertungsrechts entsprochen.[936]

a) Tonträger

Obgleich der Gegenstand des Tonträgers nicht der Schutzgrund ist, muss ein solcher als verkörpertes Werk vorliegen. Zur Bestimmung eines Tonträgers kann die Legaldefinition des § 16 Abs. 2 UrhG herangezogen werden,[937] der

---

930 OLG Hamburg NJW-RR 1992, 746 (748) – The Rolling Stones; *Stang* in: BeckOK Urheberrecht, § 85 Rn. 6; *Schaefer* in: Wandtke/Bullinger, UrhR, § 85 Rn. 2; aA *Knies*, Die Rechte des Tonträgerherstellers in internationaler und rechtsvergleichender Sicht, S. 186.

931 *Schulze* in: Dreier/Schulze, UrhG, § 85 Rn. 15.

932 *Vogel* in: Schricker/Loewenheim, Urheberrecht, § 85 Rn. 12.

933 BT-Drs. IV/270, S. 96; *Schulze* in: Dreier/Schulze, UrhG, § 85 Rn. 15.

934 BVerfG GRUR 1990, 183 (184) – Vermietungsvorbehalt.

935 BVerfG GRUR 1990, 183 (184) – Vermietungsvorbehalt.

936 *Vogel* in: Schricker/Loewenheim, Urheberrecht, § 85 Rn. 14.

937 Siehe die Gesetzesbegründung „*Absatz 2 enthält zugleich eine allgemeine Definition der Begriffe „Bildträger" und „Tonträger", auf die an späterer Stelle mehrfach zurückgegriffen wird.*", BT-Drs. IV/270, S. 47.

zufolge dies eine Vorrichtung zur „*wiederholbaren Wiedergabe von Tonfolgen*" zu verstehen ist. Dabei ist maßgeblich, ob die Tonfolge dergestalt auf dem Tonträger gespeichert ist, dass sie in derselben Form wiederholt wiedergegeben werden kann.[938] Tonträger als solcher ist dabei nicht allein analog zu verstehen; die digitale Tonaufnahme ist ebenfalls erfasst.[939] Im Hinblick auf den Schutzhintergrund ist als Tonträger dabei nur die erste Festlegung, das sog. Master, zu verstehen.[940] Strenggenommen wäre wortgetreu die erstmalige Festlegung zwar bereits in einer früheren Version gegeben, jedoch ist gerade das Master als solches die Endstufe der herstellereigenen Arbeit an dem Tonträger – auf Vorversionen abzustellen würde einen Großteil der Arbeit eines Tonträgers verkennen.[941] In dem Master kann somit das erstmalige Fixieren der Arbeit des Tonträgers gesehen werden.

b) Die geschützte Aufnahme

In welcher Art und Weise die auf dem Tonträger gespeicherte Aufnahme entstanden ist, ob demnach deren Rechtmäßigkeit gegeben ist, spielt keine Rolle für den Schutz des Tonträgerherstellers.[942] Wie sich aus § 85 Abs. 1 S. 3 UrhG ergibt, ist nur die erstmalige Aufnahme geschützt, das Recht entsteht nicht durch Vervielfältigung eines Tonträgers.

4. Inhaber dieses Rechtes: der Tonträgerhersteller

a) Gewerblich wie privat

Der Gesetzesbegründung zufolge soll nicht nur der gewerbsmäßige Tonträgerhersteller, sondern gerade auch der nichtgewerbliche Hersteller von diesem Leistungsschutzrecht profitieren, da eine unterschiedliche Beurteilung mangels ausschlaggebenden Unterschieds in der erbrachten Leistung nicht angebracht sei.[943] Dass gerade auch der private Hersteller unter diesen Tonträgerherstellerschutz fallen kann, wird kritisiert und eine Ausgestaltung als reines Unternehmensrecht gefordert.[944] Allein dem gewerblichen Hersteller

---

938 *Schulze* in: Dreier/Schulze, UrhG, § 16 Rn. 17.
939 *Schulze* in: Dreier/Schulze, UrhG, § 85 Rn. 17.
940 *Schaefer* in: Wandtke/Bullinger, UrhR, § 85 Rn. 4.
941 *Schaefer* in: Wandtke/Bullinger, UrhR, § 85 Rn. 4.
942 *Schulze* in: Dreier/Schulze, UrhG, § 85 Rn. 19.
943 BT-Drs. IV/270, S. 96.
944 *Vogel* in: Schricker/Loewenheim, Urheberrecht, § 85 Rn. 19.

könne berechtigterweise ein Bedürfnis eines Investitionsschutzes anerkannt werden.[945]

b) Der Begriff des Tonträgerherstellers

Im Urheberrechtsgesetz fehlt eine Legaldefinition zum Herstellerbegriff, jedoch kann auf die Definition des Rom-Abkommens rekurriert werden.[946] Nach Art. 3 lit. c ist als Hersteller von Tonträgern jede natürliche oder juristische Person, die erstmals die Töne einer Darbietung oder andere Töne festlegt, zu verstehen.[947] Die Bestimmung des von der urheberrechtlichen Regelung erfassten Personenkreises kann mitunter etwas verwirrend sein: Erforderlich dafür ist die organisatorische Hoheit über die Aufnahme, worunter insbesondere der Vertragsabschluss mit den Beteiligten fällt.[948] Das umgangssprachliche Verständnis des Tonträgerherstellers als Produzent kann dabei irreführend sein und sollte bei der urheberrechtlichen Bestimmung außer Acht gelassen werden.[949] Bei der Bestimmung des Tonträgerherstellers sollte dabei der Sinn und Zweck des Leistungsschutzes beachtet werden, weswegen die entsprechende organisatorische, technische wie auch wirtschaftliche Leistung erforderlich ist – einem durch Piraterie erschlichenen Produkt fehlt es jedenfalls hieran.[950]

c) Die Bestimmung des Herstellers im 21. Jahrhundert

Durch die technischen Entwicklungen der letzten Jahre ist es für jeden Interessenten ohne große Schwierigkeiten möglich, sich selbst eigenes Studioequipment zu besorgen, Tonaufnahmen anzufertigen und anschließend auch zu vertreiben bzw. sich bei dem Inverkehrbringen des aufgenommenen Werkes fremder Hilfe zu bedienen. Die Entscheidung, wer hierbei als Tonträgerhersteller im Sinne des § 85 UrhG zu werten ist, kann dann durchaus zu Schwierigkeiten führen. Hierbei ist eine einzelfallbezogene teleologische Auseinandersetzung erforderlich,

---

945 *Vogel* in: Schricker/Loewenheim, Urheberrecht, § 85 Rn. 19.

946 *Schaefer* in: Wandtke/Bullinger, UrhR, § 85 Rn. 6.

947 Identisch hierzu ist die Definition des Tonträgerherstellers im Genfer Tonträgerabkommen vom 29. Oktober 1971, Art. 1 lit. b.

948 *Schaefer* in: Wandtke/Bullinger, UrhR, § 85 Rn. 7.

949 Eingehend hierzu mit detaillierter Abgrenzung zur Plattenfirma, dem *„kreativen Produzenten"*, der Fertigung von Tonträgern und dem Musikverleger *Schaefer* in: Wandtke/Bullinger, UrhR, § 85 Rn. 7ff.

950 *Schaefer* in: Wandtke/Bullinger, UrhR, § 85 Rn. 14.

die die jeweils erbrachte organisatorische, technische wie auch wirtschaftliche Leistung beurteilen und dann der entsprechenden Person zuordnen muss.[951]

5. Schutzumfang des Leistungsschutzrechtes

Abschließend werden in § 85 Abs. 1 UrhG die drei Arten der Ausschließlichkeitsrechte aufgezählt, die dem Tonträgerhersteller originär zustehen: das Vervielfältigungsrecht im Sinne des § 16 UrhG, das Verbreitungsrecht im Sinne des § 17 UrhG sowie das Recht der öffentlichen Zugänglichmachung im Sinne des § 19a UrhG.[952] Darüber hinaus hat der Tonträgerhersteller nach § 86 UrhG einen Anspruch auf eine angemessene Beteiligung an der Vergütung gegen den ausübenden Künstler aus § 78 Abs. 2 UrhG, wenn ein erschienener/erlaubterweise öffentlich zugänglich gemachter Tonträger mit einer Aufnahme eines ausübenden Künstlers öffentlich wiedergegeben wird.

Der Umfang der konkreten Rechtsstellung ist somit zweigeteilt: Exklusiv wird dem Tonträgerhersteller das Erstverwertungsrecht zugesprochen,[953] für die Zweitverwertungen ist zur wirtschaftlichen Kompensation hingegen kein solches originäres Recht gegeben. Hierfür werden ihm die Vergütungsansprüche zur Seite gestellt.[954]

Gerade die Verbindung des Vervielfältigungsrechtes mit dem Verbreitungsrecht führt zu einem wirtschaftlich sinnvollen Schutz, wäre doch für den Tonträgerhersteller eine Erlaubnis für einen Tonträger ohne Verbreitungsbefugnis beinahe wertlos.[955] In der heutigen Zeit, in der körperliche Tonträger rückläufig sind und der Umfang elektronischer Speicherarten erheblich ansteigt, wird ein Tonträger erst öffentlich zugänglich gemacht im Sinne des § 19a UrhG und anschließend durch den jeweiligen Nutzer heruntergeladen, somit im Sinne des § 16 UrhG vervielfältigt.[956] Auch wenn dies im Falle eines physischen Tonträgers

---

951 *Schaefer* in: Wandtke/Bullinger, UrhR, § 85 Rn. 14a.

952 Siehe zu dem mittlerweile über zwei Jahrzehnte andauernden Rechtsstreit bzgl. eines Eingriffs in das Tonträgerhersteller-Leistungsschutzrecht durch Sampling BGH GRUR 2020, 843 – Metall auf Metall IV; EuGH GRUR 2019, 929 – Metall auf Metall III.

953 Detailliert zum Umfang der jeweiligen Rechte des Tonträgerherstellers bei *Knies*, Die Rechte des Tonträgerherstellers in internationaler und rechtsvergleichender Sicht, S. 195–216.

954 *Schaefer* in: Wandtke/Bullinger, UrhR, § 85 Rn. 20.

955 *Schaefer* in: Wandtke/Bullinger, UrhR, § 85 Rn. 22.

956 *Schaefer* in: Wandtke/Bullinger, UrhR, § 85 Rn. 23 mit anschließenden eingehenden Ausführungen zur Vervielfältigungshandlung bei einem Download.

in anderer Reihenfolge ablief (nach der Vervielfältigungs- folgte die Verbreitungshandlung), schmälert dies keinesfalls die urheberrechtliche Schutzbedürftigkeit eben dieser neuartigen Konstellation.[957]

6. Das Verhältnis Tonträgerhersteller - Künstler

Zwischen dem Tonträgerhersteller und dem Künstler herrscht ein enges Verhältnis.[958] Auch wenn hier mehrere Rechtspositionen zusammenkommen, hindert dies deren Bündnis nicht. Vielmehr kann von einem „*Nebeneinander von Künstler- und Herstellerrecht*" gesprochen werden.[959]

Der Tonträgerhersteller ist Inhaber eines originären Rechts in Form des Leistungsschutzrechtes nach §§ 85f. UrhG und die Künstler möchten ihre eigenen urheberrechtlich oder im Falle des ausübenden Künstlers nach § 73 UrhG leistungsschutzrechtlich geschützten Werke an einen bestimmten Personenkreis vermittelt wissen.[960] Ohne eine Zusammenarbeit mit dem jeweiligen Künstler ist eine Tätigkeit des Tonträgerherstellers in keiner Weise möglich. Es werden im Vorfeld umfangreiche vertragliche Absprachen getroffen, durch welche insbesondere Nutzungsrechte umfassend übertragen werden. Im Falle der Musikurheber übernimmt diese Rolle die Gesellschaft für musikalische Aufführungs- und mechanische Vervielfältigungsrechte (GEMA).[961]

Nach Erbringung der tonträgerspezifischen Leistung stünde der Tonträgerhersteller vor der Gefahr, dass der jeweilige Künstler – eventuell mit entsprechend hohen Verkaufs- und Streamingzahlen als Argument – sich an einen anderen Tonträgerhersteller wendet und bei diesem eine erneute Aufnahme seines Werkes anfertigen lässt. Dies würde sämtliche Amortisierungs- und Gewinnperspektiven des Tonträgerherstellers, die vor der Durchführung der Aufnahme durchgeführt wurden, obsolet erscheinen lassen und immense wirtschaftliche Einbußen bedeuten.[962] Um sich vor diesen Risiken zu schützen, wird, neben weitreichenden vertraglichen Nutzungsrechtseinräumungen, das Verbot, für den vereinbarten Zeitraum bei einem anderen Tonträgerhersteller das Werk

957 *Schaefer* in: Wandtke/Bullinger, UrhR, § 85 Rn. 23.
958 *Schaefer* in: Wandtke/Bullinger, UrhR, § 85 Rn. 26.
959 *Schaefer* in: Wandtke/Bullinger, UrhR, § 85 Rn. 1.
960 *Schaefer* in: Wandtke/Bullinger, UrhR, § 85 Rn. 1.
961 *Schaefer* in: Wandtke/Bullinger, UrhR, § 85 Rn. 1.
962 *Schaefer* in: Wandtke/Bullinger, UrhR, § 85 Rn. 26.

einzuspielen und aufzunehmen (sog. Titelexklusivität bzw. persönliche Exklusivität), eingeführt.[963]

III. Auswirkungen des Leistungsschutzrechtes

1. Verkehrsfähigkeit des eigenen Rechtes

Dieses Leistungsschutzrecht lässt sich, wie es § 85 Abs. 2 S. 1 UrhG zu entnehmen ist, vollumfänglich nach den allgemeinen Regeln des Zivilrechts, den Abtretungsregeln nach §§ 398ff. BGB, übertragen und ist vererblich, sodass es im Wege der Universalsukzession nach § 1922 BGB auf den Erben übergehen kann.

2. Unabhängigkeit des originären Rechtsschutzes von einer vertraglichen Rechtseinräumung

Dadurch, dass es sich hierbei um ein originäres Recht handelt, ist der Tonträgerhersteller dazu befähigt, ohne Rücksicht auf die etwaige Wirksamkeit einer vertraglichen Nutzungsrechtseinräumung allein bei Vorliegen der Voraussetzungen des Leistungsschutzrechtes nach § 85 Abs. 1 UrhG gegen eine Leistungsübernahme vorzugehen.[964]

3. Unabhängigkeit des eigenen Rechtsschutzes vom Vorliegen des Rechtsschutzes nach dem UWG

Die oftmals kaum zu beweisenden und nicht in allen Konstellationen der Leistungsübernahme vorliegenden Voraussetzungen, die für einen wettbewerbsrechtlichen Rechtsschutz erforderlich sind,[965] erschweren das Vorgehen des Tonträgerherstellers dank der originären Rechtsstellung nicht.[966]

IV. Zusammenfassung

Obgleich der Tonträgerhersteller aktuell in den Genuss einer eigenen Rechtsposition in Form eines Leistungsschutzrechtes kommt, wird im Hinblick auf die fortschreitenden rechtsverletzenden Handlungen über das Internet seitens der Tonträgerherstellerindustrie gefordert, den Rechtsschutz zu intensivieren und

963 *Schaefer* in: Wandtke/Bullinger, UrhR, § 85 Rn. 26.
964 *Vogel* in: Schricker/Loewenheim, Urheberrecht, § 85 Rn. 17.
965 Hierzu siehe Kap. 2 D. V.
966 *Vogel* in: Schricker/Loewenheim, Urheberrecht, § 85 Rn. 17.

der Situation entsprechend anzupassen.[967] Die Art und Weise des Musikabsatzes war in den letzten Jahren gravierenden Veränderungen unterworfen. Betrug z.B. der Anteil des physischen Musikverkaufs in Form der CD 2010 noch deutlich über 80 % am Gesamtumsatz, waren es im Jahr 2019 nur noch 29 %.[968] Die CD als physisches sowie hauptsächliches Tonträger-Absatzprodukt wurde durch die digitalen Musikverkäufe kontinuierlich abgelöst. Als digitale Musikverkäufe sind vor allem der Download und das Audio-Streaming für den Umsatz der Musikindustrie maßgeblich: 2010 hatte der Download von Musikwerken rund 80 % Umsatzanteil am Gesamtumsatz der digitalen Musikverkäufe.[969] So wie sich der technische Fortschritt rasant weiterentwickelt hat, dauerte auch dessen Einfluss auf den Musikabsatz nur eine kurze Zeitspanne an: Im Jahr 2019 entfielen auf Downloads nur noch 9,6 % am Gesamtumsatz.[970] Stattdessen ist innerhalb von wenigen Jahren das Audio-Streaming von rund 10 % (Umsatzanteil) im Jahr 2010 auf über 85 % Umsatzanteil am Gesamtumsatz im Jahr 2019 angestiegen.[971]

B. Tonträgerhersteller vs. Verleger

I. Die Vergleichbarkeit der Mittlertätigkeit

Tonträgerhersteller und Verleger vermitteln eine (fremde) schöpferische Leistung an einen möglichst weitreichenden Personenkreis, um den Absatz und die Verbreitung des Werkes voranzutreiben. Bei beiden Leistungserbringern ist der Regelfall derjenige, dass es sich bei den verbreiteten Arbeiten um solche handelt, die ein Werk im Sinne des § 2 UrhG sind.[972] Für diese Verbreitungsleistung sind eigene, vermittlerspezifische Tätigkeiten erforderlich, die besondere

---

967 *Vogel* in: Schricker/Loewenheim, Urheberrecht, § 85 Rn. 118.

968 *Bundesverband Musikindustrie e.V.*, Umsatz, abrufbar unter: https://www.musikindustrie.de/markt-bestseller/musikindustrie-in-zahlen/umsatz (letzter Zugriff am 2.10.2020).

969 *Bundesverband Musikindustrie e.V.*, Umsatzentwicklung digitaler Musikverkäufe 2010-2019, abrufbar unter: https://www.musikindustrie.de/fileadmin/bvmi/upload/MiZ/Umsatzentwicklung_digital_2010-2019.jpg (letzter Zugriff am 2.10.2020).

970 *Bundesverband Musikindustrie e.V.*, Umsatzentwicklung digitaler Musikverkäufe 2010-2019, abrufbar unter: https://www.musikindustrie.de/fileadmin/bvmi/upload/MiZ/Umsatzentwicklung_digital_2010-2019.jpg (letzter Zugriff am 2.10.2020).

971 *Bundesverband Musikindustrie e.V.*, Umsatzentwicklung digitaler Musikverkäufe 2010-2019, abrufbar unter: https://www.musikindustrie.de/fileadmin/bvmi/upload/MiZ/Umsatzentwicklung_digital_2010-2019.jpg (letzter Zugriff am 2.10.2020).

972 *Hilty* UFITA 116 (1991), 35 (42).

organisatorische, wirtschaftliche und technische Kenntnisse erfordern. Dieses spezifische Fachwissen bzw. deren Fähigkeiten sind für den Erfolg der Leistung maßgeblich und bei beiden Vermittlern erforderlich.[973] Hauptgrund für die Erbringung dieser Leistungen ist, anders als in der Regel bei der Schöpfung durch den Urheber, beim Vermittler wirtschaftlicher Natur.[974] *„Er ist gezwungen, wirtschaftlich zu kalkulieren, und kann daher eine angemessene Beachtung seiner finanziellen Interessen beanspruchen.“*[975]

II. Die Vergleichbarkeit der Schutzwürdigkeit der Leistung

Die Ähnlichkeit und Vergleichbarkeit der Schutzwürdigkeit der Leistungen des Verlegers und die des Tonträgerherstellers sind offensichtlich. Die erbrachte Leistung darf bei beiden Vermittlern aus denselben Gründen nicht schutzlos vor der Konkurrenz bleiben.[976]

Sowohl die Tätigkeit des Tonträgerherstellers als auch die Tätigkeit des Verlegers ist investitionsintensiv und darauf angewiesen, dass die Leistung ohne eine unberechtigte Leistungsübernahme Dritter auf dem Markt angeboten werden und sich amortisieren kann.[977] Nachdem diese ihre Leistung erbracht und angeboten haben, ist angesichts der technischen Entwicklungen jedem grundsätzlich möglich, dieses Leistungsergebnis zu vervielfältigen und insgesamt zu übernehmen – und dies mit meist gleichbleibender Qualität.[978] Spezielle technische Software, die eine Kopie des Tonträgers zumindest erschwert, ändert hieran dem Grunde nach nichts. Dadurch sind die wirtschaftlichen Prognosen der Vermittler erheblichen Gefahren ausgesetzt.

Da es bei beiden darum geht, diese Leistungsübernahme Dritter rechtlich aufgrund eines originären Rechtes untersagen zu können, ist die Weiterentwicklung des Leistungsschutzrechtes zur Gewährung eines originären Rechtes für den Verleger konsequent und denknotwendig.[979] Selbst der BGH stellte den

---

973 *Hilty* UFITA 116 (1991), 35 (42); *Obergfell* GRUR 2019, 992 (995).

974 BGH GRUR 1990, 183 (184) – Vermietungsvorbehalt.

975 BGH GRUR 1990, 183 (184) – Vermietungsvorbehalt.

976 *Hilty* UFITA 116 (1991), 35 (41). So auch bzgl. des Musikverlegers, *„die für Musikurheber eine ähnliche Mittlerstellung gegenüber Nutzungsinteressenten einnehmen wie die Tonträgerhersteller für ausübende Künstler gegenüber dem Publikum zum Tonträgerhersteller“ Schaefer* in: Wandtke/Bullinger, UrhG, § 85 Rn. 13.

977 So auch *Obergfell* GRUR 2019, 992 (995f.).

978 BGH GRUR 1990, 183 (184) – Vermietungsvorbehalt.

979 So auch *Schulze* ZUM 1989, 49 (63).

Verleger mit dem Tonträgerhersteller bzgl. der Schutzbedürftigkeit gleich: „*Für den Tonträgerhersteller gilt gleiches wie für den Verleger.*“.[980]

III. Das Verhältnis des Werkmittlers zum Urheber

1. Grundsätzliches

Grundsätzlich ist das Verhältnis des Tonträgerherstellers zu dem Künstler sehr vergleichbar mit dem des (Buch-)Verlages zu dem Autor. Beide Gruppen haben ein Interesse daran, dass ihr geschaffenes Werk größtmögliche gesellschaftliche Resonanz und Reichweite erreicht und einen dafür angemessenen Ertrag erwirtschaftet. Es wird ein gravierender Unterscheid zwischen der Leistung des ausübenden Künstlers und der des Autors angeführt – so sei erstere ohne weitere Schwierigkeiten in Form einer erneut vorgenommenen und vergleichbar klingenden Interpretation reproduzierbar, die Leistung des Autors hingegen nicht.[981] Auch wenn sich ein derart gravierender Unterschied nicht zwangsläufig ergeben muss – zu denken ist nur an die vergleichbare Situation einer anders ausgerichteten Ausgabe durch einen anderen Verlag, bei dem die Autorenleistung lediglich angepasst, im Kern aber dieselbe bleibt. An der Schutzwürdigkeit der jeweiligen beteiligten Vermittler ändert dies jedoch nichts.

2. Beeinträchtigung durch ein originäres Werkmittlerrecht

Ein oft angeführtes Argument, um die Einführung eines originären Verlegerrechts abzulehnen, ist die befürchtete Beeinträchtigung des Verhältnisses zwischen Urheber und Werkmittler.[982]

Die vergleichbare Situation im Falle eines originären Rechtes des Tonträgerherstellers veranschaulicht eindrücklich, dass eine solche Befürchtung kein tragendes Argument sein kann. Trotz eines originären Rechtes des Tonträgerherstellers, ist kein Rückgang des Schaffens ausübender Künstler zu erblicken und eine Zusammenarbeit mit dem Tonträgerhersteller weiterhin möglich.

IV. Zwischenergebnis

Die Ausführungen zu der Eigenart der Verlegerleistung zu Beginn dieser Arbeit und die Entstehung sowie der Schutzgrund des Tonträgerleistungsschutzrechtes

---

980 BGH GRUR 1990, 183 (184) – Vermietungsvorbehalt.

981 *Schaefer* in: Wandtke/Bullinger, UrhR, § 85 Rn. 26.

982 Siehe hierzu Kap. 5 D. III.

haben gezeigt, dass eine sachlich gerechtfertigte Unterscheidbarkeit für eine Gewährung und Versagung eines originären Rechtes nicht ersichtlich ist. *Hilty* kann nur zugestimmt werden, wenn er diese Differenzierung als *„reichlich unmotiviert“* beschreibt.[983]

C. Fazit und Vergleich des Tonträgerherstellers zum Verleger

„Die Tonträgerhersteller können in Deutschland auf eine lange Schutztradition zurückblicken. Schon sehr früh hat sich der Gesetzgeber um die Belange der damals noch in den Kinderschuhen steckenden Schallplattenindustrie gekümmert“.[984] In dieser Weise umschreibt *Knies* in seiner Dissertation die Rechtsschutzentwicklungen betreffend den Tonträgerhersteller. Gegenteiliges lässt sich für den Verleger in Deutschland sagen.

Ziel der Untersuchung dieses Kapitels war es, ein Verständnis dafür zu entwickeln, aus welchem Grund der Tonträgerhersteller, anders als der Verleger, Inhaber eines eigenen Rechtes, eines urheberrechtlichen Leistungsschutzrechtes, ist.

I. Die ähnliche Entstehungsgeschichte

Die Tonträgerhersteller setzten sich gerade deswegen Anfang des 20. Jahrhunderts derart intensiv für eine eigene Rechtsstellung ein, da die Gefahr der Übernahme der eigenen Leistung stetig zunahm und die erbrachten technischen, organisatorischen wie wirtschaftlichen Leistungen der Verleger einer Amortisierung nicht mehr zugänglich sein konnten.

Eine fehlende Vergleichbarkeit zwischen der Entstehungsgeschichte des urheberrechtlichen Leistungsschutzrechtes des Tonträgerherstellers und der Situation des Verlegers ist gerade nicht gegeben. Die Ausgangslage zum Tonträgerherstellerrecht ist in weiten Teilen mit der aktuellen Situation der Verleger identisch.

Ein elementarer, zeitlicher Unterschied lässt sich jedoch feststellen. Die Gefahr der Leistungsübernahme der Tonträgerhersteller realisierte sich erst um die Jahrhundertwende vom 19. zum 20. Jahrhundert. Die technische Möglichkeit, dass eine fremde Tonträgerherstellerleistung überhaupt entstehen und übernommen werden konnte, brachte erst die Erfindung des Phonographen durch Thomas Edison 1877, die sich daran drei Jahre später anschließende Erfindung

---

983 *Hilty* UFITA 116 (1991), 35 (41).

984 *Knies*, Die Rechte des Tonträgerherstellers in internationaler und rechtsvergleichender Sicht, S. 179.

des Grammophons 1880 und für die breite Masse schließlich die der Langspielplatte (LP) 1948. Zu diesem Zeitpunkt hatte das Verlagswesen bereits eine über zwei Jahrhunderte andauernde Nachdruck-Beeinträchtigung erfahren müssen.

Der einzige nennenswerte Unterschied zwischen der Entstehungsgeschichte des Leistungsschutzrechtes des Tonträgerherstellers und der Situation des Verlegers liegt im unterschiedlichen Zeitraum, in dem die Gefahr einer Leistungsübernahme auftrat.

II. Die vergleichbaren Leistungen

Die technisch erheblichen organisatorischen, wirtschaftlichen wie technischen Maßnahmen, die seitens des Tonträgerherstellers erbracht werden, rechtfertigen einen rechtlichen Schutz. Diese zu Beginn aufgeführte These kann somit bejaht werden.

III. Dieselbe Schutzbedürftigkeit

Sowohl der Tonträgerhersteller als auch der Verleger sind in der Leistungsvermittlung tätig, verschaffen dem Werk des Schöpfers bestmögliche Reichweite und beflügeln das kulturelle, gesamtgesellschaftliche Zusammenleben. Diese beiden Leistungsvermittler erbringen die jeweils für ihren Tätigkeitsbereich notwendigen technischen, wirtschaftlichen und organisatorischen Handlungen. Hierbei beruht diese Erbringung auf der Prognose, dass ein bestimmter Absatz und mindestens die Amortisierung der Kosten erreicht wird. Durch eine fremde Übernahme, die das Ergebnis dieser Leistung übernimmt, kann sich diese Prognose nicht mehr bewahrheiten. Der Tonträgerhersteller sowie der Verleger sind aus denselben Schutzgründen auf einen ihrer Leistung gerecht werdenden Schutz angewiesen, sodass die dritte These bestätigt werden muss.

Kapitel 7: Zusammenfassung in Thesen

A. Rechtsschutz des Verlegers *de lege lata*

(1) Eine Urheberschaft des Verlegers ist in den meisten Fällen nicht möglich.

(2) Eine derivative Rechtsstellung des Verlegers gewährt diesem zwar grundsätzlich umfassende Rechte und Pflichten. Jedoch ergeben sich hierbei zahlreiche Unzulänglichkeiten im Vergleich zu einer originären Rechtsstellung. Der Nachweis dieser Rechteeinräumung ist mitunter umfangreich und zeitintensiv, der derivative Schutz ist abhängig vom Urheberrechtsschutz des Autors und es besteht ein anderer Anknüpfungspunkt. Zur Behebung dieser Unzulänglichkeiten eignet sich allein eine originäre Rechtsstellung.

(3) Die wettbewerbsrechtlichen Rechtsschutzmöglichkeiten stellen keine ausreichende Möglichkeit dar, den Verleger angemessen vor beeinträchtigenden Handlungen Dritter zu schützen. Dies gilt unabhängig davon, ob ein unmittelbarer wettbewerbsrechtlicher Leistungsschutz anzuerkennen ist.

(4) Die Unzulänglichkeiten eines wettbewerbsrechtlichen Leistungsschutzes des Verlegers sind namentlich die nur ausschnittsweise schützenden Rechtsfolgen eines wettbewerbsrechtlichen Abwehranspruchs, das einzelfallbezogene Erfordernis des Vorliegens der Unlauterkeitsmerkmale, die Notwendigkeit des Beweises eines konkreten Schadens, die fehlende Übertragbarkeit des Anspruchs, die Unmöglichkeit der Legitimation einer Beteiligung an gesetzlichen Vergütungsansprüchen, die fehlende Lizenzierungsmöglichkeit, die deutlich kürzere Verjährungsfrist und die mangelnde Bestimmtheit der Erfordernisse sowie eine daraus resultierende Rechtsunsicherheit, wobei sich all diese Unzulänglichkeiten aus dem *Telos* des als Lückenschließer in schlechthin unzumutbaren Wettbewerbssituationen dienenden Wettbewerbsrechts ergeben.

(5) Die bestehenden urheberrechtlichen Leistungsschutzrechte sind nicht dazu geeignet, den Verleger umfassend zu schützen. Auch der delikts- sowie strafrechtliche Rechtsschutz sind dafür nicht ausreichend.

B. Rechtshistorischer Rückblick

(1) Die mit dem Nachdruck verbundenen geistigen Gefahren eines unzureichenden Drucks führten dazu, dass die Erteilung eines Privilegs nicht ausschließlich im Interesse des Verlegers lag. Jedenfalls mittelbar wurde auch das Interesse des Autors durch ein Privileg gewahrt.

(2) Das Privileg stellt ein aliud zum heutigen Urheberrechtsverständnis dar: Im Gegensatz zu einer Rechtsposition, auf die ein Anspruch besteht, lag die Erfolgsaussicht dieses Mittels zur Herrschaftsausübung und Machterhaltung allein im – der Willkür ausgesetzten – Ermessen des Herrschenden.

(3) Die Erteilung eines (Druck-)Privilegs kann in keiner Weise mit einer, nach heutigem Recht notwendigen, Gewährung eines originären Rechtes verglichen werden. Ließ sich durch die Gewährung eines Privilegs der eigene Herrschaftsanspruch (vermeintlich) durch die im Ermessen des jeweils Herrschenden liegende Steuerung der in dem Herrschaftsgebiet veröffentlichten Werke absichern, dient die Gewährung eines originären Rechts unter Geltung des heutigen Rechtsverständnisses dem Schutz der jeweiligen Leistung.

(4) Das Privileg schützte primär denjenigen, der die Druckleistung vornahm und hierbei aufgrund seiner getätigten Investitionen und Arbeitsleistung als schutzwürdig angesehen wurde: ergo den Verleger.

(5) Ein urheberrechtliche Rechtsposition des Autors nach heutigem Verständnis existierte im Privilegienwesen nicht.

(6) Das Privileg kann nicht als eine bewusste Schlechterstellung des Autors verbunden mit einer Bevorzugung des Verlegers betrachtet werden. Der jahrhundertelang fehlende Rechtsschutz des Autors beruhte auf der zunächst notwendigen dogmatischen Ausarbeitung zum Schutz geistigen Schaffens.

(7) Zwar existierten in der Zeit des Privilegienwesens Ansätze, die eine originäre Rechtsstellung des Verlegers zu begründen versuchten. Auf die heutige Rechtslage kann hierfür keiner der Ansätze übertragen werden. Eine Übertragung dieser Begründungsversuche kann allein schon deswegen nicht überzeugen, da hiernach eine Rechtsstellung des Verlegers, statt einer Rechtsstellung des Autors angenommen wurde.[985]

985 *Obergfell* GRUR 2019, 992 (1001).

(8) Es zeigt sich aber eine gewisse Parallele zwischen der damaligen und der heutigen Diskussion zur originären Rechtsstellung des Verlegers. Wenn *Vogel* zu der damaligen Situation von einer „*Flucht ins Privileg durch unzulängliche rechtliche Vorstellungen vom Verlegerrecht*" spricht,[986] führt die unzureichende und nicht sachgerechte Debatte in der heutigen Zeit zu einer Flucht in die derivative Rechtsstellung des Verlegers. Derselbe Fehler in der Rechtswissenschaft wiederholt sich somit.

(9) Da die damaligen Begründungsversuche zu keinem angemessenen Ergebnis geführt haben, wurde die Idee vom originären Recht vernachlässigt und es vollzog sich eine Abkehr von der originären zu der derivativen Rechtsstellung des Verlegers. Grund hierfür war schlicht die fehlende sachlich überzeugende Begründung eines originären Rechtes des Verlegers.

(10) Die Entstehung des Urheberrechtes nach heutigem Verständnis entwickelte sich gerade aus der Auseinandersetzung mit den Unzulänglichkeiten des Privilegienwesens.[987]

(11) Die erhebliche Diskrepanz der Entlohnung von Autor und Verleger zum Ende des 18. Jahrhunderts trug (mit)entscheidend dazu bei, dass sich eine originäre Rechtsstellung des Verlegers nicht als allgemein akzeptiert durchsetzen konnte.

(12) *Osterrieth* gelang es als einem der ersten, eine überzeugende und den Leistungen des Verlegers (losgelöst von der Bezugnahme auf den Druck), parallel zur urheberrechtlichen Stellung des Autors, gerecht werdende Rechtsposition zu begründen. *Osterrieth* kann daher als erster Rechtsgelehrter bezeichnet werden, der sich für das Leistungsschutzrecht eines Verlegers einsetzte.

(13) Im fehlenden geschlossenes Auftreten der Verleger zum Zwecke der Normierung eines originären Verlegerrechtes bei der Entstehung des Urheberrechtsgesetzes 1965 liegt einer der Gründe für das fehlende Recht.

(14) Als Folge des Privilegienwesens geriet die originäre Verlegerposition in den Hintergrund und wurde vernachlässigt, wobei die rechtliche Stellung des Autors als Wiedergutmachung für vergangene Zeiten (allein) in den Vordergrund rückte.

(15) Im Rahmen der Begründung des Urheberrechtsgesetzes von 1965 findet sich die Ausführung, dass explizit vor den neuen Gefahren für den urheberrechtlichen Schutz durch neue Verwertungsmöglichkeiten geschützt

986 Siehe hierzu Fn. 369.

987 So im Ergebnis auch *Obergfell* GRUR 2019, 992 (1001).

werden sollte. Die Gefahren, die sich für den Verleger ergaben, waren zu den Zeiten um 1965 keinesfalls neu, existierte doch bereits seit mehreren Jahrhunderten die technische Möglichkeit des Büchernachdrucks. Anders als im Bereich der Tonträgerindustrie fand zur Mitte des 20. Jahrhunderts keine vergleichbare neue Verwertungsmöglichkeit des Buches statt, sodass hierin ein weiterer Grund für die Nichtberücksichtigung des Verlegers im Hinblick auf ein originäres Recht gesehen werden kann. Statt auf einen Schutz vor neuen Gefahren hinzuwirken, hätte diese grundlegende Gesetzesnormierung zu einem Schutz vor bestehenden und neuen Gefahren führen müssen.

C. Der Verleger und seine Leistung

(1) Der klassische Buchverleger ist dadurch gekennzeichnet, dass er die Gesamtorganisation und Verantwortung sowie das wirtschaftliche Risiko eines Verlagsprojektes übernimmt.

(2) Aufgrund der steigenden Komplexität des Tätigkeitsfeldes des Verlegers hat sich der Verleger zum Verlag entwickelt. An die Stelle einer Ein-Personen-Unternehmung eines Verlegers ist ein komplexer, umfassender Zusammenschluss zahlreicher Personen getreten, ein Verlag. Dennoch kann im Rahmen der Diskussion zum Rechtsschutz in diesem Bereich von dem Rechtsschutz des Verlegers gesprochen werden.

(3) Verlage erbringen sehr umfangreiche Leistungen, die einen erheblichen organisatorischen Aufwand bei Organisation und Koordination erfordern.

(4) Die Digitalisierung hat dazu geführt, dass das Verlagsprogramm durch zahlreiche digitale (Zusatz-)Produkte erweitert und an die neuen Bedürfnisse der Nutzer angepasst wurde. Hierzu waren und werden auch zukünftig erhebliche Investitionen erforderlich sein.

(5) Die erhebliche Leistungen der Verlage, die der Veröffentlichung eines Verlagswerkes vorgelagert sind, sind vielen Nutzern schlicht unbekannt. Aus diesem Grund ist der Verlagsbranche im eigenen Interesse dringend geraten, das Bewusstsein diesbezüglich zu schärfen, um die gesellschaftliche Akzeptanz für die erbrachte Arbeit zu stärken.

(6) Als Garant für eine verlässliche Informationsquelle kommt Verlagen eine wesentliche Bedeutung bei der für eine Demokratie schlechthin unabdingbaren Meinungsbildung im Sinne des Art. 5 Abs. 1 GG zu.

(7) Die zahlreichen neuen Betätigungsfelder des Verlegers (content as a service) zeigen anschaulich, dass die verlegerische Leistung durch die Digitalisierung nicht abnimmt oder – wie teilweise angeführt – entbehrlich wird. Im Gegenteil ist diese in Anbetracht der auch im 21. Jahrhundert getätigten, erheblichen Investitionen und Gefahren der Leistungsübernahme erst recht durch eine originäre Rechtsstellung zu schützen.

(8) Auch eine voranschreitende Entwicklung und stärkere Implementierung einer künstlichen Intelligenz in das alltägliche Leben wird nicht dazu führen, dass der Verleger in der Zukunft gänzlich durch diese technische Entwicklung ersetzt wird. Es wird vielmehr ein Nebeneinander von Technik (künstliche Intelligenz) und Mensch (Verleger) geben.

(9) Selbst in einer derart technisch entwickelten Gesellschaft, in der die überwiegende Zahl an Arbeiten durch eine künstliche Intelligenz durchgeführt wird, kommt der

(10) Je intensiver künstliche Intelligenz eingesetzt wird, desto stärker wird das gesellschaftliche Verlangen nach einer verlässlichen und vertrauensvollen Informationsquelle. Davon können über Jahrhunderte etablierte Verleger profitieren.

D. Urheberrechtlicher Leistungsschutz

(1) Eine Monopolisierung gemeinfreier Werke ist durch die Normierung der §§ 70f. UrhG nicht eingetreten. Erst recht ist deswegen eine solche Folge nicht bei einem Leistungsschutzrecht für den Verleger zu befürchten.

(2) Beinahe sämtliche Schutzgründe, die zur Normierung der bestehenden unternehmensbezogenen Leistungsschutzrechte geführt haben, sind ebenfalls für den allgemeinen Verleger einschlägig.

(3) Bei der Ausgestaltung eines Leistungsschutzrechts für Verleger sollten alle Verlagsbereiche von einer einheitlichen Regelung erfasst und aus Gründen der Rechtssicherheit keine Differenzierung zwischen den verschiedenen Arten und Ausrichtungen des Verlegers vorgenommen werden.

(4) Die Übertragbarkeit des eigenen Rechtes, das Fehlen notwendiger und jeweils zu beweisender einzelfallbezogener, wettbewerbswidriger Umstände sowie die umfassenden urheberrechtlichen Rechtsfolgen, lassen einen urheberrechtlichen Leistungsschutz effektiver und umfassender als einen Rechtsschutz über das Wettbewerbsrecht erscheinen.

(5) Darüber hinaus ist durch die Unabhängigkeit eines originären Verlegerschutzes vom Schutz des verlegten Werkes, die Möglichkeit bei widerstreitenden Interessen des Autors und Verlegers nach eigenem Recht jeweils gestärkt vorzugehen wie auch durch das bestehende eigene Klagerecht, ohne eine wirksame Rechtsübertragung darlegen zu müssen sowie die Lizenzierungsmöglichkeit, ein Vorteil gegenüber einer lediglich derivativen Rechtsstellung.

(6) Die Schaffung eines entsprechenden Leistungsschutzrechts des Verlegers könnte einen angemessenen Interessensausgleich zwischen Urheber, Leser und Allgemeinheit ermöglichen.

(7) Dieses originäre Recht des Verlegers ist im UrhG passend aufgehoben. Eine Trennung der verwandten Schutzrechte von den urheberrechtlichen Regelungen im engeren Sinn ist nicht zu empfehlen und soll auch kein langfristiges Ziel darstellen. Darüber hinaus ist die Betitelung dieser Rechte als verwandte Schutzrechte aufgrund der besonderen Bedeutung der geschützten Leistung für das schöpferische Werk, gerechtfertigt.

(8) Ein fairer und transparenter Wettbewerb setzt voraus, dass für jeden Wettbewerber klar erkennbar ist, welche Leistung durch ein Recht geschützt ist und nicht übernommen werden darf.

(9) Ein Marktversagen ist zur Einführung eines neuen Leistungsschutzrechtes nicht erforderlich, würde andernfalls doch die Grenze und Differenz des sondergesetzlichen Urheberrechtsschutzes mit dem Wettbewerbsrecht vermischt werden.

(10) Wenn bestimmte Gruppen von Leistungserbringern durch ein originäres Recht geschützt werden, um die besondere Art und Weise der Erbringung gegen verletzende Handlungen zu schützen, eine andere sich in diese Reihe einzuordnende Gruppe ohne eine sachliche Rechtfertigung nicht derart geschützt wird, kann hier von einem Markteingriff durch Unterlassen gesprochen werden, den es unverzüglich zu beseitigen gilt.

(11) Die Ermöglichung der Beteiligung des Verlegers an den gesetzlichen Vergütungsansprüchen ließe sich durch ein solches Recht effektiv und rechtssicher ausgestalten.

E. Leistungsschutzrecht des Verlegers

(1) Die Gewährung eines originären Rechtes würde den Verleger nicht zu Lasten des Urhebers bevorzugen.

(2) Das Verhältnis des Urhebers zum Verleger kann durch eine sachlich gerechtfertigte Rechtsstellung nicht beeinträchtigt werden. Vielmehr wird

das aktuell vorliegende rechtliche Ungleichgewicht dieser symbiotischen Beziehung berichtigt und eine gleichberechtigte Leistungserbringung auf Augenhöhe gewährleistet.

(3) Das Fehlen einer originären Rechtsstellung des Verlegers stellt eine interessenwidrige Regelungslücke im aktuellen Urheberrechtsgesetz dar.

(4) Im Rahmen der Diskussion zur Einführung eines Verlegerleistungsschutzrechtes existieren keine sachlichen, tragbaren Argumente, die einer solchen Rechtseinführung entgegenstehen würden.

F. Urheberrechtlicher Schutz des Tonträgerherstellers im Vergleich zum Verleger

(1) Durch die geschlossene und intensive Vertretung der Interessen der Tonträgerhersteller konnte die Lobbyarbeit dazu beitragen, dass diese Industrie bereits sehr früh geschützt wurde. Die Änderung des LUG in Form der Erweiterung des Bearbeiterurheberrechts, mit der Wirkung, dass der Tonträgerhersteller Anfang des 20. Jahrhunderts sogar kurzzeitig als Urheber aufgefasst wurde, sowie die ersten internationalen Abkommen im Bereich des Urheberrechtes, das Rom-Abkommen von 1961 und das Genfer-Tonträgerabkommen von 1971, bezwecken beide zuvörderst den Schutz des Tonträgerherstellers und verdeutlichen diesen Einfluss in der urheberrechtlichen Entwicklung anschaulich.

(2) Die Diskussion im Vorfeld der Einführung des tonträgereigenen Leistungsschutzrechtes ist in nahezu vollständig identisch mit der Diskussion zur Einführung eines solchen Rechtes für den Verleger.

(3) Ein wesentlicher Unterschied zwischen der Entstehungsgeschichte des Leistungsschutzrechtes des Tonträgerherstellers und der Situation des Verlegers ist das zeitlich unterschiedliche Vorkommen der unkomplizierten Möglichkeit einer Leistungsübernahme.

(4) Auch nach der Einführung des Leistungsschutzrechtes für den Tonträgerhersteller wird die Beziehung zum Urheber nicht derart beeinträchtigt, dass die Ausübung der kreativen Tätigkeit einseitig zu Gunsten des Leistungsvermittlers eingeschränkt wird.

(5) Da wesentlich gleiche Situationen (Tonträgerhersteller und Verleger) ohne hinreichende Rechtfertigung ungleich (bestehendes Leistungsschutzrecht versus fehlendes Leistungsschutzrecht) behandelt werden, liegt darin ein Verstoß gegen Art. 3 Abs. 1 GG.

Kapitel 8: Formulierungsvorschlag für einen urheberrechtlichen Rechtsschutz *de lege ferenda*

A. § 87l UrhG-E: Leistungsschutzrecht des Verlegers

Um das festgestellte systemwidrige Fehlen eines urheberrechtlichen Leistungsschutzrechtes für Verleger zu beheben, wird nachfolgender Formulierungsvorschlag empfohlen. Die zu beachtenden europarechtlichen Richtlinien stehen einer nationalen Normierung eines solchen Immaterialgüterrechtes nicht entgegen.[988] Zu beachten ist jedoch die Notifizierungspflicht nach Art. 11 Abs. 1 der Schutzdauerrichtlinie, der zufolge der Kommission unverzüglich jeder Gesetzesentwurf zur Einführung neuer verwandter Schutzrechte unter Bezugnahme auf die Hauptgründe für die Einführung sowie die vorgesehene Schutzdauer mitzuteilen ist.[989]

§87l Leistungsschutzrecht des Verlegers

(1)Der Hersteller eines Verlagswerkes, der nicht Presseverleger ist, (Verleger) hat das ausschließliche Recht zur Vervielfältigung, Verbreitung, und öffentlichen Zugänglichmachung des Verlagswerkes.

(2)Ein Verlagswerk ist ein digital oder analog erstelltes Verlagskonzept, welches unabhängig von der tatsächlichen Veröffentlichungsform bereits ab Vorliegen der Markt- bzw. Veröffentlichungsfähigkeit gegeben ist.

(3)Das Recht ist übertragbar.

(4)Das Recht erlischt 50 Jahre nach der ersten Veröffentlichung des Verlagswerkes. Sofern das Verlagswerk nicht innerhalb von 50 Jahren veröffentlicht wurde, erlischt das Recht des Verlegers 50 Jahre nach Beendigung der Herstellung des Verlagswerkes. Die Frist ist nach § 69 zu berechnen.

---

988 Siehe insbesondere Erwägungsgrund 19 S. 1 der sog. Schutzdauerrichtlinie (RL 2006/116/EG) vom 12. Dezember 2006 über die Schutzdauer des Urheberrechts und bestimmter verwandter Schutzrechte. So auch *Grünberger* GRUR 2006, 894 (898).

989 *Obergfell* GRUR 2019, 992 (993).

(5) Zur Wahrung der Interessen der Urheber und der Verleger sowie zur Förderung einer weiterhin bestehenden, gemeinsamen Zusammenarbeit ist das Recht aus Abs. 1 in einer gemeinsamen Verwertungsgesellschaft einzubringen.

(6) Die gesetzlichen Schrankenregelungen des sechsten Abschnitts finden entsprechende Anwendung.

B. Erläuterung

In Abs. 1 wird der Umfang des Leistungsschutzrechtes und die Eingrenzung des Leistungsschutzberechtigten normiert. Inhaber dieses Leistungsschutzrechtes ist jeder Verleger, der nicht bereits vom Leistungsschutzrecht des Presseverlegers gemäß § 87g UrhG erfasst ist. Eine weitergehende Legaldefinition des Verlegers bietet sich nicht an, bestünde ansonsten die Gefahr, nicht alle einschlägigen Bereich des Verlegens zu erfassen. Somit dient die negative Abgrenzung zum Presseverleger der Rechtssicherheit und der Praktikabilität.[990] Der Umfang des Schutzrechtes ist angesichts der aufgezeigten Parallelen zum Leistungsschutzrecht des Tonträgerherstellers an die Normierung des § 85 Abs. 1 S. 1 UrhG angeglichen und umfasst die ausschließlichen Rechte der Vervielfältigung, Verbreitung und öffentliche Zugänglichmachung des Verlagswerkes.

Der Schutzgegenstand ist das Verlagswerk und ein solches liegt nach Abs. 2 unabhängig von der Erstellung – analog oder digital – eines Verlagskonzeptes bereits ab Vorliegen der Markt- bzw. Veröffentlichungsfähigkeit vor. Hintergrund dieses Schutzrechtsbeginns sind die Schutzerwägungen: die schutzwürdigen organisatorischen, wirtschaftlichen und technischen Leistungen des Verlegers. Ob es bereits zu einer Veröffentlichung gekommen ist, kann somit dahinstehen. Ohne Einfluss für das Recht des Verlegers ist daher auch die rechtliche Schutzwürdigkeit der in dem Verlagswerk enthaltenen Beiträge der Autoren.

Die Übertragbarkeit des Leistungsschutzrechtes gewährleistet Abs. 3 – als reines Vermögensrecht besteht eine grundsätzlich mögliche vollständige Übertragbarkeit.[991]

Die Schutzdauer ist nach Abs. 4 auf 50 Jahre festzusetzen. Dabei ist zu beachten, dass die Schutzdauer von den Schutzgründen geprägt ist und dafür Sorge tragen muss, die dem Verleger durch seine Leistungserbringung zustehenden

---

990 Die negative Abgrenzung des Verlegers erfolgt nach Vorschlag durch *Obergfell* GRUR 2019, 992 (1002).

991 Vgl. hierzu bezüglich des Tonträgerherstellers BGH GRUR 1994, 210 (211) – Beatles.

Erträge zu sichern. Da ein branchenüblicher Amortisationszyklus nicht festgestellt werden konnte, erscheinen jedenfalls 50 Jahre sinnvoll. Der Hintergrund dafür ist die Fassung des Tonträgerleistungsschutzrechtes vor der Änderung der Schutzdauer-Richtlinie (RL 2011/77/EU) vom 27.9.2011, wonach eine Verlängerung der ursprünglich normierten 50 auf 70 Jahre vollzogen wurde. Dass eine derart lange Schutzdauer auch für die Verleger notwendig ist, ist aus jetziger Perspektive nicht ersichtlich. Eine deutlich kürzere Schutzdauer erscheint ebenfalls nicht sachgerecht und auch nicht erforderlich, da eine Beeinträchtigung Dritter durch diese Schutzdauer nicht ersichtlich ist. Sollte wider Erwartens eine solche Beeinträchtigung nach Inkrafttreten resultieren, ist unverzüglich eine Modifizierung vorzunehmen. Dies ist durch ein regelmäßiges Resümee nach jeweils fünf Jahren Geltungsdauer sicherzustellen.

Um einer teilweise befürchteten Beeinträchtigung des symbiotischen Verhältnisses zwischen Autor und Verleger entgegenzuwirken, existiert (insbesondere aus deklaratorischen Gründen) in Abs. 5 das Erfordernis einer verbindlichen Zusammenarbeit in einer gemeinsamen Verwertungsgesellschaft. Obgleich ein Vorgehen über unterschiedliche Verwertungsgesellschaften zwar nicht prognostiziert wird, soll dieser Absatz dazu dienen, die bisherige, erfolgreiche Zusammenarbeit dieser beiden Akteure zwingend für die Zukunft beizubehalten.

Abschließend wird in Abs. 6 die Anwendbarkeit der gesetzlichen Schrankenregelungen deklaratorisch festgehalten.

Literaturverzeichnis

Ahlberg, Hartwig, Ist der Musikverleger noch Verleger?, in: Jacobs, Rainer/Papier, Hans-Jürgen/Schuster, Peter-Klaus (Hrsg.), Festschrift für Peter Raue zum 65. Geburtstag am 4. Februar 2006, Berlin, 2006, S. 353–361.

(zit.: *Ahlberg*, Ist der Musikverleger noch Verleger?, in: FS Raue, S.)

Ahrens, Hans-Jürgen, Brauchen wir einen Allgemeinen Teil der Rechte des Geistigen Eigentums?, GRUR 2006, 617–624.

Allfeld, Philipp, Das Verlagsrecht, Kommentar, 2. Auflage, München, 1929.

Allfeld, Philipp, Urheber- und Erfinderrecht, Berlin, 1929.

Allenstein, Petra, Leistungsschutzrechte für Verleger unter besonderer Berücksichtigung der EU-Datenbankrichtlinie, Diss., Bern, 2003.

Andersch, Ulrike, Die Diskussion über den Büchernachdruck in Deutschland um 1700 bis 1815, Diss., Tübingen, 2018.

Apel, Simon, Der ausübende Musiker im Recht Deutschlands und der USA, Diss., Tübingen, 2011.

Auer-Reinsdorff, Astrid/Conrad, Isabell, Handbuch IT- und Datenschutzrecht, 3. Auflage, München, 2019.

Bappert, Walter, J. A. Birnbaum, Ein nahezu moderner Verlagsrechtler?, Archiv für Geschichte des Buchwesens (AGB), Frankfurt am Main, Band 6, 1966, Sp. 1263–1296.

Bappert, Walter, Wege zum Urheberrecht, Frankfurt am Main, 1962.

Bappert, Walter, Wider und für den Urheberrechtsgeist des Privilegienzeitalters – 1 Teil, Auseinandersetzung mit dem Versuch einer Revision des Geschichtsbildes, GRUR 1961, 441–449.

Bappert, Walter, Wider und für den Urheberrechtsgeist des Privilegienzeitalters – 2. Teil, Auseinandersetzung mit dem Versuch einer Revision des Geschichtsbildes, GRUR 1961, 503–514.

Barge, Hermann, Der Buchdruck des 17. Jahrhunderts, Niederlande/Deutschland/England, Die romanischen Länder, in: Bogeng, Gustav Adolf Erich (Hrsg.), Geschichte der Buchdruckerkunst, Zweiter Band von Hermann Barge, Die Entwicklung der Buchdruckerkunst vom Jahre 1500 bis zur Gegenwart, Berlin, 1952, S. 115–180.

Barge, Hermann, Der Buchdruck des 18. Jahrhunderts, Frankreich/England/Deutschland/Die Randgebiete des deutschen Reiches/Spanien und Portugal, in: Bogeng, Gustav Adolf Erich (Hrsg.), Geschichte der Buchdruckerkunst,

Zweiter Band von Hermann Barge, Die Entwicklung der Buchdruckerkunst vom Jahre 1500 bis zur Gegenwart, Berlin, 1952, S. 181–320.

Barge, Hermann, Der Buchdruck des 19. und 20. Jahrhunderts, Buchgewerbliche Technik/das literarische Buch/das illustrierte Buch/buchgewerbliches Unternehmertum/Aufschwung des Buchwesens in der jüngsten Vergangenheit, in: Bogeng, Gustav Adolf Erich (Hrsg.), Geschichte der Buchdruckerkunst, Zweiter Band von Hermann Barge, Die Entwicklung der Buchdruckerkunst vom Jahre 1500 bis zur Gegenwart, Berlin, 1952, S. 321–500.

Barge, Hermann, Geschichte der Buchdruckerkunst von ihren Anfängen bis zur Gegenwart, Leipzig, 1940.

Bogeng, Gustav Adolf Erich, Geschichte der Buchdruckerkunst, der Frühdruck, Dresden, 1930.

Beck, Hans Dieter/Nettesheim, Martin, EU–Recht erzwingt nicht die Enteignung von Verlegern, NJW 2016, 529–533.

Becker, Bernhard von, Die Leistungen des Buchverlegers, in: Riesenhuber, Karl (Hrsg.), Urheber und Verleger: Interessengemeinschaft oder Marktgegner?: INTERGU-Tagung 2017, Berlin, S. 19–30.

(zit.: *v. Bernhard*, Die Leistungen des Buchverlegers, in: INTERGU-Tagung, S.)

Becker, Maximilian, Lauterkeitsrechtlicher Leistungsschutz für Daten, GRUR 2017, 346–355.

Becker, Jürgen, Rechtliche Folgerungen aus der kreativen Rolle des Verlegers, Börsenblatt 1990, 2317–2322.

BeckOK Grundgesetz, Epping, Volker und Hillgruber, Christian (Hrsg.), München, 51. Edition, Stand: 15.05.2022.

BeckOK Urheberrecht, Ahlberg, Hartwig, Götting, Horst-Peter und Lauber-Rönsberg, Anne (Hrsg.), München, 35. Edition, Stand: 15.07.2022.

Bernuth, Wolf von, Leistungsschutz für Verleger von Bildungsmedien, GRUR 2005, 196–200.

Budde, Rolf, Die Leistungen des Musikverlegers, in: Riesenhuber, Karl (Hrsg.), Urheber und Verleger: Interessengemeinschaft oder Marktgegner?: INTERGU-Tagung 2017, Berlin, S. 31–42.

(zit.: *Budde*, Die Leistungen des Musikverlegers, in: INTERGU-Tagung, S.)

Bussmann, Kurt, Gedanken zum Forschungsergebnis Pohlmann, in: Pohlmann, Das neue Geschichtsbild der deutschen Urheberrechtsentwicklung, UFITA 20 (1961), 9–12.

Bussmann, Kurt, Wider und für den Urheberrechtsgeist des Privilegienzeitalters – 1. Teil, Auseinandersetzung mit dem Versuch einer Revision des Geschichtsbildes, GRUR 1961, 441–449.

Büchen, Robert, Leistungsschutz und Urheberrecht, Eine Untersuchung über Umfang und Grenzen des § 2 II LUG im Hinblick auf Tonträger, Diss., Hamburg, 1959.

Börsenverein des Deutschen Buchhandels e.V., Buch und Buchhandel in Zahlen 2020, Zahlen Fakten und Analysen zur wirtschaftlichen Entwicklung, Frankfurt am Main, 2020.

Cahn-Speyer, Rudolf, Leistungsschutz oder Urheberrecht des ausübenden Künstlers UFITA 4 (1931), 368–385.

Cahn-Speyer, Rudolf, Über das Schutzrecht des ausübenden Künstlers, UFITA 5 (1932), 342–355.

Conrad, Albrecht/Berberich, Matthias, Vier Urteile und ein Todesfall, Zur Wiederherstellung der Verlegerbeteiligung aus dem Geist der Treuhand, GRUR 2016, 648–656.

Clement, Michel/Blömeke, Eva/Sambeth, Frank, Einleitung: Herausforderungen in der Buchbranche, in: Clement, Michel/Blömeke, Eva/Sambeth, Frank (Hrsg.), Ökonomie der Buchindustrie, Herausforderungen in der Buchbranche erfolgreich managen, Wiesbaden, 2009, S. 11–23.

Dambach, Otto, Eigene Bemerkungen zur Lehre vom Urheberrechte, Zeitschrift für die deutsche Gesetzgebung und für einheitliches deutsches Recht, Bd. 6, 1872, S. 51–60.

Davies, Gilian/Rauscher auf Weeg, Hans Hugo, Das Recht der Hersteller von Tonträgern, Zum Urheber- und Leistungsschutzrecht in der Europäischen Gemeinschaft, München, 1983.

De la Durantaye, Katharina, Reform der Verlegerbeteiligung – Ein Prototyp mit Potenzial, Kommentar zum Diskussionsentwurf des BMJV v. 15.1.2020 zur Umsetzung der DSM-RL, ZUM 2020, 161–162.

De la Durantaye, Katharina, Regulierungsmöglichkeiten der Verlegerbeteiligung aus juristischer Sicht, Vortrag auf dem Symposion »Reform der Verlegerbeteiligung – Ausgestaltung der ›Ansprüche auf gerechten Ausgleich‹ nach Art. 16 DSM-RL« des Instituts für Urheber- und Medienrecht am 20.11.2019 in München, ZUM 2020, 88–95.

Dietz, Adolf, 10 Thesen zum Urheberrecht des Verlegers, Börsenblatt 1989, 112–115.

Dietz, Adolf, Die Entwicklung des Urheberrechts der Bundesrepublik Deutschland von 1984 bis Anfang 1989, UFITA 112 (1990), 5–131.

Dietz, Adolf, Ist die Einführung eines besonderen Leistungsschutzrechts (eines verwandten Schutzrechts) für Verleger zu empfehlen?, ZUM 1990, 54–58.

Dreier, Thomas/Schulze, Gernot (Hrsg.), Urheberrechtsgesetz, 7. Auflage, München, 2022.

Dölemeyer, Barbara/Klippel, Diethelm, Der Beitrag der deutschen Rechtswissenschaft zur Theorie des gewerblichen Rechtsschutzes und Urheberrechts, in: Beier/Kraft/Schricker/Wadle (Hrsg.), Gewerblicher Rechtsschutz und Urheberrecht in Deutschland, Festschrift zum hundertjährigen Bestehen der Deutschen Vereinigung für gewerblichen Rechtsschutz und Urheberrecht und ihrer Zeitschrift, Band 1, Weinheim, 1991, S. 185–237.

(zit.: *Dölemeyer/Klippel,* Der Beitrag der deutschen Rechtswissenschaft zur Theorie des gewerblichen Rechtsschutzes und Urheberrechts, in: FS GRUR, S.)

Döring, Valentin, Reform der Verlegerbeteiligung – Die Sicht der Autor*innen und Übersetzer*innen belletristischer Werke, Vortrag auf dem Symposion »Reform der Verlegerbeteiligung – Ausgestaltung der ›Ansprüche auf gerechten Ausgleich‹ nach Art. 16 DSM-RL« des Instituts für Urheber- und Medienrecht am 20.11.2019 in München, ZUM 2020, 109–117.

Dünnwald, Rolf, Sind die Schutzfristen für Leistungsschutzrechte noch angemessen?, ZUM 1989, 47–53.

Ebers, Martin/Heinze, Christian/Krügel, Tina/Steinrötter, Björn, Künstliche Intelligenz und Robotik: Rechtshandbuch, München, 2020.

Ehmann, Timo, Monopole für Sportverbände durch ergänzenden Leistungsschutz?, GRUR Int. 2009, 659–664.

Ehmann, Timo/Szilagyi, Emese, Erforderlichkeit eines Leistungsschutzrechts für Presseverleger, K&R 2009, 1–12.

Elster, Alexander, Das Urheberrecht des Verlegers, Nachdruck in: UFITA 114 (1990), 89–99.

Fezer, Karl-Heinz/Büscher, Wolfgang/Obergfell, Eva Inés (Hrsg.), Lauterkeitsrecht, Kommentar zum Gesetz gegen den unlauteren Wettbewerb (UWG), Band 2, 3. Auflage, München, 2016.

Fichte, Johann Gottlieb, Beweis der Unrechtmäßigkeit des Büchernachdrucks, Ein Räsonnement und eine Parabel, UFITA 106 (1987), 155–172.

Flechsig, Norbert P., Entstehung und Abtretung gesetzlicher Vergütungsansprüche, Zugleich ein Beitrag zur Frage einer Verlegerbeteiligung, GRUR 2016, 1103–1112.

Flechsig, Norbert P., Stellungnahme betreffend die Einladung des BMJ vom 15.1.2020 zu: Diskussionsentwurf des BMJV eines Ersten Gesetzes zur Anpassung des Urheberrechts an die Erfordernisse des digitalen Binnenmarkts, Zum Vorschlag einer gesetzesmäßigen Verlegerbeteiligung nach §§ 63a UrhG-DiskE und 27 VGG-DiskE, abrufbar unter: https://www.bmjv.de/SharedDocs/Gesetzgebungsverfahren/Stellungnahmen/2020/Downloads/013120_StellungnahmeAnpassungdes_Urheberrechts_Flechsig_DiskE.pdf?__blob=publicationFile&v=2 (letzter Zugriff am 6.9.2021).

Flöter, Benedikt, Der wettbewerbsrechtliche Schutz von Investitionen vor Marktversagen, Eine rechtsvergleichende und rechtökonomische Untersuchung zum unmittelbaren Leistungsschutz im US-amerikanischen und deutschen Recht, Diss., Tübingen, 2018.

Fritsch, Ahasverus, Abhandlungen von den Buchdruckern, Buchhändlern, Papiermachern und Buchbindern, Regensburg, 1750.

Fromm/Nordemann, Nordemann, Axel/Nordemann Jan Bern/Czychowski, Christian (Hrsg.), begründet von Fromm, Karl/Nordemann, Wilhelm, Urheberrecht, Kommentar zum Urheberrechtsgesetz, Verlagsgesetz, Einigungsvertrag (Urheberrecht), neu: zur EU-Portabilitätsverordnung, 12. Auflage, Stuttgart, 2018.

Gamm, Otto-Friedrich Freiherr von, Urheberrechtsgesetz, Kommentar, München, 1969.

Gerber, Carl Friedrich von, Über die Natur der Rechte des Schriftstellers und Verlegers, Nachdruck in: UFITA 119 (1992), 55–81.

Gewiese, Georg, Die Ausnutzung fremder Gedanken und Arbeiten und der sogenannte sklavische Nachbau im Wettbewerbsrecht, GRUR 1935, 633–642.

Gieseke, Ludwig, Vom Privileg zum Urheberrecht, Göttingen, 1995.

Grünberger, Michael, Die Urhebervermutung und die Inhabervermutung für die Leistungsschutzberechtigten, GRUR 2006, 894–903.

Götte, Bertold, Die Schutzdauer im wettbewerbsrechtlichen Leistungsschutz, Diss., Baden-Baden, 2000.

Hacker, Philipp, Europäische und nationale Regulierung von Künstlicher Intelligenz, NJW 2020, 2142–247.

Hanewinkel, Ingo Karsten, Ausschluss der Abtretbarkeit gesetzlicher Vergütungsansprüche, Die Auswirkungen des § 63a UrhG unter besonderer Berücksichtigung der Verteilungspraxis der Verwertungsgesellschaften, Diss., Hamburg, 2006.

Hartwieg, Oskar, Die “Gemeinschaft” von Interpret und Hersteller – Zur Verklammerung “verwandter Schutzrechte” an erlaubten Tonaufnahmen und ihrer Lösbarkeit, GRUR 1970, 67–73.

Haberstumpf, Helmut/Hintermeier, Jürgen, Einführung in das Verlagsrecht, Darmstadt, 1985.

Harte-Bavendamm, Henning/Henning-Bodewig, Frauke (Hrsg.), Gesetz gegen den unlauteren Wettbewerb (UWG), Mit Preisangabenverordnung, Kommentar, 4. Auflage, München, 2016.

Hegemann, Jan/Heine, Robert, Für ein Leistungsschutzrecht der Presseverleger, AfP 2009, 201–207.

Heinemann, Tobias, Die Verteilungspraxis der Verwertungsgesellschaften, Diss., Tübingen, 2017.

Heinold, Wolfgang Erhardt, Bücher und Büchermacher, Verlage in der Informationsgesellschaft, 5. Auflage, Heidelberg, 2001.

Heker, Harald G., Im Spannungsfeld von Urheberrecht und Wettbewerbsrecht, Der Verleger im elektronischen Zeitalter, ZUM 1995, 97–103.

Herberger, Maximilian, „Künstliche Intelligenz" und Recht – Ein Orientierungsversuch –, NJW 2018, 2825–2829.

Herweg, Fabian, Regulierungsmöglichkeiten der Verlegerbeteiligung aus ökonomischer Sicht, Vortrag auf dem Symposion »Reform der Verlegerbeteiligung – Ausgestaltung der ›Ansprüche auf gerechten Ausgleich‹ nach Art. 16 DSM-RL« des Instituts für Urheber- und Medienrecht am 20.11.2019 in München, ZUM 2020, 95–101.

Hey, Felix, Reform der Verlegerbeteiligung – Die Sicht der Wissenschaftsverlage, Vortrag auf dem Symposion »Reform der Verlegerbeteiligung – Ausgestaltung der ›Ansprüche auf gerechten Ausgleich‹ nach Art. 16 DSM-RL« des Instituts für Urheber- und Medienrecht am 20.11.2019 in München, ZUM 2020, 107–109.

Hilty, Reto M., Das Urheberrecht und der Wissenschaftler, GRUR Int. 2006, 179–190.

Hilty, Reto M., Gedanken zum Schutz der nachbarrechtlichen Leistung – einst, heute und morgen, UFITA 116 (1991), 35–58.

Hilty, Reto M., „Leistungsschutz" – made in Switzerland? – Klärung eines Missverständnisses und Fragen zum allgemeinen Schutz von Investitionen –, in: Ahrens, Hans-Jürgen/Bornkamm, Joachim/Kunz-Hallstein, Hans Peter (Hrsg.), Festschrift für Eike Ullmann, Saarbrücken, 2006, S. 653–667.

(zit.: *Hilty*, „Leistungsschutz" – made in Switzerland?, in: FS Ullmann, S.)

Hilty, Reto M., Verbotsrecht vs. Vergütungsanspruch: Suche nach den Konsequenzen der tripolaren Interessenlage im Urheberrecht, in: Ohly, Ansgar/Bodewig, Theo/Dreier, Thomas/Götting, Horst-Peter/Haedicke, Maximilian/Lehmann, Michael (Hrsg.), Perspektiven des Geistigen Eigentums und Wettbewerbsrechts, Festschrift für Gerhard Schricker zum 70. Geburtstag, München, 2005, S. 325–352.

(zit.: *Hilty*, Verbotsrecht vs. Vergütungsanspruch, in: FS Schricker, S.)

Hilty, Reto M., Vergütungssystem und Schrankenregelungen, Neue Herausforderungen an den Gesetzgeber, GRUR 2005, 819–828.

Hodik, Kurt H., Leistungsschutzrechte zwischen geistigem und gewerblichem Eigentum, ZUM 1989, 65.

Hotz, Thorsten/Skupin, Florian, Urheberrechtsreform: Überblick und Analyse, ZUM 2021, 674–681.

Hubmann, Heinrich, Das Recht des schöpferischen Geistes, Eine philosophisch-juristische Betrachtung zur Urheberrechtsreform, Berlin, 1954.

Hubmann, Heinrich, Immanuel Kants Urheberrechtstheorie, UFITA 106 (1987), 145–154.

Hubmann, Heinrich, Urheber- und Verlagsrecht, Ein Studienbuch, 5. Auflage, München, 1984.

Jakl, Bernhard, Das Recht der Künstlichen Intelligenz, Möglichkeiten und Grenzen zivilrechtlicher Regulierung, MMR 2019, 711–715.

Jani, Ole, Das europäische Leistungsschutzrecht für Presseverleger, ZUM 2019, 674–684.

Jauernig, Stürner, Rolf (Hrsg.), Bürgerliches Gesetzbuch mit Rom–I–, Rom–II–VO, Rom–III–VO, EuUnthVO/HUntProt und EuErbVO, 18. Auflage, München, 2021.

Kant, Immanuel, Von der Unrechtmäßigkeit des Büchernachdrucks, Nachdruck in UFITA 106 (1987), 137–144.

Kauert, Michael, Das Leistungsschutzrecht des Verlegers, Diss., Berlin, 2008.

Klass, Nadine, Der Kampf ums Urheberrecht, Die Neuregelung der urheberrechtlichen Verantwortlichkeit von Upload-Plattformen, ZRP 2021, 74–77.

Klippel, Diethelm, Geistiges Eigentum, Privileg und Naturrecht in rechtshistorischer Perspektive, ZGE 7 (2015), 49–76.

Knies, Bernhard, Die Rechte des Tonträgerherstellers in internationaler und rechtsvergleichender Sicht, Diss., München, 1999.

Kohler, Josef, Die Idee des geistigen Eigentums, AcP 82 (1894), 141–242.

Kohler, Josef, Die Idee des geistigen Eigentums, UFITA 123 (1993), 99–167.

Kohler, Josef, Urheberrecht an Schriftwerken und Verlagsrecht, Stuttgart, 1907.

Kolle, Gerd, Reprographie und Urheberrecht, Ein rechtsvergleichender Beitrag zur Rolle des Urheberrechts in der Informationsgesellschaft, GRUR Int. 1975, 201–214.

Koreng, Ansgar, Das „Unternehmenspersönlichkeitsrecht" als Element des gewerblichen Reputationsschutzes, GRUR 2010, 1065–1070.

Köhler, Helmut/Bornkamm, Joachim/Feddersen, Jörn/Alexander, Christian (Hrsg.), Gesetz gegen den unlauteren Wettbewerb, GeschGehG, PAngV, UKlaG, DL-InfoV, P2B-VO, 40. Auflage, München, 2022.

Kraßer, Rudolf, Die Beteiligung von Verlegern an Vergütungen für gesetzlich zugelassene Vervielfältigungen verlegter Werke, GRUR 2016, 129–137.

Kreile, Johannes/Höfinger, Daniela, Der Produzent als Urheber Forderungen an einen Korb 2 der Bundesregierung, ZUM 2003, 719–733.

Kreile, Reinhold/Becker, Jürgen, Neuordnung des Urheberrechts in der Europäischen Union, GRUR Int. 1994, 901–911.

Krevelen, Laurens van, The Information Society and the Right of a Publisher, in: International Publishers Association (IPA)/Börsenverein des Deutschen Buchhandels e.V. (Hrsg.), Internationales Urheberrechts-Symposium, München, 1986, S. 97–109.

Ladd, David, The Utility of a Publisher´s Right, in: International Publishers Association (IPA)/Börsenverein des Deutschen Buchhandels e.V. (Hrsg.), Internationales Urheberrechts-Symposium, München, 1986, S. 89–96.

Langer, Eva, Der Schutz nachgelassener Werke, Eine richtlinienkonforme und rechtsvergleichende Auslegung von § 71 UrhG, Diss., Göttingen, 2012.

Lehne, Friedrich, Zur Rechtsgeschichte der kaiserlichen Druckprivilegien, Ihre Bedeutung für die Geschichte des Urheberrechts, Mitteilungen des österreichischen Instituts für Geschichtsforschung, 53 (1939), 323–409.

Leinveber, Gerhard, Orchester und Urheberrecht, GRUR 1960, 599–603.

Leupold, Andreas/Wiebe, Andreas/Glossner, Silke (Hrsg.), Münchener Anwaltshandbuch IT-Recht, 4. Auflage, München, 2021.

Loewenheim, Ulrich (Hrsg.), Handbuch des Urheberrechts, 3. Auflage, München, 2021.

Mayser, Andreas, Die Privilegierung von Musikverlegern durch Sonderreglungen für Musiknoten im Urheberrecht, Eine Analyse unter Berücksichtigung des Dreistufentests, Diss., Baden-Baden 2012.

Mauhs, Angela, Bericht von der Tagung des Instituts für Urheber- und Medienrecht am 21. Oktober 1988 in München, ZUM 1989, 66–67.

Melichar, Ferdinand, Verleger und Verwertungsgesellschaften, UFITA 117 (1991), 5–19.

Müller-Laschet, Monika, Das Copyright des Verlegers, Diss., Universität zu Köln, 1995.

Münchener Kommentar zum BGB, Säcker, Franz Jürgen/ Rixecker, Roland/ Oetker, Hartmut/Limperg, Bettina (Hrsg.), Band 8, 8. Auflage, München, 2020.

Nemeczek, Heinrich, Rechtsübertragungen und Lizenzen beim wettbewerbsrechtlichen Leistungsschutz - Zugleich ein Beitrag gegen den unmittelbaren Leistungsschutz, GRUR 2011, 292–295.

Nordemann, Wilhelm/Vinck, Kai/Hertin, Paul, Internationales Urheberrecht und Leistungsschutzrecht der deutschsprachigen Länder unter

Berücksichtigung auch der Staaten der Europäischen Gemeinschaft, Kommentar, Düsseldorf, 1977.

Nolte, Georg, Zur Forderung der Presseverleger nach Einführung eines speziellen Leistungsschutzrechts, Eine kritische Auseinandersetzung, ZGE 2 (2010), 165–195.

Nippe, Wolfgang, Der Kopienversand auf Bestellung durch Bibliotheken, Ein Beitrag zu den Grenzen des Herstellenlassens von Vervielfältigungsstücken nach § 53 UrhG, ZUM 1998, 382–390.

Obergfell, Eva Inés, Das originäre Verlegerrecht, GRUR 2019, 992–1002.

Obergfell, Eva Inés, Die Verbindung von Urheber und Verleger im Verlagsvertrag, in: Riesenhuber, Karl (Hrsg.), Urheber und Verleger: Interessengemeinschaft oder Marktgegner?: INTERGU-Tagung 2017, Berlin, S. 3–18.

(zit.: *Obergfell,* Die Verbindung von Urheber und Verleger im Verlagsvertrag, in: INTERGU-Tagung, S.)

Ohly, Ansgar, Anmerkung zu BGH, Urt. v. 4.5.2016 – I ZR 58/14, Segmentstruktur, GRUR 2017, 91–92.

Ohly, Ansgar, Eigenes Leistungsschutzrecht oder gesetzlich geregelte Beteiligung des Verlegers?, in: Riesenhuber, Karl (Hrsg.), Urheber und Verleger: Interessengemeinschaft oder Marktgegner?: INTERGU-Tagung 2017, Berlin, S. 69–90.

(zit.: *Ohly,* Eigenes Leistungsschutzrecht oder gesetzlich geregelte Beteiligung des Verlegers?, in: INTERGU-Tagung, S.)

Ohly, Ansgar, Mehr oder weniger Leistungsschutz durch Europäisches Lauterkeitsrecht?, in: Hilty, Reto M./Henning-Bodewig, Frauke (Hrsg.), Lauterkeitsrecht und Acquis Communautaire, Heidelberg, 2009, S. 181–205.

Ohly, Ansgar/Sosnitza, Olaf (Hrsg.), Gesetz gegen den unlauteren Wettbewerb mit Preisangabenverordnung, Kommentar, 7. Auflage, München, 2016.

Oprecht, Peter, Raubdrucke – eine weltweite Gefährdung des Urheberrechts, UFITA 75 (1987), 217–220.

Ortelbach, Björn, Controlling in wissenschaftlichen Verlagen, Analyse IT-induzierter Veränderungen wissenschaftlicher Verlage und Konzeption ausgewählter Controlling-Instrumente, Diss., Göttingen, 2007.

Osterrieth, Albert, Bemerkungen zum Entwurf eines Gesetzes über das Verlagsrecht, GRUR 1900, 298–324.

Osterrieth, Albert, Urheberrecht und Verlagsrecht, Archiv des öffentlichen Rechts (AöR), 1893, Vol. 8, 285–314.

Pahlow, Louis, Albert Osterrieth (1865–1926), ZGE 9 (2017), 98–104.

Peifer, Karl-Nikolaus, Anpassungsbedarf durch die neue Urheberrechtsrichtlinie, GRUR 2020, 14–23.

Pfaffenheuser, Petra, Zwischen Datenstrom und Notenstich, Über die Rolle der Musikverlage in der Zukunft, NMZ 4/2001.

Pohlmann, Hansjörg, Die Frühgeschichte des musikalischen Urheberrechts, Kassel, 1962.

Pohlmann, Hansjörg, Privilegienwesen und Urheber-Recht, Ein Beitrag zur Frühgeschichte des deutschen Urheberschutzes im 16. Jahrhundert, UFITA 20 (1961), 13–48.

Purtschert, Jürg, Der Schutz des unmittelbaren Ergebnisses einer Arbeits- oder Unternehmensleistung, Diss., Freiburg, 1974.

Prostka, Tim/Schmidt-Stölting, Christina, Management und Erweiterung des Produktportfolios bei Verlagen, in: Clement, Michel/Blömeke, Eva/Sambeth, Frank (Hrsg.), Ökonomie der Buchindustrie, Herausforderungen in der Buchbranche erfolgreich managen, Wiesbaden, 2009, S. 109–119.

Pütter, Johann Stephan, Der Büchernachdruck nach ächten Grundsätzen des Rechts, Göttingen, 1774.

Rauscher auf Weeg, Hans Hugo, Das Aufführungsrecht der Interpreten und Schallplattenhersteller nach geltendem deutschen Recht, Köln, 1960.

Rehbinder, Manfred, Wem steht der neue Vergütungsanspruch gegen den Schulbuchverleger zu?, UFITA 71 (1974), 53–63.

Rehbinder, Manfred/Peukert, Alexander, Urheberrecht und verwandte Schutzrechte, 18. Auflage, München, 2018.

Reischl, Gerhard, Grundfragen des neuen Urheberrechts, UFITA 45 (1965), 1–18.

Rieger, Felicitas, Ein Leistungsschutzrecht für Presseverleger, Diss, Baden-Baden, 2013.

Riesenhuber, Karl, Heteronome und privatautonome Legitimierung der Verlegerbeteiligung, EuZW 2016, 16–18.

Schack, Haimo, Das neue Leistungsschutzrecht für Presseverleger – Ein schlechtes Vorbild wird reformiert, ZUM 2020, 165–166.

Schack, Haimo, Wem gebührt das Urheberrecht, dem Schöpfer oder dem Produzenten?, ZUM 1990, 59–64.

Schack, Haimo, Anmerkung zu BGH Urt. v. 21.6.2016 – I ZR 198/13 – Verlegeranteil, JZ 2016, 693–696.

Schillmann, Fritz, Historische Einleitung, in: Bogeng, Gustav Adolf Erich (Hrsg.), Geschichte der Buchdruckerkunst, Zweiter Band von Hermann Barge, Die Entwicklung der Buchdruckerkunst vom Jahre 1500 bis zur Gegenwart, Berlin, 1952, S. 1–34.

Schneidinger, Claude, Der Leistungsschutz, unter Berücksichtigung der technischen Leistung, Diss., St. Gallen, 1977.

Schorn, Franz, Zum Leistungsschutz nach deutschem Recht - Zugleich Anmerkung zum BGH-Urteil vom 28. Februar 1975 - I ZR 101/73 - Unsterbliche Stimmen, GRUR 1978, 230–232.

Schönstedt, Eduard/Breyer-Mayländer, Thomas, Der Buchverlag, Geschichte, Aufbau, Wirtschaftsprinzipien, Kalkulation und Marketing, 3. Auflage, Stuttgart, 2010.

Schramm, Carl, Grundlagenforschung auf dem Gebiete des gewerblichen Rechtsschutzes und Urheberrechtes, Berlin, 1954.

Schröer, Benjamin, Der unmittelbare Leistungsschutz, Diss., Tübingen, 2010.

Schricker/Loewenheim, Loewenheim, Ulrich/Leistner, Matthias/Ohly, Ansgar (Hrsg.), Urheberrecht, 6. Auflage, München, 2020.

Schulze, Erich, Copyright des Produzenten, ZUM 1990, 47–54.

Schulze, Gernot, Mehr Urheberrecht oder mehr Leistungsschutz?, in: Ohly, Ansgar/Bodewig, Theo/Dreier, Thomas/Götting, Horst-Peter/Haedicke, Maximilian/Lehmann, Michael (Hrsg.), Perspektiven des Geistigen Eigentums und Wettbewerbsrechts, Festschrift für Gerhard Schricker zum 70. Geburtstag, München, 2005, S. 523–538.

(zit.: *Schulze,* Mehr Urheberrecht oder mehr Leistungsschutz?, in: FS Schricker, S.)

Schulze, Gernot, Sind neue Leistungsschutzrechte erforderlich?, ZUM 1989, 53–64.

Schulze, Reiner/Dörner, Heinrich/Ebert, Ina, u.a. (Hrsg.), Bürgerliches Gesetzbuch, Handkommentar, 11. Auflage, Baden-Baden, 2022.

Schulze, Marcel, Materialien zum Urheberrechtsgesetz, Texte – Begriffe – Begründungen, Weinheim, 1993.

Seifert, Fedor, Über Bücher, Verleger und Autoren - Episoden aus der Geschichte des Urheberrechts, NJW 1992, 1270–1276.

Sieger, Ferdinand, Gegen ein eigenständiges originäres Verlegerrecht, ZUM 1989, 172–175.

Skupin, Florian, Reform der Verlegerbeteiligung – Ausgestaltung der »Ansprüche auf gerechten Ausgleich« nach Art. 16 DSM-RL, Tagungsbericht zu dem gleichnamigen Symposion des Instituts für Urheber- und Medienrecht am 20.11.2019 in München, ZUM 2020, 117–122.

Stewart, Stephen M., Das Genfer Tonträgerabkommen, UFITA 70 (1974), 1–23.

Schürmann, August, Der Deutsche Buchhandel der Neuzeit und seine Krisis, Halle, 1895.

Schürmann, August, Die Usancen des Deutschen Buchhandels und der ihm verwandten Geschäftszweige, 2. Auflage, Halle, 1881.

Soetenhorst, Wirt, Ein verwandtes Schutzrecht für Verleger, GRUR Int. 1989, 760–771.

Spindler, Gerald/ Schuster, Fabian, Recht der elektronischen Medien, 4. Auflage, München, 2019.

Staats, Robert, Reform der Verlegerbeteiligung – Die Sicht der Verwertungsgesellschaften, Vortrag auf dem Symposion »Reform der Verlegerbeteiligung – Ausgestaltung der ›Ansprüche auf gerechten Ausgleich‹ nach Art. 16 DSM-RL« des Instituts für Urheber- und Medienrecht am 20.11.2019 in München, ZUM 2020, 101–107.

Suwelack, Felix, Leistungsschutzrecht und Upload-Filter aus ökonomischer Perspektive, Werden die Reform-Vorschläge der EU-Kommission ihrem eigenen Legitimationsmodell gerecht?, MMR 2018, 582–586.

Szilágyi, Emese, Leistungsschutzrecht für Verleger?, Diss., München, 2011.

Tietze, Thomas, Bleiplatte bis Song-Plugging, Musikverlage an der Schwelle zum 21. Jahrhundert, NMZ 2/2004.

Troller, Alois, Immaterialgüterrecht, Patentrecht, Markenrecht, Urheberrecht, Muster- und Modellrecht, Wettbewerbsrecht, Band II, 2. Auflage, Basel, 1971.

Troller, Alois, Urheberrecht und Ontologie, UFITA 45 (1965), 385–418.

Ulmer, Eugen, Kinematographie und Urheberrecht, GRUR Ausl 1953, 182–197.

Ulmer, Eugen, Das neue deutsche Urheberrechtsgesetz, UFITA 45 (1965), 18–50.

Ulmer, Eugen, Urheber- und Verlagsrecht, 3. Auflage, Würzburg, 1980.

Ulmer-Eilfort, Constanze/Obergfell, Eva Inés (Hrsg.), Verlagsrecht, 2. Auflage, München, 2021.

Ungern-Sternberg, Joachim von, Zur Beteiligung der Verleger an der Gerätevergütung, Beendigung der Diskussion über die Rechtslage durch das EuGH-Urteil „Hewlett-Packard/Retrobel", GRUR 2016, 38–41.

Unwin, Philip, Das Berufsbild des Verlagsbuchhändlers, Stuttgart, 1968.

Visky, Károly, Geistiges Eigentum der Verfasser im antiken Rom, UFITA 106 (1987), 17–49.

Vogel, Martin, Deutsche Urheber- und Verlagsrechtsgeschichte zwischen 1450 und 1850, Sozial- und methodengeschichtliche Entwicklungsstufen der Rechte von Schriftsteller und Verleger, Archiv für Geschichte des Buchwesens (AGB), Frankfurt am Main, 1978.

Vogel, Martin, Die Entwicklung des Verlagsrechts, in: Beier/Kraft/Schricker/Wadle (Hrsg.), Gewerblicher Rechtsschutz und Urheberrecht in Deutschland, Festschrift zum hundertjährigen Bestehen der Deutschen Vereinigung für gewerblichen Rechtsschutz und Urheberrecht und ihrer Zeitschrift, Band 2, Weinheim, 1991, S. 1211–1263.

(zit.: *Vogel,* Die Entwicklung des Verlagsrechts, in: FS GRUR, S.)

Vogel, Martin, Die Geschichte des Urheberrechts im Kaiserreich, GRUR 1987, 873–883.

Wadle, Elmar (Hrsg.), Historische Studien zum Urheberrecht in Europa, Berlin, 1993.

Wadle, Elmar, Vor- oder Frühgeschichte des Urheberrechts?, UFITA 106 (1987), 95–107.

Waiblinger, Julian, „Plagiat" in der Wissenschaft, Zum Schutz wissenschaftlicher Schriftwerke im Urheber- und Wissenschaftsrecht, Diss., UFITA 262 (2012).

Wandtke, Artur-Axel/Bullinger, Winfried (Hrsg.), Praxiskommentar Urheberrecht, 6. Auflage, München, 2022.

Wächter, Oscar von, Das Autorrecht nach dem gemeinen deutschen Recht systematisch dargestellt, Stuttgart, 1875.

Weber, Rechtswörterbuch, Weber, Klaus (Hrsg.), 24. Auflage, München, 2022.

Weber, Ulrich, Der strafrechtliche Schutz des Urheberrechts unter Berücksichtigung der bestehenden zivilrechtlichen Schutzmöglichkeiten, Habil., Tübingen, 1976.

Wichert, Ernst, Zur Reform des Urheberrechts, GRUR 1899, 286–289.

Windisch, Ernst, Schutzvoraussetzungen und Verwertung von Werken und Erfindungen, GRUR 1980, 504–509.

Wittmann, Reinhard, Der gerechtfertigte Nachdrucker?, Nachdruck und literarisches Leben im achtzehnten Jahrhundert, UFITA 106 (1987), 109–135.

Verzeichnis der Internetquellen

Allgemeines Landrecht für die Preußischen Staaten (01.06.1794), abrufbar unter: https://opinioiuris.de/quelle/1622 (letzter Zugriff am 22.10.2020).

Bundesverband Musikindustrie e.V., Umsatz, abrufbar unter: https://www.musikindustrie.de/markt-bestseller/musikindustrie-in-zahlen/umsatz (letzter Zugriff am 2.10.2020).

Bundesverband Musikindustrie e.V., Umsatzentwicklung digitaler Musikverkäufe 2010-2019, Grafik, abrufbar unter: https://www.musikindustrie.de/fileadmin/bvmi/upload/MiZ/Umsatzentwicklung_digital_2010-2019.jpg (letzter Zugriff am 2.10.2020).

Börsenverein des Deutschen Buchhandels, Lehrbuchmarkt in Deutschland schrumpft drastisch, Pressemitteilung vom 2.9.2021, abrufbar unter: https://www.boersenverein.de/presse/pressemitteilungen/detailseite/lehrbuchmarkt-in-deutschland-schrumpft-drastisch/ (letzter Zugriff am 18.9.2021).

Börsenverein des Deutschen Buchhandels, Mediendossier, Verlage in Deutschland 2018, abrufbar unter: https://www.boersenverein.de/presse/mediendossiers/mediendossier-verlage/ (letzter Zugriff am 12.11.2020).

Börsenverein des Deutschen Buchhandels, Tabellenkompendium zur Wirtschaftspressekonferenz des Börsenvereins des Deutschen Buchhandels e.V. am 8. Juli 2021, abrufbar unter https://www.boersenverein.de/markt-daten/marktforschung/wirtschaftszahlen/ (letzter Zugriff am 19.9.2021).

BVerfG, Pressemitteilung Nr. 43/2018 vom 5.6.2018, abrufbar unter: https://www.bundesverfassungsgericht.de/SharedDocs/Pressemitteilungen/DE/2018/bvg18-043.html (letzter Zugriff am 8.1.2020).

Dewenter, Ralf/Haucap, Justus, Ökonomische Auswirkungen der Einführung eines Leistungsschutzrechts für Presseinhalte im Internet (Leistungsschutzrecht für Presseverleger), DICE Ordnungspolitische Perspektiven, No. 36, Düsseldorf 2013. Abrufbar unter: https://www.dice.hhu.de/fileadmin/redaktion/Fakultaeten/Wirtschaftswissenschaftliche_Fakultaet/DICE/Ordnungspolitische_Perspektiven/036_OP_Dewenter_Haucap.pdf
(letzter Zugriff am 7.10.2020).

Dotzauer, Gregor, Wer zitieren will, soll zahlen, Tagesspiegel vom 12.10.2013, abrufbar unter: https://www.tagesspiegel.de/kultur/leistungsschutzrecht-wer-zitieren-will-soll-zahlen/8922246.html (letzter Zugriff am 31.10.2020).

El-Heliebi, Chalid, llegale eBook-Plattform mit 800.000 Downloads im Monat, 8.9.2019, abrufbar unter: https://allesebook.de/news/illegale-ebook-plattform-mit-800-000-downloads-im-monat-94686/ (letzter Zugriff am 18.9.2021).

Firsching, Jan, TikTok Statistiken 2020: 100 Mio. Nutzer in Europa & über 800 Mio. weltweit, abrufbar unter: https://www.futurebiz.de/artikel/tiktok-statisti ken-2019/ (letzter Zugriff am 13.11.2020).

Frankfurter Allgemeine Zeitung, Google bleibt der Prozess gegen VG Media erspart, 4.6.2020, abrufbar unter: https://www.faz.net/aktuell/wirtschaft/goo gle-bleibt-prozess-gegen-vg-media-erspart-16800970.html (letzter Zugriff am 31.10.2020).

Gerk, Andrea, Interview mit der Ullstein-Verlegerin *Siv Bublitz*, Verlage im Digitalzeitalter, Wie werden wir in Zukunft lesen?, abrufbar unter: https:// www.deutschlandfunkkultur.de/verlage-im-digitalzeitalter-wie-werden-wir-in-zukunft-lesen.1270.de.html?dram:article_id=320085 (letzter Zugriff am 18.11.2020).

Grevener, Carl, Die Schallplatte, Planet Wissen, ARD, abrufbar unter: https:// www.planet-wissen.de/kultur/musik/geschichte_der_tontraeger/pwiedie schallplatte100.html (letzter Zugriff am 30.9.2020).

Henschel, Alexander/Friedrich, Runar, Verlagshäuser 2020, Herausforderungen in einem sich wandelnden Medienmarkt, abrufbar unter: https://www.goetzp artners.com/uploads/tx_gp/2010_goetzpartners_Verlagshaeuser_2020.pdf (letzter Zugriff am 19.11.2020).

Jakob, Julia, Hier könnte Ihre Werbung stehen, abrufbar unter: https://www. kulturmanagement.net/Themen/Social-Media-Advertising-auf-Facebook-und-Instagram-Hier-koennte-Ihre-Werbung-stehen,4152 (letzter Zugriff am 18.11.2020).

Jäger, Lisa/Gansel, Sina, Verlage suchen das Erfolgsrezept, abrufbar unter: https:// www.wuv.de/medien/verlage_suchen_das_erfolgsrezept (letzter Zugriff am 18.11.2020).

Johannes of Speyer's Printing Monopoly, Venice (1469), Primary Sources on Copyright (1450-1900), eds L. Bently & M. Kretschmer, abrufbar unter: http:// www.copyrighthistory.org/cam/tools/request/showRepresentation?id=repres entation_i_1469 (letzter Zugriff am 8.10.2020).

Kadauke, Julia, Warum Verlage im Zugzwang sind, abrufbar unter: https://www. arocom.de/blog/zukunft-der-verlage-die-besten-erloesmodelle-fuer-ihre-digitalisierung (letzter Zugriff am 18.11.2020).

Lischka, Juliane/Hutter, Thomas/Rademacher, Patrick, Was sind Online-Inhalte wert?: Determinanten der Kaufentscheidung für redaktionelle Paid Content-Produkte, 2012, abrufbar unter: https://www.zora.uzh.ch/id/eprint/96370/ 1/Lischka_Hutter_Rademacher_2012_Was_sind_Online-Inhalte_wert.pdf (letzter Zugriff am 11.11.2020).

Roth, Philipp, Offizielle Nutzerzahlen: Instagram in Deutschland und Weltweit, 6.10.2020, abrufbar unter: https://allfacebook.de/instagram/instagram-nutzer-deutschland (letzter Zugriff am 13.11.2020).

Sixtus, Mario, Revolutionen sind unangenehm, Spiegel vom 8.8.2013, abrufbar unter: https://www.spiegel.de/netzwelt/web/mario-sixtus-zur-zeitungsdebatte-revolutionen-sind-unangenehm-a-915281.html (letzter Zugriff am 31.10.2020).

Socher, Richard, Wie deutsche Firmen KI nutzen können, Frankfurter Allgemeine Zeitung vom 4.12.2018, abrufbar unter: https://www.faz.net/aktuell/wirtschaft/digitec/kuenstliche-intelligenz-kann-die-gesellschaft-von-grund-auf-veraendern-15923765.html?printPagedArticle=true#pageIndex_2 (letzter Zugriff am 30.1.2020).

Sprang, Christian, Brauchen Buchverlage ein eigenes Leistungsschutzrecht?, 4.5.2016, abrufbar unter: abrufbar unter: https://www.boersenblatt.net/2016-05-04-artikel-analyse_von_boersenvereinsjustiziar_christian_sprang.1141624.html (letzter Zugriff am 27.11.2020).

VG Media, Pressemitteilung vom 12.9.2019, abrufbar unter: https://www.vg-media.de/de/presse/2019/473-deutscher-gesetzgeber-ist-jetzt-gefordert-europaeisches-presseleistungsschutzrecht-umgehend-umzusetzen.html (letzter Zugriff am 8.1.2020).